'길'의 역사로 본 동아시아 미래전략 보고서

동아시아 패권전쟁

'길'의 역사로 본 동아시아 미래전략 보고서

동아시아 패권전쟁

| 김종성 지음 |

자리
도서출판

6자회담이 과연
북핵문제 해결을 위한 회담일까?

6자회담은 핵문제를 해결하기 위한 회담인가? 6자회담이 열리면 북한이 불리해질 것인가? 북한이 장외투쟁을 벌이는 것보다는 회담에 복귀하는 것이 동아시아 평화에 유리할 것인가? 6자회담이 열리지 않는 동안에는 미국의 근심이 누적될 것인가? 어떻게든 6자회담이 열리는 것이 한국에 이로울 것인가? 이런 질문에 대한 한국인들의 대답은 거의 다 비슷할 것이다.

하지만 6자회담은 우리가 일반적으로 생각하는 것과는 정반대의 실체를 갖고 있다. 북한 핵문제와 관련하여 이제껏 전개된 사건들을 거시적으로 통찰해보면, 우리는 6자회담이 북한의 핵폐기를 위한 것도 아니고 한반도 및 동아시아의 평화를 위한 것도 아님을 알 수 있다. 물론 부수적으로는 그런 목적을 띠고 있는 게 사실이지만, 그것은 어디까지나 부수적인 것에 불과할 뿐이다. 본질은 다른 데 있다.

1985년 12월 12일, 북한은 굳이 안 해도 되는 일을 했다. 핵확산금지조약 NPT 가입이 바로 그것이다. 주권침해의 소지가 있다 하여 중국도 가입하지 않은 NPT였다. 동일한 이유로 프랑스도 가입하지 않은 NPT였다. 북한이 세상에서 가장 싫어하는 일은 남이 자신의 주권을 침해하는 것이다.

1968년 푸에블로호 사건 당시 소련이 미국 편을 들면서 북한에게 이것저 것 참견하자, 모스크바 주재 북한대사는 불쾌감의 표시로 소련 외무장관의 호출에 불응했다. 화를 참지 못한 소련 외무장관이 기사도 대동하지 않은 채 단독으로 승용차를 몰고 북한대사관을 찾아갔지만, 그를 맞이한 것은 북한대 사가 아니라 황당하게도 삼등서기관이었다. 삼등서기관은 "대사님이 안 계신 다"며 소련 외무장관을 돌려보냈다. 소련 외무장관이 홈그라운드인 모스크바 에서 북한의 말단 외교관에게 문전박대를 당한 것이다. 북한은 이 정도로 자 존심이 강한 나라다. 이런 나라가 굳이 하지 않아도 되는, 자국의 주권이 침 해될 소지가 높은 NPT 가입에 동의했다면, 뭔가 '꿍꿍이'가 있었다고 보아야 하지 않겠는가.

북한의 NPT 가입 얼마 후, 미국과 프랑스의 정찰위성은 '꽤 고급스러운' 정보를 입수했다. 북한 영변의 핵시설을 포착한 것이다. 국제사회가 북한에 간섭할 수 있는 명분, 다시 말해 북한의 주권을 침해할 수 있는 명분이 생긴 것이다. 그런데 이것은 한편으로는 주권 침해로 이어지는 듯하면서도 또 한 편으로는 북한에게 큰 선물을 안겨주었다. 미국과의 접촉이라는 성과를 낳은 것이다.

이 대목에서 잠시! 북한이 미국을 미워한다고만 생각해서는 안 된다. 엄 밀히 말하면 북한은 아주 오래 전부터 미국을 '사랑'해 왔다. 일본에 대해서 도 마찬가지다. 일본에 대한 북한의 오랜 '짝사랑'은 이 책의 2부 제3장에서 상세히 소개될 것이다. 좋아하는 이성에게 정상적인 방법으로 다가갈 수 없 을 때, 사람들은 이따금씩 상대방의 관심을 끌 만한 아주 위험한 행동을 벌이기도 한다. 바닷길을 얼마나 잘 활용하느냐에 따라 국운이 좌우되는 오늘날, 한·미·일 삼각동맹과 미국의 핵우산 라인(한국·일본·오키나와·대만·필리핀)에 가로막혀 북한의 해양 진출이 차단된 오늘날, 북한으로서는 어떻게 든 미국의 관심을 끌고 미국과 파트너십을 형성하고자 할 수밖에 없다. 미국을 미워하는 데 에너지를 소비하느니 차라리 미국을 친구로 만드는 데 에너지를 소비하는 것이 북한 입장에서는 바다로 나갈 수 있는 현실적 방안이다. 그래서 북한은 아주 위험한 행동을 벌여서라도 미국의 관심을 끌려고 할 수밖에 없다. 미국·프랑스 위성에 노출된 영변 핵시설은 미국과의 '데이트'를 성사시키는 데 결정적 역할을 했다.

1988년 북경에서 북·미 외교교섭이 이루어진 후 양국 사이에는 야릇한 '핑크빛'이 감돌았다. 1991년 북한이 국제원자력기구IAEA 보장조치협정에 가조인하자, 미국은 남북한 유엔 동시가입을 양해하고 전술핵무기를 한국에서 철수할 의사를 표명하고 남북기본합의서 체결을 묵인했다. 미국은 이듬해에는 팀스피리트 군사훈련의 중지라는 선물까지 북한에 제공했다. 이에 대한 답례로 북한은 IAEA 보장조치협정에 정식 조인했으며 IAEA는 북한에 대한 임시사찰을 개시했다.

그런데 탈냉전과 구소련 붕괴의 여파로 세계질서가 수상한 움직임을 보이자, 이에 따라 북·미 양국의 태도에도 변화가 생기게 되었다. 이런 변화는 1993년부터 나타났다. 북한은 IAEA의 특별사찰을 거부하고 NPT를 탈퇴했으며, 미국은 유엔 안보리 결의 제825호 채택 등을 통해 북한을 압박해 들어갔다. 그런데 두 나라는 싸우려는 척만 했을 뿐이다. 금세라도 북한을 침공할 것만 같았던 미국은 어느새 북한과의 회담 테이블에 앉았으며, 이것은 1994년 제네바합의 체결로 이어졌다. 그런 뒤에 양국은 핵문제를 적당히 봉합하고 '휴식'에 들어갔다.

이 과정에서 양국은 얻을 것을 충분히 얻었다. 미국은 대북 압박을 통해 동아시아 탈냉전에 제동을 걸고 역내 영향력을 유지할 수 있었다. 북한은 자국이 관련된 국제쟁점을 세계 최고의 핫이슈로 만드는 데 성공했을 뿐만 아니라 이 와중에 김일성-김정일 권력승계를 무사히 마칠 수 있었다. 북한과 미국 어느 쪽도 핵문제 해결에 대해서는 진정한 관심을 보이지 않았다. 이 점은 제네바합의에서도 잘 나타난다. 일반적으로 알려진 것과는 달리, 제네바합의는 국제법상의 조약이 아니었으며 북한의 핵폐기를 위한 실질적 조치도 규정해 놓지 않았다. 이에 관한 내용은 2부 제2장에서 설명될 것이다. 엄밀히 말하면, 제1차 핵위기 당시 한국 · 중국 · 일본 · 러시아를 포함한 세계 각국은 북한 · 미국 공동주연의 뮤지컬 한 편을 감상한 것에 불과했다.

금방이라도 한판 붙을 것 같이 으르렁대면서도 어느새 회담 테이블로 슬며시 돌아가는 양국의 행동패턴은 2002년 개시된 제2차 핵위기 국면에서도 그대로 드러났다. 제1차 때와 마찬가지로 양국은 언제라도 한판 붙을 것 같은 포즈를 취했다. 북한 TV에 나오는, 얼굴이 넙적하고 인상이 매서운, 단순하고 명료한 한복을 차려 입은 여성 앵커의 태도에서 잘 드러나듯이, 북한은 '공화국'의 주권을 침해하는 '원수'에 대해 단호한 보복의 의지를 천명했다. 미국 역시 마찬가지였다. 그러나 다들 말뿐이었다. 양국은 2003년에 북한 · 미국 · 중국 3자회담 테이블을 만들더니 어느새 한국 · 일본 · 러시아를 끌어들여 6자회담 탁자를 뚝딱 만들어 냈다.

　언제나 그렇듯이 북미 양국은 핵문제 해결을 외쳤지만, 그것이 진심이 아니라는 점은 6자회담 국면에서 잘 드러났다. 6자회담이 개시된 지 1년 반 정도 지난 2005년 2월 10일이었다. 설날 다음 날이었다. 북한은 정말로 느닷없이 핵보유 선언을 천명했다. 6자회담 국면에 찬물을 끼얹는 악재였다. 그런데 북한만 찬물을 부은 게 아니었다. 제4차 6자회담 1단계 회의가 열리기 12일 전인 2005년 7월 14일 서울에서 열린 한 · 미 · 일 수석대표 사전회의에서 사사에 겐이치로 일본 수석대표는 "6자회담에서 북일 납치문제를 제기할 필요가 있다"는 입장을 내세웠고, 크리스토퍼 힐 미국 수석대표는 이에 대해 동의를 표시했다. 핵문제에 대한 집중력을 흐트러뜨릴 수 있는 납치문제 추가에 대해 미국이 묵인한 것이다. 핵문제 하나만 해결하기도 벅찬 상황에서 미국은 일본이 6자회담에 초를 치는 것을 방관했다. 이러저러해서 회담이 잘 안되는가 싶더니, 양국은 그 해 9월 19일에는 6자회담의 최대 성과인 9 · 19 공동성명을 산출했다. 이제야 문제가 좀 해결되는가 싶더니, 다음 날인 9월 20일에는 그야말로 대형사고가 터졌다. 미국이 북한의 돈을 묶은 것이다. 북한 계좌를 두고 있는 마카오 방코델타아시아은행BDA에 대해 미국이 제재를 가한 것이다. 잘될 것 같던 핵문제는 그렇게 해서 다시 원점으로 돌아갔다. 그후 북한이 장거리미사일을 발사하고 핵실험을 하더니 어느새 미국이 북한을 테러지원국에서 해제시켜주었다. 하자는 것인지 말자는 것인지 도통 헤아릴 수 없는 것이 북미 양국의 태도다.

북미 양국이 진심으로 원하는 것이 핵문제 해결이 아니라는 점은 9 · 19 공동성명에서 잘 확인된다. 공동성명 제1조에서 규정한 것은 북한 비핵화가 아니라 한반도 비핵화였다. 북한과 미국이 똑같이 한반도에서 핵을 제거하기로 한 것이다. 핵무기에 목숨을 걸고 있는 북한이, 핵우산을 통해 동아시아를 관리하는 미국이 핵을 과연 포기할 수 있을까. 이런 실현 불가능한 공동성명에 서명해준 것을 보면, 미국이 정말로 북한 비핵화에 관심이 있는지를 의심하지 않을 수 없을 것이다. 북한 역시 마찬가지다.

그렇다면, 북한과 미국이 진정으로 원하는 바는 무엇일까? 양국은 도대체 무엇 때문에 20년 가까이 핵문제를 질질 끄는 것일까? 진작 해결할 수도 있는 일을, 해결하기 싫으면 한판 붙을 수도 있는 일을, 두 나라는 왜 그렇게 오래도록 질질 끄는 것일까?

이 이해할 수 없는 현상을 풀어내는 코드는 다름 아닌 패권이다. 북한은 미국의 패권에 도전하고 한반도 통일의 주도권을 획득하기 위해, 미국은 자국의 동아시아 패권을 방어하기 위해 핵문제를 최대한 활용하고 있다. 이렇게 함으로써 양국은 자국 중심의 분위기를 만드는 데 관심을 갖고 있다. 이런 상태에서 핵문제가 '덜컥' 해결되어 버리면 양국은 얻는 것보다 잃는 것이 더 많아질 것이다. 핵문제가 해결되어 버리면 북한과 미국이 무슨 수로 한국 · 중국 · 일본 · 러시아를 들러리로 삼을 수 있을 것인가? 인기 드라마가 끝났을 때 주연배우들이 느끼게 될 허탈함을 생각해보면 북미 양국의 심정이 이해될 것이다. 핵문제를 핵문제가 아닌 패권문제로 이해하기 때문에, 양국은 핵문제를 가급적 질질 끌면서 국익을 극대화하고자 하는 것이다.

물론 중국·일본 등도 차기 패권을 염두에 두고 끊임없이 쟁점을 제기하고 있다. 그렇지만 핵문제만 유독 크게 부각되는 것은 북한·미국이 '연기'를 가장 잘하고 있기 때문이다. 당장에라도 전면전을 일으킬 것처럼 으르렁거리다가도 어느 순간 대화 국면으로 전환했다가 좀 지루해진다 싶으면 어느새 험악한 국면을 연출하는 북미 양국이야말로 동아시아에서 최고의 배우가 아닐까. 한국·중국·일본·러시아 등이 이 정도의 연기력을 보여주었는가. 북한과 미국이 최대의 관객을 동원하는 것은 너무나도 당연한 일이다. 중요한 것은, 이렇게 흥행을 이어가는 동안에 양국이 끊임없이 영향력을 늘려가고 있다는 점이다. 이런 국면을 통해 자국 주도의 국제질서를 유지하는 동시에 제3국이 보다 큰 쟁점을 제기하지 못하도록 차단하는 한편, 훗날 기회가 되면 패권을 향한 최종승부를 보겠다는 것이 양국의 계산이다. 그렇기 때문에 한반도 평화를 이룩하겠다는 일념만으로 핵문제나 6자회담에 임한다면 그것이야말로 아주 순진한 태도일 것이다.

핵문제뿐만 아니라 여타의 쟁점들도 마찬가지다. 각각의 쟁점에 관련된 나라들은 한결같이 패권의 시각에서 해당 쟁점을 바라보고 있다. 한국·중국·일본·러시아가 관련된 쟁점들도 다 마찬가지다. 국제사회에 존재하는 대부분의 쟁점들은 패권 구도와 긴밀한 관련성을 갖고 있다. 그렇기 때문에 패권을 건드리지 않고는 쟁점을 해결할 수도 없고 국익을 챙길 수도 없다. 그러므로 패권을 이해하는 것이 국제질서를 이해하는 지름길이고 동아시아를 이해하는 첩경이 되는 것이다.

그런데 동아시아 패권을 이해하려면 '길'이란 것을 이해하지 않으면 안 된다. 패권은 패권에 대한 의지만으로 획득할 수 있는 게 아니다. 패권을 가능케 하는 것은 바로 길이다. 인간과 물자와 정보를 나르는 당대 최대의 루트가 초원길-비단길-바닷길로 바뀌는 과정에서 동아시아 패권도 그에 따라 연동해 왔다. 이것은 인간과 물자와 정보의 흐름이 패권의 소재를 결정함을 보여주는 것이다. 지난 수천 년간 '길'을 중심으로 변화해온 패권의 역사에 대한 통찰을 통해 우리는 동아시아 패권의 현재와 미래에 대한 인식의 폭을 넓힐 수 있을 것이다.

'길'을 매개로 패권의 문제를 다룬다는 점 외에, 이 책에서는 동아시아 쟁점들에 대한 우리의 인식을 또 다른 방법으로 심화시켜줄 것이다. 우리는 핵문제라든가 납치문제라든가 티베트문제라든가 야스쿠니문제라든가 하는 쟁점들을 각각 따로따로 인식하는 경향이 있다. 하지만, 이 모든 것들이 패권구도를 중심으로 고도의 상호 연관성을 보이고 있다는 점을 이 책에서는 제시하고 있다. 패권에 대한 역사학적·다각적 접근을 통해 동아시아에 대한 우리 사회의 인식이 한 단계 업그레이드될 수 있기를 고대해 본다.

2011년 3월 김종성

차례

패권의 길목에서 본 한반도와
동아시아의 운명

2010년 천안함 사건이나 연평도 사건이 발생했을 당시, 일부 한국인들은 금세라도 전운이 감돌 것 같은 두려움을 느꼈다. 한국정부가 전쟁도 불사할 것 같은 태세를 취했기 때문이다. 그런데 2010년 연말에 미국 특사가 북한을 방문하고 6자회담 재개의 가능성이 생기면서 북·일 간에 회담 분위기가 조성되는가 싶더니 남북 간의 회담을 촉구하는 분위기도 형성됐다. 금방이라도 전쟁이 날 것만 같았던 한반도 주변정세가 갑작스레 대화 모드로 돌변한 것이다. 급작스런 정세변화에 어리둥절했을 한국인들도 많았을 것이다.

그러나 동아시아 정세와의 연관성 속에서 한반도 문제를 살펴볼 경우 이것은 전혀 이상한 일이 아니다. 사실, 한반도의 운명은 이미 오래 전부터 동아시아의 운명과 밀접하게 연동되어 왔다. 그럼에도 불구하고 한국의 기존 서적들에서는 한반도의 상황만 갖고 한반도의 운명을 이야기해왔다. 그래서 한국인들의 시야가 지극히 협소해진 측면이 있다.

오늘날 한국이 동아시아 문제에 제대로 대처하지 못하는 것은 이에 대한 사회 전반의 이해력이 낮기 때문이다. 사회 전반의 이해력이 낮은 것은 일차적으로 지식인들의 탓이다. 지식인들이 동아시아의 상황에 대한 고려 없이 한국의 운명을 다루는 글을 써왔기 때문이다. 한국의 지식인들이 이처럼 안이한 자세로 글을 쓰고서도 무사할 수 있었던 것은 무엇보다도 독자 즉 한국인들 때문이다. 동아시아에 대한 독자 대중의 이해는 물론 관심도 떨어지기 때문이다. 동아시아 문제에 관한 한 한국의 일반 대중은 상품 시세나 품질에 대한 사전 지식 없이 구매활동에 나선 소비자와 같다. 이런 소비자는 판매자에게 아무런 심적 부담도 줄 수 없다. 그렇기 때문에 지식인들이 '적당히' 글을 쓰고도 자신의 존재기반을 유지할 수 있었던 것이다.

살아남으려면 동아시아를 알아야 한다

하지만 더 이상 그렇게 해서는 안 된다. 한국의 정치·경제는 특히 중국·일본의 정치·경제와 긴밀한 상호 연관성 속에 작동하고 있다. 또 한국인들의 활동범위가 동아시아 차원으로 확장되고 있을 뿐만 아니라 중국 등 동아시아인들의 활동범위도 한국을 향해 팽창하고 있다. 국경에 관계없이 필리핀·대만·오키나와·한국·일본·중국을 마음대로 휩쓰는 태풍처럼, 국경에 구애받지 않고 동아시아 각국을 제 집처럼 넘나들며 동아시아인들의 운명을 좌우하는 그 무언가가 점차 강력해지고 있다. 우리가 동아시아를 올바로 이해해야 하는 이유는 바로 여기에 있다. 한반도의 운명은 한반도의 상황만으로 결정되는 게 아니다. 오늘날 한반도는 시간이 흐를수록 점점 더 동아시아 차원에서 그 운명이 결정되고 있다. 우리가 한반도뿐만 아니라 동아시아를 제대로 알아야 하는 것은 바로 이 때문이다.

게다가 우리는 팍스 아메리카나의 황혼기에 살고 있다. 지금 당장에는 미국이 동아시아를 포함해 전 세계에서 최고의 패권을 행사하고 있지만 이런 상태가 머지않아 끝날 것이라는 데 대해 이의를 제기할 사람들은 얼마 되지 않을 것이다. 이런 틈을 놓치지 않고 중국과 일본은 현존 패권구도를 건드리지 않는 범위에서 차기 패권을 향한 경쟁에 나섰다. 북한은 아예 미국 주도의 현존 패권구도를 흔들고 있다. 이렇게 동아시아는 벌써부터 차기 패권을 향한 보이는, 또는 보이지 않는 경쟁에 들어갔다. 그런 의미에서 지금의 동아시아는 '패권의 길목'에 놓여 있다고 할 수 있다.

'길목'에 놓인 자가 해야 할 일은 무엇인가? 현재의 상황을 정확히 인식하고 어느 길로 갈 것인지 선택하는 것이다. 어느 쪽을 선택하느냐에 따라 운명도 갈리게 된다. 누가 더 나은 선택을 할 수 있는가는 누가 더 많은 정보를 갖고 있느냐에 좌우될 수밖에 없다. 동아시아와 관련하여 우리가 갖고 있는 정보의 질과 양이 우리의 선택을 보다 더 현명하게 만들 수 있다. 그러므로 동아시아를 이해하는 것은 곧 우리의 생존 문제가 된다. 이 일은 지적 수준을 높이기 위한 일이 아니다. 살아남기 위한 일이다.

그러면 어떻게 동아시아를 이해해야 하는가? 동아시아의 현재를 진단하고 미래를 예측하려면 과거로부터 현재까지 동아시아가 걸어온 길을 파악하지 않으면 안 된다. 그런데 일제 식민통치 때문에 과거와 현재의 단절을 경험한 적이 있어서인지 한국인들 중에는 과거의 역사를 가벼이 보는 사람들이 많다. 현재와 미래가 중요하지, 과거는 중요하지 않다는 태도를 보이는 것이다. 과거가 현재와 미래에 영향을 미친다는 점을 잘 이해하지 못하는 것이다.

하지만 중국인들을 보라! 동북공정의 사례에서 나타난 것처럼 중국인들은 미래의 대외전략에 필요한 명분을 찾기 위해 과거의 역사를 샅샅이 뒤지고 있다. 과거의 역사로부터 현재와 미래의 중국을 설계하는 데 필요한 정보를 수색하고 있는 것이다. 이러한 그들의 태도는 국가주석이나 국무원총리 등의 발언에서도 곧잘 나타난다. 중국 지도자들은 공식 발언이나 인터뷰 석상에서 과거의 역사나 고전을 자주 인용한다. 현재와 미래를 이해하기 위한 단서를 과거에서 구하는 중국인들의 태도를 보여주는 대목이다.

역사적 맥락에서 접근하는 동아시아관觀

현재와 미래를 푸는 단서를 과거에서 찾는 것은 무속인들의 경우에도 마찬가지다. 무속인들이 현재를 진단하고 앞날을 예측하는 방법을 두고 민속학·언어학 연구자인 서정범은 《한겨레21》에 실린 인터뷰에서 "무속인은 상대방이 방출하는 기氣와 거기에 담긴 정보를 해독하는 능력이 뛰어나다"고 말했다. 이러한 해독능력을 통해 의뢰인의 과거에 관한 정보를 수집하고, 이 정보를 기초로 현재를 진단하고 미래를 예측한다는 것이다. 그것이 바로 점占의 실체다. 과거에 관한 정보가 없으면 무속인도 아무것도 할 수 없는 것이다.

이는 프로야구에서 스탯stat, 즉 과거의 데이터를 기초로 상대팀 투수의 투구 방향을 예측하는 것과 같다. 이러한 이치는 일상생활에서도 나타난다. 우리가 오래된 친구에게 "너는 이렇게 해야 성공할 수 있어"라고 말해줄 수 있는 것은 친구의 과거에 관한 정보를 갖고 있기 때문이다. 이는 결코 우리에게 미래를 내다보는 능력이 있어서가 아니다. 이와 같이 현재를 진단하거나 미래를 예측하기 위해서는 과거에 관한 정확하고도 충분한 데이터를 확보할 필요가 있다. 과거에 관한 정보가 축적되면 될수록 현재 진단과 미래 예측의 정확도도 그만큼 높아질 것이다.

마찬가지다. 동아시아의 현재를 진단하거나 미래를 예측하려면 동아시아의 과거에 관한 데이터를 확보하지 않으면 안 된다. 동아시아의 과거가 어떠

---

1 《한겨레21》 제216호(1998.7.16), 〈인터뷰 서정범 경희대 명예교수: '귀신', 잠재된 공포감의 표출일 뿐〉

했는지도 모르는 상태에서 "미래의 동아시아는 이렇게 전개될 것이다"느니 "앞으로 동아시아는 이렇게 하지 않으면 안 된다"느니 하는 것은, A라는 투수에 관한 정보가 전혀 없는 상태에서 "이 상황에서 A는 몸쪽 공으로 승부를 낼 것"이라고 하는 무책임한 야구 해설과 다를 바 없다.

동아시아의 현재를 진단하고 미래를 예측하는 열쇠는 동아시아의 과거 속에 있다는 전제에 기초하여, 이 책에서는 과거로부터 현재까지 동아시아가 걸어온 길을 추적하고 거기서 추출한 경험법칙을 기초로 현재의 동아시아가 직면한 쟁점들을 해부하는 한편 미래의 동아시아를 예측해 보기로 하겠다. 이러한 방법을 통해 우리는 현재 및 미래의 분석에서 생길 수 있는 오차 범위를 조금이나마 더 줄일 수 있을 것이다. 이러한 방식으로 동아시아관觀을 구축해야만 오늘날 동아시아가 처한 주요 문제를 좀 더 올바로 이해할 수 있을 것이다.

오늘날 동아시아에는 팍스 아메리카나 문제, 북·미 핵문제, 북·일 납치문제, 중화패권주의, 중국의 역사프로젝트, 양안관계, 티베트 문제, 일본군국주의, 야스쿠니신사 참배문제, 일본 역사교과서 문제 등등이 산적해 있다. 이제까지 우리는, 예컨대 북·미 핵문제를 현재의 북미관계에만 초점을 맞추어 이해했지 역사적 맥락 속에서 이것을 이해하려 하지는 않았다. 다른 쟁점들의 경우에도 마찬가지다. 동아시아 문제를 해결하기 위해 기존에 사용하던 접근법에 더해 역사적 접근법이라는 또 다른 도구를 추가한다면 동아시아 문제를 다루는 우리의 기법도 더욱 실효적이 될 것이다. 여기서 남북관계·독도·한미동맹 같은 문제를 다루지 않는 것은 이런 문제는 굳이 이 책에서 다루지 않더라도 한국사회에서 이미 상당히 많이 논의되었기 때문이다. 이 책에서는 한국인들에게 중요하면서도, 아직 충분히 이해되지 않은 쟁점들에 국한하여 이야기를 전개하기로 하겠다.

1 부

패권을 향한 동아시아 '길'의 역사

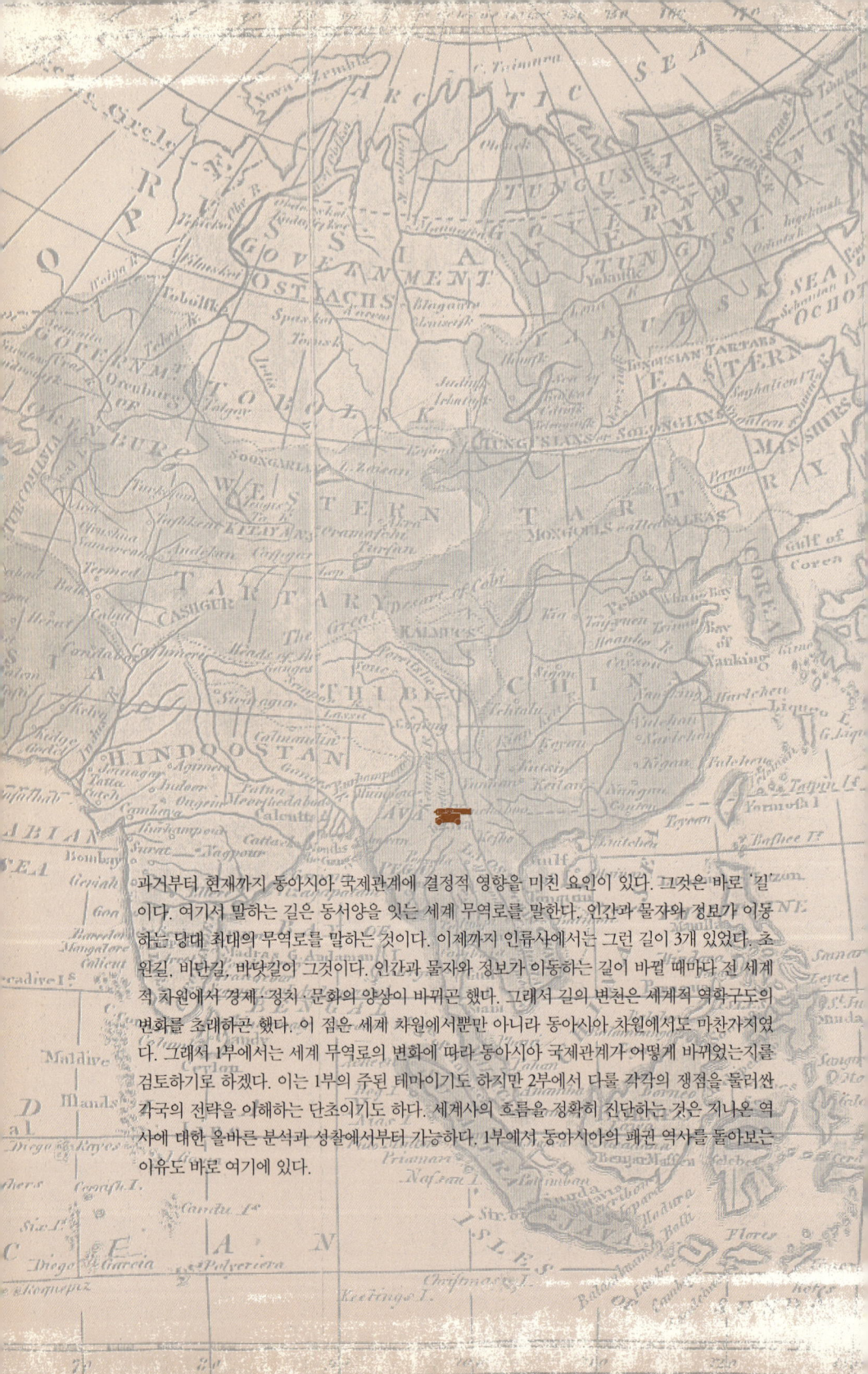

과거부터 현재까지 동아시아 국제관계에 결정적 영향을 미친 요인이 있다. 그것은 바로 '길'이다. 여기서 말하는 길은 동서양을 잇는 세계 무역로를 말한다. 인간과 물자와 정보가 이동하는 당대 최대의 무역로를 말하는 것이다. 이제까지 인류사에서는 그런 길이 3개 있었다. 초원길, 비단길, 바닷길이 그것이다. 인간과 물자와 정보가 이동하는 길이 바뀔 때마다 전 세계적 차원에서 경제·정치·문화의 양상이 바뀌곤 했다. 그래서 길의 변천은 세계적 역학구도의 변화를 초래하곤 했다. 이 점은 세계 차원에서뿐만 아니라 동아시아 차원에서도 마찬가지였다. 그래서 1부에서는 세계 무역로의 변화에 따라 동아시아 국제관계가 어떻게 바뀌었는지를 검토하기로 하겠다. 이는 1부의 주된 테마이기도 하지만 2부에서 다룰 각각의 쟁점을 둘러싼 각국의 전략을 이해하는 단초이기도 하다. 세계사의 흐름을 정확히 진단하는 것은 지나온 역사에 대한 올바른 분석과 성찰에서부터 가능하다. 1부에서 동아시아의 패권 역사를 돌아보는 이유도 바로 여기에 있다.

제1장

초원길 시대의 동아시아

초원길은 중국 북경(베이징)에서 몽골 위쪽의 카라코룸을 거쳐 흑해 연안의 타나이스를 잇는 길이다. 후대에 개척된 비단길(오아시스길·사막길)이나 바닷길과 비교할 때 가장 위쪽에 위치한 길이다. 프랑스의 세계적 역사학자인 르네 그루쎄(Rene Grousset, 1885~1952년)가 쓴 《유라시아 유목제국사》에 따르면, 초원길은 이미 구석기 시대부터 동서 문화의 교류에 기여했다. 러시아의 이르쿠츠크Irkutsk에서 발달한 오리냑Aurignacian 문화가 북중국에 전파된 것도 바로 이 초원길을 통해서였다. 신석기 문화의 표징 중 하나인 빗살무늬 토기가 전파된 경로 역시 이 길이었다.[2] 이처럼 초원길은 비단길이 개척되기 이전까지 동서 문화의 교류에 기여한 세계 최대의 무역로였다. 동아시아는 초원길을 통해 오리엔트의 선진문명을 수입했다.

초원길 시대의 특징은 유목민족이 세계를 지배했다는 점이다. 이들은 경제적으로 정치적으로 군사적으로 문화적으로 당시의 세계를 지배했다. 초원

---

2 르네 그루쎄 지음, 김호동·유원수·정재훈 옮김, 《유라시아 유목제국사》, 사계절, 1998, 37~38쪽

길이 유라시아 유목지대에 있었던 사실에서 잘 나타나듯이 이 시대에는 초원길을 장악한 유목민족이 농경민족과 해양민족에 대해 압도적 우위를 누렸다. 초원길과의 근접도가 세력 간의 우열을 결정했던 것이다. 해양민족들이 세계사의 변방에 머물 수밖에 없었던 것은 이들이 초원길로부터 가장 멀리 떨어져 있어서 이 길의 혜택을 가장 적게 받을 수밖에 없었기 때문이다. 유라시아 서쪽의 서유럽이나 동쪽의 일본 등이 후진성을 면할 수 없었던 것은 바로 그때문이다. 이런 환경 속에서 세계적으로 영향을 미친 민족이 스키타이족이나 흉노족 같은 유목민족들이었다.

세계를 지배한 북방의 유목민족

유목민족이 세계적 차원에서 우위를 잡고 있었기에 이들의 팽창이 동아시아에서도 현저하게 나타났다. 한국의 고대 신화만 봐도 이 점을 알 수 있다. 고조선은 이주민과 토착민의 결합을 통해 건국되었다. 하늘 즉 북방에서 내려온 환웅은 이주민 집단의 수장이었다. 환웅과 제휴한 토착세력은 곰을 토템으로 하는 집단이었다. 토착민 집단이 이주민 집단에게 왕권을 내주지 않을 수 없었던 것은 후자가 선진문명의 전파경로를 통해 도래한 유목민족이었기 때문이다. 건국과정에서 이주민은 왕권을 차지하고 토착민은 신권臣權을 차지하는 패턴은 고조선뿐만 아니라 고구려·백제·신라·가야 등에서도 나타난다. 이주민 집단이 우위를 점하는 현상은 일본 역시 마찬가지였다. 저명한 고고학자인 에가미 나미오江上波夫는 《기마민족국가》에서 대륙의 유목민족이 고대 일본을 정복했다는 점을 인정한 바 있다.[3] 이런 현상이 벌어진 것은

---

3 江上波夫 지음,《騎馬民族國家》, 일본 中央公論社, 1976, 171~173쪽

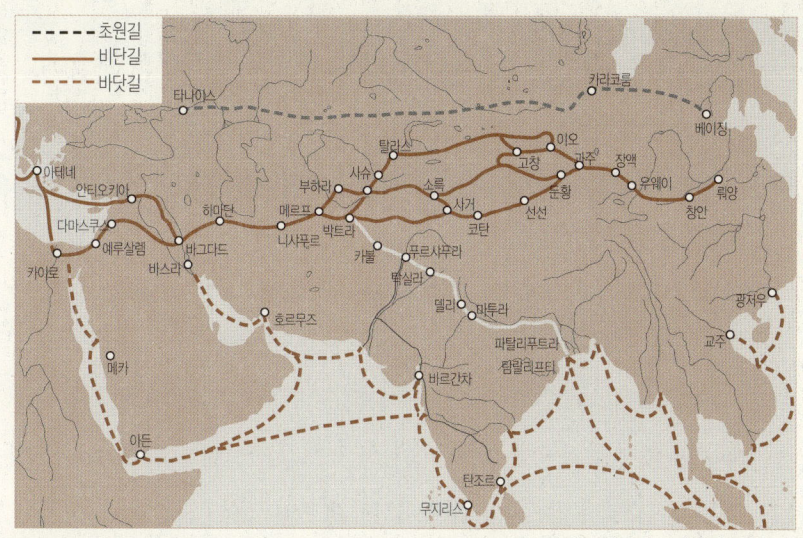

초원길 · 비단길 · 바닷길의 위치.

고대에는 북방 유목민족들의 역량이 월등했기 때문이다.

　이런 의문이 들 수 있다. 생존도 쉽지 않은 추운 지방에 사는 유목민족들이 세계 문화를 주도한다는 게 과연 가능한 일인가? 대답은 간명하다. 과거에는 유라시아 북부가 오늘날처럼 춥지 않았던 것이다. 이는 대만의 기상학자 류자오민(유소민)이 쓴 《기후의 반역》에서 확인할 수 있다. 《고금도서집성》古今圖書集成이나 《서징전》庶徵典 같은 고서와 식물 꽃가루 화석의 환경정보를 토대로 고대 동아시아의 기후를 분석한 류자오민은, 기원전 3000~1000년에는 줄곧 따뜻하지는 않았지만 대체로 온난했다고 말한다. 기원전 1000~770년은 소빙하기였고, 기원전 770~30년은 다시 온난기였다고 한다. 그리고 온난기에는 오늘날보다 기온이 1도 이상 높았다고 한다.[4] 기후물리학자인 프레드

---

4 劉昭民지음, 박기수 · 차경애 옮김, 《기후의 반역》, 성균관대학교출판부, 2005, 115쪽

싱거 등이 쓴《지구온난화에 속지 마라》Unstoppable Global Warming에서도 기원전 1000년경에는 중국의 온도가 오늘날보다 1도 이상 높았다고 한다. 이와 같이 기원전만 해도 동아시아 북부는 기후가 따뜻해서 선진문명을 발달시키기에 좋은 조건을 갖고 있었다. 유목민족이 세계를 지배할 수 있었던 것은 그 같은 자연환경에 힘입은 것이다.

이처럼 유목민족이 압도적인 우위를 누리고 있었기 때문에 중국 등 농경지대에서는 북방에 대한 만성적인 공포심이 존재했다. 초원길 시대가 끝나갈 무렵 진시황제가 소위 만리장성(이하 '장성')을 구축해 유목지대와 농경지대를 갈라놓은 것은 유목지대에 대한 막연한 공포심을 반영하는 것이다. 오늘날에 이르기까지 중국인들이 북쪽의 러시아를 두려워하는 것은 이 같은 역사적 경험이 중국인들의 유전자에 저장된 결과라고 볼 수 있다.

:: 제2장 ::

비단길 시대의 동아시아

초원길을 중심으로 한 세계질서는 초원길보다 아래쪽에 비단길이 개척되면서 새로운 국면에 직면하게 됐다. 한무제(재위 기원전 141～87년) 이래 중국이 적극적으로 개척한 비단길이 활성화되면서 유목민족의 일방적 우위가 붕괴된 것이다. 비단길은 본래 흉노족을 견제할 목적으로 개척됐다. 한무제는 흉노족보다 서쪽에 있는 국가들과 제휴하여 흉노족을 협공할 목적으로 새로운 길을 개척했다. 한무제의 정치적 목적은 실현되지 않았지만, 이 시도는 인류에게 비단길이라는 새로운 무역로를 선사했다. 대체적으로 볼 때, 16세기이래 바닷길이 활용되기 전까지 비단길은 세계 제일의 무역로로서 인류사에큰 영향을 끼쳤다.

초원길 시대의 역학구도가 '유목민족〉농경민족〉해양민족'이었다면, 비단길 시대의 그것은 '농경민족≥유목민족〉해양민족'으로 정리할 수 있다. 비단길을 바탕으로 농경민족이 유목민족에 대해 우세를 점하는 가운데 해양민족은 여전히 변방에 머물렀다. 비단길을 통해 인간·물자·정보가 이동함에 따라 비단길에 근접한 농경민족들의 역량이 성장한 것은 당연한 일이었다. 농경민족 사이에서 유목민족에 대한 비하의식이 생긴 것도 이때부터였다. 적어도 경제적으로는 유목민족을 앞질렀다는 자신감, 군사적으로 여전히 유목민족을 두려워하는 심리가 복합적으로 결합하여 그런 의식이 생겨난 것이다. 우리가 역사 속에서 유목민족에 대한 비하나 멸시를 자주 접할 수 있는 것은 우리가 갖고 있는 역사기록이 대개 비단길 시대에 생성된 것이기 때문이다.

비단길 시대의 동아시아 국제정치에서 가장 두드러진 특징은 장성을 사이에 두고 농경민족과 유목민족이 기나긴 대결을 펼쳤다는 점이다. 농경민족의 우세가 압도적 우세가 아니었고, 경제적으로는 농경민족이 앞섰지만 군사적으로는 여전히 유목민족이 앞섰기 때문에 두 세력은 끊임없이 대결할 수밖에 없었다.

그런데 비단길 시대는, 동아시아 입장에서는 두 개의 시기로 세분할 수 있다. 장성의 어느 쪽을 사이에 두고 두 세력이 대결을 벌였느냐에 따라, '장성 서북과 장성 이남의 투쟁기'와 '장성 동북과 장성 이남의 투쟁기'로 나눌 수 있다. 앞의 시기는 중국 서북쪽의 유목민족들이 중국과 패권 대결을 벌인 시기였고, 뒤의 시기는 중국 동북쪽의 유목민족(혹은 반농반목민족)들이 중국과 대결을 벌인 시기였다. 대체적으로 볼 때 앞의 시기는 9세기까지, 뒤의 시기는 서기 10세기부터였다. 이 책에서는 편의상 초원길 시대를 제1기, 비단길 시대 중에서도 9세기까지를 제2-1기, 10세기 이후를 제2-2기로 부르겠다.

1. 장성 서북과 장성 이남의 투쟁기

제2-1기에 펼쳐진 장성 서북 대 장성 이남의 투쟁과정에서 일관되게 나타난 경향은 유목세력이 중원을 향해 끊임없이 남진을 꾀했다는 점이다. 이는 기원전에서 기원후로 넘어감에 따라 유라시아 북부가 점점 추워졌을 뿐만 아니라 중국 농경지대의 경제력이 성장했기 때문이다. 두 세력의 대결을 완충

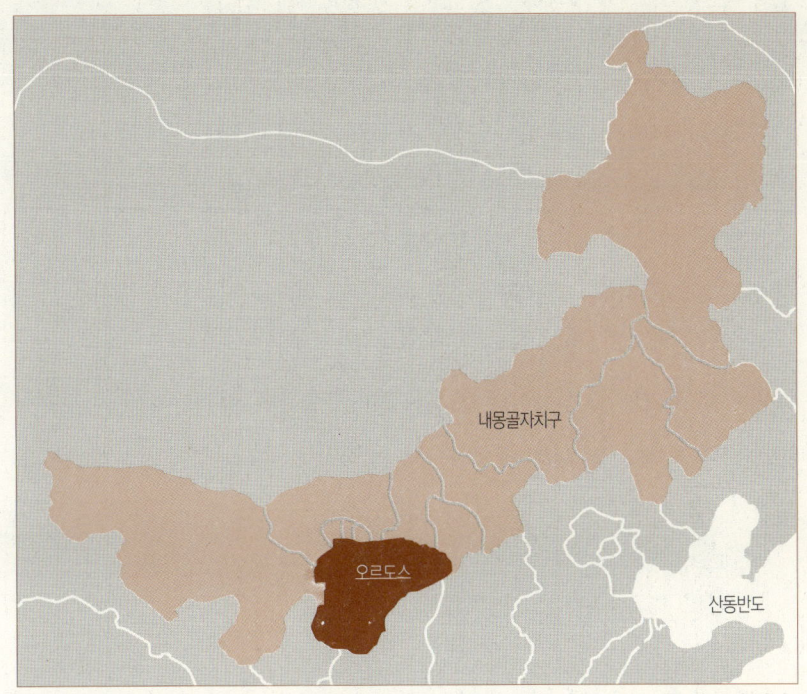

오르도스의 위치.

하는 지역은 오르도스였다. 중국 지도에서 황하가 위쪽으로 볼록하게 튀어나온 곳을 볼 수 있다. 그 안쪽이 오르도스다. 이 시기의 동아시아 패권은 오르도스를 장악하는 쪽에 의해 장악되었다.

중국과 흉노족의 대결 속에 개척된 비단길

중원으로 남진하려는 유목세력과 이를 저지하려는 농경세력의 대결이 본격화된 것은 비단길이 개척되기 직전인 기원전 3세기 후반부터였다. 중원과 몽골초원에서 각각 큰 힘이 응집되면서 이 대결이 본격화된 것이다. 당시 농경지대에서는 진나라, 유목지대에서는 흉노족을 중심으로 힘이 응집되고 있었다. 진나라에는 진시황제, 흉노족에는 두만선우頭曼單于가 있었다. 이들은 중국의 통일 혹은 몽골초원의 연합을 이루어낸 영웅들이다. 최초로 황제나 선우('넓고 크다'는 의미)라는 타이틀을 사용한 것에서 알 수 있듯이, 이 시기의 진나라나 흉노족은 이전보다 훨씬 더 큰 영토국가를 건설했다. 한편, 이 시기에는 한나라와 흉노족 외에도 고조선·남월 등이 대규모 영토국가로 성장했다. 대국의 출현이 그 대국에 맞선 또 다른 대국들을 낳았던 것이다.

앞서 언급한 바와 같이, 진나라의 중국 통일 이전에는 유목세력이 농경세력에 대해 우위를 갖고 있었다. 그런데 진나라에 뒤이은 한나라(전한, 기원전 202~서기 8년)가 농경지대의 주도권을 장악하면서부터 역학구도에 변화가 생기기 시작했다.

기존의 봉건제 대신에 중앙집권적인 군현제郡縣制를 새로운 지방통치 시스템으로 내세웠다가 실패한 적이 있는 진나라의 전철을 밟지 않기 위해, 한나라는 봉건제와 군현제를 절충한 군국제郡國制로 내부를 추스른 뒤 한무제 때부터 본격적으로 힘의 팽창을 시도했다. 한고조(유방, 재위 기원전 202~195년) 때 흉노족에게 대패한 이래 한나라는 관시(關市, 변경 시장)를 통해 물자를 제공함으로써 흉노족의 위협을 무마했다. 이러한 굴욕적 관계를 청산하기 위하여 한무제는 위청·곽거병 등을 파견하여 흉노족을 공격했다. 한나라의 압박을 받은 흉노족이 본거지를 고비사막 북쪽으로 옮기고 장성 부근에서 자취를 감춤으로써 양쪽의 대결은 일단 소강상태로 들어갔다. 싸움에 패한 흉노족은 물론 승리한 한나라 역시 지쳐 있었던 것이다.

소강상태를 활용해 한무제는 흉노족 이외의 지역에 대한 공략에 들어갔다. 그는 남월(지금의 중국 광동·광서와 베트남)과 서남이(지금의 운남·귀주·사천·감숙성)를 평정한 데 이어 기원전 108년에 고조선을 평정했다. 그리고는 평정한 지역에 중국식 행정단위인 군郡을 설치했다. 그런데 이민족 지역에 설치한 군은 변군邊郡이라 하여, 중국 내지에 설치된 내군內郡과는 성격을 달리했다. 변군에 대해서는 징세·징병의 공권력을 행사하지 못했을 뿐만 아니라 한나라의 법률도 시행하지 못했다. 한나라는 변군에 형식상으로 군수(태수)를 파견했을 뿐, 실질적인 통치권은 토착세력에게 맡기는 수밖에 없었다. 변군의 설치가 중국 변경에 평화를 가져오기는 했지만 이민족 토착세력이 여전히 지배권을 갖고 있었다는 점에서 그것은 불완전한 평화에 불과했다.

변군을 설치하여 일단 남쪽·서남쪽·동북쪽의 우환을 제거하는 데 성공한 한무제는 이번에는 흉노족을 고립시키기 위한 단계에 들어갔다. 그는 장건(?~기원전 114년)을 서역(중국 서쪽)에 파견하여 대월지국·오손·대완국 등과 동맹관계를 구축하고자 했다. 대월지국·오손·대완국은 오늘날의 아프가니스탄 북쪽에 있는 우즈베키스탄·타지키스탄·키르기스스탄 등과 영토가 겹친다. 이들 국가들과 제휴하여 양쪽에서 흉노족을 협공하겠다는 것이 한무제의 전략이었다. 이 시도는 실패했지만 앞서 언급한 바와 같이 이를 통해 비단길이 개척되었다. 한무제 이후에도 한나라는 정면승부와 이간책을 번갈아 구사하며 흉노족을 약화시켰다. 한나라(전한)를 이은 후한(後漢, 25~220년)은 흉노족의 분열을 활용했다. 후한은 일단 남흉노를 끌어들여 그 위험을 제거한 다음, 북흉노의 영향력이 미치는 서역 지방에 반초(33~102년)의 원정군을 파견해 흉노족을 수차례에 걸쳐 격파하고 북흉노를 서쪽으로 몰아내는 데 성공했다. 흉노족과 서역의 제휴를 차단하면서 흉노족을 공략하는 전략이 주효했던 것이다.

동아시아 농경지대를 압박하던 흉노족은 1세기에 이르러 이렇게 해서 중국 주변에서 사라지게 되었다. 그러나 이것으로써 농경민족 대 유목민족의 대결이 끝난 것은 아니다. 끝난 것은 흉노족이었지 유목민족이 아니었다. 흉노족이 비운 자리를 또 다른 유목민족인 선비족·오환 등이 채웠다. 흉노족도 완전히 사라진 것이 아니었다. 잔존세력은 여전히 중국 북변에 남아 있었다. 한편 이 시기에 장성 동북쪽의 만주(요동)에서는 고구려 등이 급성장하면서 영향력을 늘려갔다. 하지만 장성 동북쪽이 장성 서북쪽의 역량을 능가한 것은 서기 10세기 이후의 일이었다. 그래서 이 시기에 중국인들의 입장에서는 장성 동북쪽보다 서북쪽이 더 위험할 수밖에 없었다.

한무제의 등장 이래 동아시아 농경민족은 유목민족과의 투쟁에서 중요한 무기를 확보했다. 비단길이 바로 그것이다. 비단길은 동아시아 농경민족에게 새로운 활력을 선사했다. 초원길이 유목민족에 의해 장악되던 시절에는 농경민족이 서역 특히 오리엔트 지방과 문화교류를 하는 일이 수월하지 않았다. 그러나 비단길을 개척함으로써 농경민족은 서역과 문화교류를 할 수 있는 안정적 루트를 확보하게 되었다. 이것은 장기적으로 볼 때 동아시아 농경민족에게 유목민족에 맞서 싸울 수 있는 힘을 제공했다.

후한은 비단길을 바탕으로 흉노족을 와해시킨 뒤 비록 제한적이나마 중국 중심의 동아시아 질서를 구축하는 데 성공했다. 하지만 패권을 계속 유지하자면 무엇보다도 내부를 먼저 단속하지 않으면 안 되었다. 후한은 이 점에서 실패했다. 강대해진 지방세력이 독자적으로 무장을 갖추면서 후한은 지방할거의 양상을 보이다가 멸망하고 말았다(220년). 후한은 유목민족과의 대결 구도를 바꾸는 데는 성공했지만 내부 압박을 견디지 못해 멸망하고 말았다.

후한의 멸망 이후 중국의 지배권은 위·촉·오에 의해 3등분되었다. 유비·조조·손권의 활약상을 담은 소설 《삼국지연의》로 더 잘 알려져 있는 삼국시대가 개막된 것이다. 위나라가 3국 항쟁의 주도권을 장악한 가운데 위나라의 실권은 조조의 후예들로부터 사마司馬씨 가문으로 이동했고, 사마씨의 일족인 사마염(236~290년)이 위나라 황제 원제를 폐하고 서진西晉를 세운 뒤 삼국은 다시 통일되었다(280년). 서진에 의해 중국이 재통일되었지만, 서진의 영향력은 한나라나 후한만 못했다. 이는 농경민족의 파워를 떨어뜨리는 요인이 되었다.

유목민족의 남하와 호한_{胡漢}문화의 형성

이 시기에 장성 서북의 유목민족 일부가 중국 경내에 들어와 살고 있었다. 이는 중국의 변경 수비가 약해졌기 때문이기도 하지만 중국이 적극적인 포용 정책을 취했기 때문이기도 했다. 5호胡, 즉 다섯 오랑캐라고 불리는 흉노족·갈족·선비족·저족·강족은 이러한 분위기 속에서 중국의 통제를 받으며 중국 경내에 살고 있었다. 그러나 이것이 중국에게 화근이 되고 말았다. 서진의 여덟 제후에 의한 8왕의 난(291~306년)이라는 내분이 발생했고, 제후들이 제각기 병력 보충을 위해 유목민들을 용병으로 끌어들이면서 고양이에게 생선을 맡기는 상황이 초래된 것이다. 로마제국이 게르만족을 용병으로 불러들였다가 이 때문에 화를 입은 사실을 연상케 하는 것이었다.

8왕의 난 때 병력을 이끌고 중국에 들어온 유목민족 중에서 흉노족은 유연의 지휘 하에 304년에 전조前趙를 세우고 서진을 멸망시켰다. 이 사건은 유목민들의 대거 남하를 촉발했다. 나아가 이것은 중국 각지에서 이들이 나라를 세우는 데 자극제가 되었다. 5호가 화북(북중국) 곳곳에 순차적으로 도합 16개의 나라를 세우고 5호16국 시대를 열게 되면서 북중국을 상실한 한족 지배층은 화남(남중국)의 양자강 유역으로 밀려났다. 민족대이동이 발생한 것이다. 한나라와 후한의 공세로 수세에 몰렸던 유목민족들이 이제는 중원의 '안방'을 차지한 셈이다. 한편, 유목민들이 대거 빠져나간 초원지대는 고거족(위구르족의 조상)과 유연족(몽골족 계통)의 활동무대가 되었다. 또 민족대이동으로 중원이 혼란에 휩싸인 틈을 활용하여 장성 동북쪽에서는 고구려가 급격히 세력을 늘려갔다.

흥미로운 것은 유목민들의 남하가 일정 정도는 기후변화에 기인했다는 점이다. 《기후의 반역》에서 류자오민은 "전한 성제 건시 4년(기원전 29년) 이후, 중국의 기후는 (종래의 온난다습에서) 점차 한랭건조로 변하여 중국 역사상 제2차 소빙하기로 진입하였다"면서 "한랭건조한 기후는 전한과 왕망의 멸망, 후한 왕실의 쇠퇴, 5호 동란, 한족의 강남 대이동 등의 상황을 조성하였다"고 말했다. 기온의 하강으로 목초지가 감소하고, 이것이 다시 유목민족의 남하를 초래한 것이다.

농경민족의 본거지인 중원 지역으로 유목민족이 대거 남하함에 따라, 동아시아에서는 두 세력의 문화가 상호 융합되는 현상이 나타났다. 몽골초원에서 유목문화가 유지되고 남중국에서 농경문화가 유지되는 가운데, 그 중간지대인 북중국에서는 유목민족胡과 한족漢의 호한胡漢 연합정권 하에서 양대 문화의 융합이 이루어졌다. 이로써 북중국은 동아시아 문화의 용광로 역할을 하게 되었다. 두 문화가 융합된 데는 불교의 힘이 컸다. 서쪽에서 들어온 신생 종교인 불교는 유목민과 농경민이 하나의 세계관을 갖도록 하는 데 기여했다. 훗날 북중국을 발판으로 중국을 통일한 당나라의 문화가 국제적 성격을 띤 것은, 4세기 이후 꾸준히 이루어진 양대 문화의 융합 덕분이라 할 수 있다. 북중국에서 새롭게 형성된 문화는 완전한 농경문화도 완전한 유목문화도 아닌 절충적 형태의 것으로 역사에서는 호한문화라고 불리고 있다.

4세기 이후 혼란에 빠진 북중국은 5세기에 들어 수습국면으로 돌입했다. 북위가 5호16국의 혼란을 종식시키고 436년에 북중국을 통일한 것이다. 이후로는 유연·돌궐 등의 유목세력이 몽골초원을, 한족 농경세력이 남중국을, 고구려 반농반목세력이 만주를 장악한 가운데, 호한문화를 바탕으로 한 북위가 동아시아에서 주도적 역할을 수행했다.

한편 북위의 팽창은 장성 동북의 고구려에게 장애물로 작용했다. 북중국의 혼란을 틈타 한때 북경 코앞까지 진출한 고구려에게 북위의 약진은 두려운 일이었다. 이 시기에 고구려 장수태왕(재위 413~491년)이 평양천도(427년)를 단행하고 '칼끝'을 한반도로 돌린 것은 더 이상 중원 쪽으로 진출하는 것이 용이하지 않다는 전략적 판단에 기인한 것이었다. 고구려가 중원에만 신경을 쓸 수 없도록 만드는 또 다른 요인들이 있었다. 남쪽의 백제·신라·가야가 성장을 거듭하는 데다가, 광개토태왕비에서 알 수 있듯이 백제와 동맹을 맺은 왜국이 고구려의 동맹국인 신라를 위협함에 따라 영락 10년(400년)에 광개토태왕이 군대를 보내 신라를 구원해야 할 정도로 한반도와 일본열도의 역량이 성장하고 있었다. 이런 상황 속에서 고구려는 무리하게 중원으로 진출하기보다는 북위와 친선을 도모하는 쪽을 선택할 수밖에 없었다.

유목문화와 농경문화를 융합한 호한문화는 이것을 보유한 북중국 왕조들에게 강력한 힘을 제공했다. 이는 북중국 왕조인 북주北周와 그것을 계승한 수나라에 의해 중국이 재차 통일(589년)된 데서도 잘 드러난다. 이는 여러 민족의 지혜가 융합된 호한문화가 한족 중심의 농경문화보다 더 우월했음을 보여주는 것이다.

수·당의 중국 재통일과 유목민족의 중원 위협

중국을 재통일한 수나라는 동아시아에서 유사 이래 가장 넓은 대제국의 건설에 도전했다. 이를 위해 수나라는 대제국의 경제를 통일하기 위하여 대운하를 건설하는 한편, 사방의 이민족들을 자국의 패권 하에 복속시키려고 시도했다.

여기서 주의할 점은 과거 동아시아에서 타국을 복속시킨다는 것은 타국을 점령하거나 파괴하는 것을 의미한 게 아니라, 타국의 영역과 통치권을 인정하는 가운데 자국의 패권을 관철시키는 것을 의미했다는 점이다. 자국은 황제 칭호를 사용하면서 타국은 그런 칭호를 사용하지 못하게 하는 것도 자국의 패권을 관철시키는 방법의 하나였다.

동아시아 전체를 자국의 패권 하에 복속시키겠다는 수나라의 전략은 어느 정도는 실현됐다. 특히 서북쪽 돌궐족과의 관계에서는 이간책을 써서 돌궐족을 동돌궐과 서돌궐로 분열시킨 뒤 양쪽 모두를 복속시키는 데 성공했다. 하지만 수나라는 고구려의 방어벽을 끝내 뚫지 못해 멸망하고 말았다(618년). 이 사건은 장성 동북쪽의 역량이 이전 시대보다 훨씬 더 강력해졌음을 반영하는 것이다.

수나라가 이루지 못한 대제국 건설의 꿈은 다음 왕조인 당나라가 이어받았다. 당태종 이세민(재위 626~649년)은 사방의 적들을 어느 정도 굴복시킨 뒤 645년, 647년에 연달아 마지막 걸림돌을 제거하기 위해 고구려를 공격했다. 하지만 연개소문이 이끄는 고구려에게 참패를 당한 그는 "다시는 고구려를 침공하지 말라"는 유명한 유언을 남긴 채 사망했다.

고구려 원정 실패로 당나라의 영향력이 이완된 뒤 즉위한 당고종(재위 649~683년)은 돌궐제국 등을 다시 복속시킨 다음 칼끝을 재차 고구려로 돌렸다. 당고종은 아버지 당태종과는 전혀 다른 전략을 선택했다. 그는 고구려 배후의 신라를 적극적으로 끌어들이는 한편 장기적인 소규모 전쟁으로 고구려의 힘을 빼는 전략을 구사했다. 그는 고구려에게 최후의 일격을 가하기에 앞서 660년 백제를 먼저 멸망시켰다. 백제부흥군과 왜국이 백제의 부활을 시도했지만 이들은 백강 전투에서 나당연합군에게 패배하고 말았다. 이제 고구려를 상대로 전력을 기울일 수 있게 된 당나라는 신라와 함께 총공세에 나서 668년 고구려를 멸망시키는 데 성공했다. 동아시아 패권을 놓고 장성 서북과 장성 이남이 대결을 펼치던 시대에 장성 동북에서 활약한 고구려는 동아시아의 양강 구도에는 끼지 못했지만, 장성 동북의 역량을 강화하는 데 기여함으로써 이후 거란족·여진족이 장성 동북 대 장성 이남의 대결구도를 여는 데 징검다리 역할을 했다.

고구려를 멸망시킨 후 당나라의 패권은 생각처럼 안정되지 못했다. 동쪽에 집중하면 서쪽의 이민족이 부활하고, 서쪽에 집중하면 동쪽의 이민족이 부활하는 식의 상황이 되풀이되었기 때문이다. 이전에 당나라에게 굴복했던 돌궐족은 회흘족(위구르 계통)과 합세하여 몽골초원을 거점으로 중원을 위협했다. 그뿐 아니라 서남쪽에서는 티베트고원의 토번(티베트)이 강력한 국가로 성장했다. 고구려가 멸망한 자리에는 불과 30년 만에 고구려 계승세력에 의해 발해가 건국되었다(698년). 이처럼 장성 동북이 부활하여 실력을 양성해 가는 동안 장성 서북의 돌궐족 등과 장성 이남의 당나라 사이에도 투쟁이 계속 전개되었다.

초원길 시대에 비해 유목민족의 위력이 한풀 꺾인 비단길 시대에도 이들이 여전히 한족 농경민들에게 위협이 되었다는 점은 유목민들을 지칭하는 한족의 표현에서 단적으로 드러난다. 흉노匈奴, 몽고蒙古, 토번吐蕃 등은 한결같이 부정적인 의미의 글자들로 이루어져 있다. 한족이 이런 표현을 사용한 것은 부담스러운 존재인 유목민들을 어떻게든 무시해보려는 심리의 표출이었다. 이런 중국인들의 태도에 영향을 받아 한국인들마저 중국인의 눈으로 과거 역사를 바라보는 것은 타당하지 못한 일이다. 현대의 세계는 미국의 눈으로, 과거의 세계는 중국의 눈으로 바라보고 있는 것이 한국인들의 한계다. 2000년대 들어 주한 몽골대사의 홍보에 힘입어 한국에서 '몽고' 대신 '몽골'이란 표현이 널리 확산된 것은 중국 중심의 역사관에 기울지 않고 동아시아 유목세력을 객관적으로 바라보는 데 도움을 주었다고 할 수 있다.

지금까지 살펴본 바와 같이 장성 서북과 장성 이남의 투쟁기였던 제2-1기는 남하를 꾀하는 유목세력과 이를 저지하는 농경세력이 대결한 시기였다.

반농반목세력인 장성 동북의 만주가 중원을 위협할 정도로 성장하기는 했지만 고구려가 당나라에게 멸망된 것에서 드러나듯이 이때까지만 해도 만주는 동아시아 국제질서를 주도할 만큼의 수준에는 도달하지 못했다.

그런데 우리는 농경민족과 유목민족의 대결이 어느 일방의 파괴로 귀결되기보다는 상호융합으로 귀결되었다는 점에 주목하지 않으면 안 된다. 유목문화와 농경문화를 융합시킨 북중국이 남중국을 통일하고 이를 바탕으로 건국된 당나라가 이전의 어느 제국보다 더 강대해질 수 있었던 것은 당나라가 두 문화의 융합을 발판으로 서역의 우수한 문명을 수용했기 때문이다. 그러므로 선진적인 농경문명이 야만적인 유목문명을 파괴하고 오늘날의 동아시아가 존재하게 되었다는 식의, 중국 중심의 역사관은 하루빨리 청산되어야 한다.

2. 장성 동북과 장성 이남의 투쟁기

기원전 2세기부터 서기 9세기까지는 장성 서북과 장성 이남의 대결이 동아시아의 기본 구도를 이루었다. 그런데 서기 10세기에 접어들면서 변화가 생기기 시작했다. 장성 서북이 약화되고 장성 동북이 강해지면서 대결의 두 축이 장성 동북과 장성 이남으로 바뀐 것이다. 그래서 10세기 이후로는 장성 동북에 있는 거란족·여진족·몽골족·만주족이 중원을 위협하는 양상이 나타났다. 이러한 변화를 알리는 신호탄은 당나라 내부에서 나왔다.

제2-1기의 최종 패권국인 당나라가 역내 패권을 계속 유지하려면 필수요건 하나를 충족하지 않으면 안 되었다. 그것은 안정적인 통치기반을 확보해야 한다는 것이었다. 하지만 이 점에서 당나라는 실패했다. 당나라는 소농小農의 생존기반을 지켜주지 못했다. 이로 인한 지배질서의 약화는 절도사(지방장관)들의 할거로 연결되었다. 돌궐족 출신의 절도사인 안록산이 사사명 등과 함께 당나라 중기에 일으킨 안사의 난(755~763년)은 당나라가 이미 지방 단위로 핵분열하고 있음을 보여준 사건이었다. 안사의 난 이후 원심력을 이기지 못한 당나라는 907년에 멸망했고, 북중국과 남중국은 각각 5대와 10국의 분열기(907~979년)로 접어들었다(5대10국 시대).

당나라의 영향력이 약해지면서 역내 곳곳에서 이와 연동된 정세변화가 잇달아 발생했다. 신라의 경우 동맹국인 당나라가 약화되자 내부에서 강력한 도전자들이 나타났다. 후백제·후고구려가 바로 그것이다. 당나라가 멸망하기 7년 전부터 신라에서는 후삼국시대가 시작되었다(900년). 또 당나라와 적대적 공존관계에 있었던 발해는 거란족에 의해 멸망되었다(926년). 이처럼 당나라의 약화는 당나라와 동맹관계 혹은 적대적 공존관계에 있던 나라들에게 똑같이 부정적 영향을 끼쳤다. 이런 틈을 놓치지 않고 장성 동북에서는 거란족 요나라가 새로운 지배자로 떠오르면서 한반도와 중국을 위협했고, 서쪽에서는 토번이 세력을 확장했다.

장성 동북의 요나라, 중원의 길목을 차지하다

중원 혼란의 최대 수혜자는 반농반목을 특색으로 하는 요나라였다. 그들이 최대 수혜자라는 점은 요나라가 중원의 분열을 틈타 만주와 몽골초원을 포함해서, 오늘날의 북경 지역까지 아우르는 연주·운주 등 16주(약칭 '연운 16주')를 확보한 데서 상징적으로 드러난다. 연운 16주는 장성 동북에서 장성 이남으로 통하는 길목일 뿐만 아니라 몽골초원에서 중원으로 통하는 길목이기도 하다. 연운 16주를 확보했다는 것은 요나라가 장차 중원으로 진출할 수 있을 뿐만 아니라 동아시아 내에서 발언권을 강화할 수 있게 되었음을 의미하는 것이다.

요나라가 연운 16주, 특히 산해관山海關[5]을 장악하면서 동아시아 질서는 요

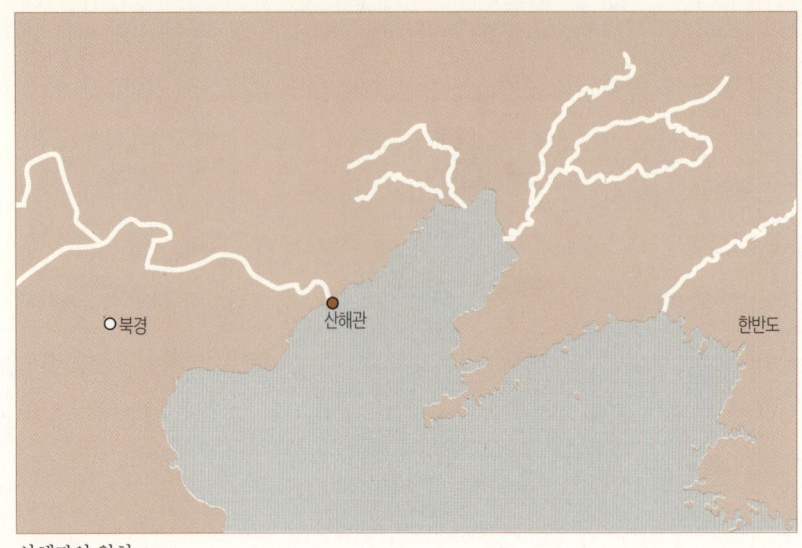

산해관의 위치.

나라를 중심으로 재편되기 시작했다. 제2-1기에는 북경 서북쪽의 오르도스를 장악한 쪽이 동아시아를 장악했지만, 제2-2기에는 북경 동북쪽의 산해관을 장악한 쪽이 동아시아를 장악했다. 요나라는 바로 그 산해관을 장악함으로써 동아시아의 '목줄'을 쥘 수 있게 되었다. 이렇게 새로운 패권국이 확립됨에 따라 역내 질서도 안정을 회복했다. 대동강 이남은 고려에 의해 936년에 재통일되었고, 황하 이남은 송나라(북송, 960~1127년)에 의해 통일되었다. 또 오르도스를 포함한 내몽골 서쪽 지역은 티베트 계통의 서하(혹은 대하)에 의해 장악되었다. 한편 티베트는 과거의 위력을 상실한 채 약화되었다. 그러므로 이 시기는 요나라의 주도 하에 요나라-서하-북송-고려가 대립한 때라고 할 수 있다.

―――――――――
5 만리장성의 동쪽이 시작하는 관문이다. 중원과 만주를 잇는 길목이다.

장성 동북이 동아시아의 핵심 축이 되었다는 점과 함께 이 시기에 출현한 지정학적 변화는 한반도가 장성 동북과 장성 이남을 완충하는 균형자 역할을 맡게 되었다는 사실이다. 이는 장성 동북의 만주세력이 옆에 있는 한반도를 그냥 지나치고서는 중원으로 진출할 수 없는 데에 따른 것이었다. 한반도를 그냥 두고 중원으로 진격했다가는 한반도로부터 뒤통수를 얻어맞을 수 있었기 때문에 중원으로 진출하려는 만주세력은 어떻게든 한반도를 자기편으로 만들어두지 않으면 안 되었다. 한반도를 자기편으로 만든 만주세력은 안정적으로 중원을 공략할 수 있었고, 그렇지 못한 만주세력은 중원의 왕조와 공존을 꾀하는 수밖에 없었다. 이 글에서는 이러한 경향을 편의상 '만주세력의 중원진출 공식'이라고 명명해두기로 한다.

만주세력의 중원진출 공식은 역사 속에서 쉽게 검증된다. 요나라와 금나라가 끝내 중원을 정복하지 못한 것은 한반도를 굴복시키지 못했기 때문이고, 몽골이 중원은 물론 서쪽으로 멀리 나아갈 수 있었던 것은 미리 한반도를 굴복시켰기 때문이었다.

연운 16주를 확보함으로써 중원에 대해 우위를 확보한 요나라가 회수(황하와 양자강 사이를 동서로 흐르는 강)를 건너 양자강 쪽으로 세력을 뻗치지 못한 것은 993~1018년에 3차례의 고려 침공에 실패했기 때문이다. 강감찬 등의 활약으로 고려가 요나라를 물리치자 요나라는 더 이상 남하하지 못하고 서하·북송·고려와의 세력균형을 도모할 수밖에 없게 되었다. 이 시기에 요나라와 북송은 고려를 자기편으로 끌어들이기 위해 외교전을 전개했지만, 고려는 어느 쪽에도 기울지 않고 세력균형을 유지하는 데 기여했다.

동아시아 최강 금나라의 불안정한 패권

요나라 주도의 세력균형이 유지되는 동안 요나라와 북송 양쪽에서는 왕조 말기적 현상이 나타났다. 국가 해체의 조짐이 나타난 것이다. 이 틈을 타 장성 동북에서 새롭게 흥기한 세력이 여진족이었다. 고려의 영향 아래 있었던 여진족은 완안부完顔部를 중심으로 통합을 이룩한 뒤 고려·요나라 등에게 대항하기 시작했다. 금나라 출현 이전의 여진족과 청나라 출현 이전의 만주족(여진족의 후예)은 공통점이 있다. 분열상태의 여진족(만주족)은 항상 한민족 왕조(고려·조선)의 통제를 받다가 분열을 극복한 뒤에는 한민족을 공격하고 중원으로의 진출을 시도했다. 한민족이 매번 여진족의 통일을 막지 못하고 화를 당한 것은 고려시대의 경우 요나라·북송을 견제하느라 여진족에게 주의를 제대로 기울이지 못했고, 조선시대의 경우 명나라의 여진족 토벌전략에 끌려 다니느라 여진족을 제대로 포용하지 못했기 때문이다.

요나라─서하─북송─고려 세력균형 하에서 내부 통일을 이룩한 여진족은 중원진출을 위한 작업에 본격 돌입했다. 여진족의 중원진출 시도도 '만주세력의 중원진출 공식'에 따라 이루어졌다. 여진족은 상국인 고려를 먼저 공격했다. 이에 맞서 고려는 1107년 윤관의 17만 대군을 파견해 135개의 여진 촌락들을 함락한 뒤 동북 9성을 축조했다. 하지만 다음 해인 1108년 고려는 아골타가 이끄는 완안부족연맹과의 전쟁에서 패하고 말았다.

이때 고려와 여진족이 타협한 전후수습책은 동아시아 정세에 중요한 의미를 던졌다. 전쟁에서는 여진족이 승리했지만, 정치에서는 고려가 승리하는 것으로 전후수습이 이루어졌다. 여진족은 동북 9성을 되찾고, 고려는 대대손손 여진족의 조공을 받기로 한 것이다. 1108년의 이 불완전한 수습책은 중원으로 진출하는 여진족에게 '배후의 화근'을 남겨두었다. 이는 훗날 금나라가 중국을 상대로 공세를 강화하는 데 장애가 되었다. 한반도를 완전히 굴복시키지 못한 만주세력은 중원 역시 완전히 정복할 수 없었던 것이다.

여진족의 급성장은 북송에게 한 가닥 희망을 던졌다. 요나라의 배후에 있는 여진족을 이용하면 요나라에게 빼앗긴 연운 16주를 회복할 수 있으리라는 기대를 가진 것이다. 1115년 여진족이 금나라를 세우자, 3년 뒤인 1118년 북송은 금나라에게 동맹을 제의했다. 금나라는 이를 수락했다. 쌍방은 '요나라를 붕괴시킨 후, 연운 16주는 북송이 차지하고 장성 이북은 금나라가 차지'하기로 합의했다. 이후 북송과 금나라의 동맹군은 양쪽에서 협공하여 최강 요나라를 멸망시키는 데 성공했다. 그런데 금나라는 북송과의 약속을 깨고 1125년과 1127년에 북송을 공격하여 남쪽으로 밀어내는 데 성공했다. 결국 북송을 계승한 남송이 금나라에게 사대의 예를 갖추기로 함에 따라 금나라는 동아시아의 새로운 패권국가로 부상하게 되었다.

그러나 금나라의 패권은 불완전했다. 고려와 어정쩡한 타협을 본 뒤 중원 공략에 나섰기 때문에 금나라는 중원을 공략하는 데 제약을 안고 있었다. 그래서 이 시기에는 금나라의 주도 하에 금나라-서하-남송-고려가 세력균형을 이루었다. 패권국이 요나라에서 금나라로 바뀌었을 뿐, 기존의 세력균형 구도는 바뀌지 않았다. 한편 이 시기에 고려는 외국의 파병 요구를 일관되게 거절함으로써 자국의 국력을 유지하는 동시에 일종의 균형자 역할을 수행해 나갔다. 고려는 여진족이 요나라를 공격할 때 요나라의 파병 요구를 3차례나 거절했고, 금나라가 남송을 공격할 때에도 남송의 파병 요구를 거절했다.

'팍스 몽골리안'을 가로막은 두 개의 벽

제2-2기는 장성 동북이 장성 이남과 대결한 시기였다. 장성 이남이 그대로 패권구도의 한 축을 유지한 가운데, 또 다른 한 축의 주인공이 장성 서북에서 장성 동북으로 바뀌었다. 그런데 장성 서'북'과 장성 동'북'의 공통분모는 장성 북쪽이다. 그러므로 10세기 이전이나 이후에나 장성 북쪽의 몽골초원은 항상 중원에 위협적이었다. 몽골초원에는 동아시아를 위협할 수 있는 힘이 여전히 존재하고 있었다. 그것을 증명한 것이 바로 몽골족이었다.

몽골족이 중원으로 나오는 과정은 그런 상황에 처해 있었던 민족들의 전형적인 중원진출 과정을 보여준다. 몽골초원은 크게 두 부분으로 나뉜다. 고비사막 이북의 외몽골이 하나이고, 고비사막 이남의 내몽골이 또 하나다. 한편, 몽골초원의 동쪽에는 대흥안령산맥(다싱안링산맥, 현재의 중·러 접경지대)이, 서쪽·서남쪽에는 알타이산맥이, 북쪽에는 바이칼호수(러시아·몽골 접경지대) 이남의 산악지대가 있다. 정재훈의 논문 〈북아시아 유목민족의 이동과 정착〉에 따르면 유목민족의 전형적인 출발점은 몽골초원이 아니라 그 주변의 산림지대였다. 산림지대에서 수렵·채취에 종사하던 산림민족은 몽골초원의 정세변화를 틈타 초원에 진입하여 유목민족으로 전환한 뒤 다시 상황을 보아 중원으로 진출하곤 했다. 칭기즈칸이 속한 몽골족(선비족 계통)의 보르지긴 씨족 역시 산림지대에 거주하다가 9세기 중반 몽골초원의 정세변화를 틈타 초원으로 내려와 유목민족으로 전환했다. 이들은 그 여세를 몰아 중원으로 진출해 동아시아 주도권을 획득했다.

몽골족은 역사상 그 어떤 유목민족보다도, 역사상 그 어떤 동아시아 국가보다도 훨씬 더 강력했다. 몽골족은 중원과 동아시아를 장악하는 데 그치지 않고, 중앙아·서남아는 물론이고 동유럽으로까지 판도를 확장했다. 그들은 단지 영토만 확장한 게 아니라 경제적으로도 세계사에 중대한 기여를 했다. 그 기여란 무엇일까? 그것은 13세기 후반부터 14세기 중반까지 고려에서 영국에 이르는 범위에 걸쳐 사상 최초로 은이 국제화폐가 되도록 하는 데 기여

6 정재훈, 〈북아시아 유목민족의 이동과 정착〉, 《동양사학연구》 제103집, 2008

했다는 점이다.

2008년 11월 19~21일 중국경제사학회 등의 주최로 중국 광주(광저우)에서 열린 국제학술대회에서 동아시아 금융사 연구자인 구로다 아키노부는 "몽골제국 통치시기에는 비록 (일국 내의) 전체 사회계층에 확산된 것은 아니지만 유라시아대륙 전체에 걸쳐 국가를 초월한 금융순환시스템이 존재했다"고 밝힌 바 있다. 몽골족의 정복 과정에서 은이 세계의 통용화폐가 되었다는 것이 그의 지적이다.[7] 다른 금속에 비해 무게가 비교적 가볍다는 점이 은의 통용화에 기여했던 것이다. 이처럼 정치적 영향으로 보나 경제적 영향으로 보나 '팍스 몽골리안'은 팍스 아메리카나에 결코 뒤지지 않았다. 오히려 능가했다고 해도 과언이 아니다.

몽골족을 포함한 유목민들이 단기간에 중원 혹은 그 이상을 장악할 수 있었던 것은 농경민들에 비해 인적·물적 자원을 용이하게 동원할 수 있었기 때문이다. 국가의 역량이 가장 극대화되는 전쟁의 경우, 농경국가는 제한된 장정과 제한된 재산밖에 동원할 수 없지만 유목국가는 전체 장정과 전체 재산을 동원할 수 있었다. 유목국가는 전쟁 중에 백성들의 '집'까지도 움직일 수 있었다. 이처럼 인적·물적 자원을 가장 효율적으로 동원할 수 있었다는 점이 유목국가의 역량을 극대화시킨 요인 중 하나였다고 말할 수 있다. 몽골족이 오늘날의 미국보다도 훨씬 더 큰 영역을 단기간에 정복할 수 있었던 데는 그 같은 이점이 한몫 했던 것이다.

그러나 몽골족에게도 한계는 있었다. 유라시아대륙 차원의 패권을 행사하기는 했지만 몽골제국은 동아시아 안에서 2개의 '벽'에 부딪혔다.

---

7 구로다 아키노부黑田明伸의 발표 제목은 〈유라시아 은의 세기(1276~1359): 화폐의 합류〉(The Eurasian Silver Century(1276~1359): Confluent Currencies)였다.

하나는 고려였다. 몽골족은 고려를 정복하는 데 끝내 실패했다. 몽골족은 고려의 협력을 이끌어내기는 했지만 고려를 정복하지는 못했다. 굴복은 시켰지만 정복은 못한 것이다. 몽골족은 고려 무인정권의 저항에 막혀 1232년부터 근 30년 가까이 고려와 장기전을 벌였다. 결국 몽골은 고려 원종(1259년 등극)의 협력을 받아 무인정권을 붕괴시키고 1260년 고려를 동맹국으로 만드는 데 가까스로 성공했다. 불완전하게나마 고려를 우군으로 만든 뒤 1279년 몽골은 남송을 멸망시키고 중국을 정복하는 데 성공했다. 이와 같이 세계제국 몽골도 지근거리에 있는 고려만큼은 끝내 정복하지 못했다.

또 하나는 일본이었다. 남송을 멸망시킨 뒤 몽골족은 고려와 연합하여 일본을 정복하려고 했지만 이 역시 실패하고 말았다. 태풍이라는 자연적 요인도 작용했지만 유목세력이라는 태생적 요인도 컸다고 볼 수 있다. 유목민족이 바다에 적응하지 못한 것은 길게 보면 그들의 약화를 초래한 핵심 요인 중 하나였다. 몽골제국 시대는 세계의 중심이 대륙에서 해양으로 이동하기 얼마전이었다. 훗날 펼쳐질 해양의 시대를 가장 잘 활용한 것은 바닷길을 통해 동서를 이동한 서유럽인들이었다. 초원지대에서 농경지대로 진출할 수는 있어도 바닷길을 넘나들 수는 없었다는 점은 유목민들의 약화를 초래한 중요 요인이었다.

명제국의 등장과 한족의 주도권 회복

이전에 명멸한 패권국들과 마찬가지로 '몽골 기마병' 역시 정상에서 내려와 다음 최강에게 패권을 넘기지 않을 수 없었다. 지중해를 자신의 호수로 만들었던 로마제국처럼 초원길·비단길을 자신의 '산책로'로 만든 몽골제국도 결국 쇠락의 길을 걸었다. 몽골은 각처에서 일어난 독립운동을 견디지 못하고 명나라에 쫓겨 1368년 다시 몽골초원으로 올라가고 말았다.

14세기 후반 명나라의 등장은 중요한 의미를 내포했다. 명나라의 등장은 거란족·여진족·몽골족 치하에서 몸을 움츠리고 살았던 한족이 주도권을 회복한 사건이었다. 명나라의 등장과 함께 동아시아 국제질서도 신속히 재편되었다. 만주지역은 여진족 군소집단들에 의해 분할되었고, 한반도는 반원친명을 선택한 조선에 의해 지배되었으며, 일본열도는 남북조[8]의 내란을 종결한 무로마치막부室町幕府[9]에 의해 지배되기 시작했다.

이 시기에 패자霸者 명나라를 가장 괴롭힌 존재는 장성 동북의 여진족이었다. 비록 군소집단들로 쪼개져 있긴 했지만 여진족은 명나라와 조선을 끊임없이 교란함으로써 동아시아를 항상적인 불안상태로 몰아넣었다. 그래서 단독으로 여진족을 다루기 힘들었던 명나라는 조선에 계속해서 파병을 요구하여 공동토벌을 전개했다. 이런 국면은 팍스 아메리카나 시대의 대테러전쟁 구도를 연상시키는 것이었다. 장성 동북의 여진족이 분열되어 있었음에도 불구하고 장성 이남과 장성 동북 사이에 대결구도가 형성되었다는 점은 이 시기에 명나라의 패권이 그리 견고하지 못했음을 보여주는 징표다.

명나라와 조선이 공동으로 수행한 '동아시아판 대테러전쟁'이 제한적이나마 성과를 거둠에 따라 14~16세기의 동아시아에는 이전에 볼 수 없었던 태평성대가 조성되었다. 하지만 이 태평성대 속에는 암초들이 숨어 있었다. 첫째, 이 구도는 '물주'인 명나라가 계속해서 비용을 지출하지 않고서는 유지될 수 없는 것이었다. 이것은 명나라의 재정을 계속 악화시키는 요인으로 작

---

8 남북조 시대란 2명의 천황이 남조와 북조로 나뉘어 대립한 시대로서 1336~1392년에 해당한다.
9 막부는 12~19세기 일본 정치사에서 나타난 일종의 군사정권이다. 군사정권의 수장은 쇼군將軍이라 불렸다. 쇼군이 실질적인 통치권을 행사했고 천황은 상징적인 존재에 불과했다. 15세기 이후로는 쇼군이 국제사회에서 일본을 대표하는 일본국왕으로 통했다. 가마쿠라막부·무로마치막부·도쿠가와막부가 순차적으로 출현했다.

용했다. 둘째, 이 구도는 명나라와 조선의 '총부리'가 만주로만 향하도록 만들었다. 이것은 해양세력인 일본열도에서 어떤 일이 벌어지고 있는지에 대해 둔감하도록 만드는 것이었다.

명나라와 조선이 장성 동북의 여진족을 집중 견제하고 있는 동안 동아시아 해양에서는 일찍이 볼 수 없었던 새로운 움직임이 꿈틀대고 있었다. 그간 대륙으로부터 소외되었던 동아시아 해양에서 역내 질서를 위협할 만한 힘이 형성되고 있었던 것이다. 동아시아 국제질서의 제2기는 이렇게 서서히 저물고 있었다.

제3장

바닷길 시대의 동아시아

대륙의 우세 속에서 대륙세력 내부의 대결구도로 전개되던 동아시아 국제 질서는 16세기 후반에 접어들면서 공전의 양상을 보이기 시작했다. 해양세력 이 대결구도의 한 축으로 떠오른 것이다. 장성을 경계로 대결구도의 축이 나 뉘던 시대가 지나가고, 대륙세력과 해양세력을 축으로 하는 대결구도가 출현 한 것이다.

이 구도는 대륙세력에 대한 해양세력의 도전인 임진왜란(1592∼1599년)이 라는 미증유의 동아시아 대전을 통해 갑작스레 출현했다. 물론 그 이전에도 일본과 대륙 간의 대규모 전쟁은 있었다. 광개토태왕 시기의 고구려·왜국 전 쟁, 백제 멸망 후의 백강전투, 여몽연합군의 일본 공격 등이 있었다. 하지만 임진왜란 이전의 '대륙 대 일본' 전쟁은 동아시아 패권에 영향을 미칠 정도는 아니었다.

그러나 임진왜란의 경우는 달랐다. 전쟁을 일으킨 당사자인 도요토미 히 데요시豊臣秀吉는 명나라에 대한 도전의사를 명확히 천명했으며, 이 전쟁으로 군사력·재정력이 결정적으로 약해진 명나라는 그때부터 급속히 쇠락의 길로 접어들었다. 그래서 임진왜란은 미증유의 동아시아 대전이라 불릴 만한 것이었다. 그것은 당시의 동아시아 패권에 직접적 영향을 미쳤을 뿐만 아니라, 이후의 동아시아 구도까지도 질적으로 바꾸어 놓았다.

1. 바닷길 개척과 일본의 부상

종래에 한반도의 견제에 가로막혀 동아시아 주류와의 교류가 단절된 채 늘 변방에 머물 수밖에 없었던 해양세력 일본이 어떻게 16세기 후반에 대륙을 위협하는 단계까지 도달할 수 있었을까? 이 의문을 푸는 데 도움이 되는 3가지의 현상이 있다.

첫째, 바닷길이 열림에 따라 일본은 서유럽을 통해 새로운 문물을 수용할 수 있게 되었다. 종래 세계사에서 소외되었던 서유럽 국가들의 바닷길 개척 노력은 비단 서유럽 국가들뿐만 아니라 일본에게도 새로운 세계를 가져다주었다. 그것은 일본에게 탈출구를 제공했다.

1498년에 포르투갈인 바스코 다 가마Vasco da Gama가 희망봉Cape of Good Hope을 돌아 인도 항로를 개척한 데 이어, 1522년에는 페르디난드 마젤란Ferdinand Magellan을 따라나선 스페인 탐험가들이 태평양 횡단에 성공하면서 서양의 끝과 동양의 끝이 서로 연결되었다. 서유럽 국가들이 바닷길 개척에 적극 나선 것은 이슬람 및 이탈리아 상인들에게 가로막혀 기존의 동서교류 루트를 제대로 이용할 수 없었기 때문이다. 인간과 물자와 정보가 이동하는 세계 최대의 무역로는 서유럽인들의 노력에 힘입어 비단길에서 바닷길로 바뀌게 되었다. 힘의 중심도 자연스레 해양으로 이동했다.

바닷길의 발견은 그동안 소외되었던 유럽의 주변부와 동아시아의 주변부가 서로 만날 수 있는 기회를 제공했다. 포르투갈인들이 16세기 중엽에 마카오를 거점으로 일본과 무역을 개시하고 일본인들에게 신무기인 조총을 전해준 사실은 그동안 주로 중국과 한반도를 통해 신문물을 수용하던 일본에게 새로운 가능성을 의미하는 것이었다. '길의 발견'은 새로운 가능성과 새로운 힘을 낳았다. 바닷길의 발견은 종래에 초원길과 비단길을 발판으로 동아시아를 지배해온 대륙세력의 독무대를 종결짓는 것이었다.

흥미로운 것은 바닷길을 통해 연결된 서유럽의 변방과 동아시아의 변방 사이에 놀랄 만한 유사성이 발견된다는 점이다. 특히 서유럽의 가장 끝인 영국과 동아시아의 가장 끝인 일본 사이에서 그 같은 유사성이 가장 잘 발견된다. 동아시아의 비주류인 일본이 대륙세력에 정면 도전한 1592년으로부터 불과 4년 전인 1588년 유럽의 비주류인 영국도 스페인 무적함대를 격파했다. 바닷길의 연결이 바닷길 양끝에 있는 두 나라의 역량 강화에 크게 기여했던 것이다. 이는 영미권과 일본의 뿌리 깊은 역사적 인연을 보여주는 대목이다.

둘째, 무로마치막부의 권력이 이완되어 지역할거의 양상이 나타난 센고쿠시대(戰國時代, 1467년경~1573년경)에 지방 지배자인 다이묘大名들은 하극상이나 적자생존 같은 살벌한 분위기 속에서 살아남기 위해 자기 지역의 경제·군사를 발달시키는 데 주력했다. 이것이 일본열도 전체의 경제·군사력을 이전보다 한 단계 업그레이드시키는 계기가 되었다.

셋째, 명나라와 조선은 여진족을 견제하느라 일본열도를 제대로 견제하지 못했다. 조선이 특히 그랬다. 조선 초기에는 일본이나 대마도를 견제하기 위한 조치들이 취해졌지만, 명나라가 전략의 중점을 만주에 두는 상황 속에서 명나라의 동맹국인 조선이 일본·대마도를 수시로 견제할 수는 없었다. 조선 세조(재위 1455~1468년) 시대에 명나라와 보조를 맞추며 조선의 대외관계를 이끌었던 신숙주가 일본·대마도에 대해서는 경제적 회유책을, 여진족에 대해서는 군사적 강경책을 구사한 것은 그 같은 조선의 한계를 반영하는 것이었다. 일본을 견제할 필요성을 인식하면서도 거기에 큰 비중을 할애할 수 없었기에 경제적 회유책 같은 유화정책을 쓰지 않을 수 없었던 것이다. 이처럼 명나라와 조선이 여진족 견제에 신경을 쏟는 사이, 일본은 아무런 견제도 받지 않고 내부의 혼란을 극복하며 도요토미 히데요시의 일본통일 단계까지 성큼성큼 나아갈 수 있었다.

이와 같이 바닷길을 통한 서양과의 접촉, 센고쿠시대의 실력양성, 대륙세력의 견제소홀 등을 배경으로 1592년 대륙을 침략한 해양세력 일본은 동아시아 국제질서의 한 축으로 떠올랐다. 하지만 임진왜란 당시만 해도 일본은 대륙세력을 꺾을 만한 힘이 부족했다. 조총을 앞세워 승승장구하던 임란 초기 일본군의 기세가 조·명 연합군의 반격 앞에서 일단 꺾인 1593년 5월, 일본이 명나라에게 '조선 팔도 분할방안'이라는 타협책을 제시한 것은 일본의 역량이 대륙세력을 넘기에는 아직 역부족이었음을 반영하는 것이었다.

바닷길의 개척과 일본의 부각으로 시작된 제3기 동아시아 국제질서는 크게 세 시기로 세분된다. 대륙과 해양의 소강기(제3-1기), 해양의 절대적 우세기(제3-2기), 해양의 상대적 우세기(제3-3기)가 그것이다.

2. 대륙과 해양의 소강기

예전에는 미처 생각지 못했던 해양세력 일본의 도전은 동아시아 전체에 심대한 충격을 안겨주었다. 가장 직접적인 충격을 받은 조선에서는 양반지배질서가 해체 조짐을 보이면서 서민들의 사회적 약진이 시작됐다. 전쟁을 지원하느라 인적·물적 자원을 소모한 명나라는 급격히 쇠락의 길로 빠져들었다. 여진족을 막기 위해 만주에 배치해둔 군대가 임진왜란 때 소진됨에 따라, 명나라는 당장 여진족의 위협을 우려하지 않으면 안 될 처지에 놓이게 되었다. 농민반란군인 이자성 군대의 활약은 말기의 명나라가 처한 사회적 혼란을 잘 보여준다. 전쟁을 일으킨 당사자인 일본도 적지 않은 충격을 받았다. 도요토미 히데요시에 이어 권력을 장악한 도쿠가와 이에야스德川家康의 도쿠가와막부(혹은 에도막부)가 조선과의 국교를 신속히 재개한 것은 일본 역시 임진왜란 때문에 많이 지쳤음을 의미하는 것이다.

그런데 임진왜란의 발발과 해양세력의 급부상으로 가장 큰 이익을 본 쪽은 엉뚱하게도 여진족이었다. 자신들을 겨냥하던 명나라와 조선의 '칼날'이 일본 쪽으로 방향을 돌린 틈을 타서 내부통일에 성공한 여진족은 임란의 충격에서 미처 헤어나지 못한 조선을 굴복시킨 데 이어, 산해관을 넘어 북경을 차지하고 중원을 장악하는 데 성공했다(1644년). 여진족 청나라의 등장은 동아시아에서 해양세력이 급부상한 뒤의 어수선한 정세변화를 배경으로 이루어졌다.

명나라·조선·일본이 모두 지친 틈을 타서 대륙의 최강으로 등장한 청나라였지만, 그렇다고 청나라가 조선이나 일본을 상대로 적극적인 정책을 구사하기는 쉽지 않았다. 소수파 정복왕조라서 정통성이 약한 청나라로서는 중원을 통치하기 위해 외부문제보다는 내부문제에 더 집중하지 않으면 안 되었다. 입관入關, 즉 산해관關을 넘어入 중원에 들어갈 당시 만주족이 30만 명밖에 안 되었다는 점은 이들이 중원을 통치하기가 매우 벅찼음을 보여주는 것이다. 정통성이 약한 청나라는 '명나라 부흥'을 기치로 내건 남명정권(남경정권·복건정권·광동정권의 총칭)의 도전에 직면해야 했을 뿐만 아니라, 청나라에 투항한 한족 세력의 반란인 삼번三藩의 난과 대만을 거점으로 한 정성공 세력의 도전도 물리쳐야 했다. 내부를 수습하기에 급급했던 청나라로서는 새로 부상한 해양세력 일본을 견제하기보다는 대륙을 단속하는 데 주안점을 둘 수밖에 없었다. 이렇게 일본을 견제할 주변 국가가 없었기 때문에 일본은 17~18세기에 조용히 실력을 양성하고 나아가 19세기에 동아시아를 위협할 수 있었다.

임진왜란과 명나라 멸망 이후 불어온 동아시아 르네상스

임진왜란 이후 및 명나라 멸망 이후의 동아시아 국가들은 외부보다는 내부에 주력하는 쪽으로 전략을 바꾸었다. 대륙세력이든 해양세력이든 다 마찬가지였다. 그래서 이 시기에는 대륙세력과 해양세력 사이에서 소강 국면이 나타났다. 이런 가운데 17세기 이후의 동아시아는 쇄국 모드로 돌입했다.

이때의 쇄국은 '폐쇄'의 의미를 띠지는 않았다. 17세기 이후 조선·청나라·일본에서 대대적인 실력양성 즉 일종의 르네상스가 전개된 것에서 알 수 있듯이 당시의 동아시아는 외부보다는 내부에서 실력배양의 길을 찾고 있었다. 조선 영·정조 때 전개된 르네상스는 청나라는 물론 일본에서도 동시에 진행되었다. 이 시기의 동아시아 국가들은 일종의 수험생과 같았다. 인생의 다음 단계를 위해 공부에 전념하는 수험생을 두고 '낙오'니 '폐쇄'니 하는 부정적 평가를 하는 것이 부당하듯이 동아시아의 쇄국도 그런 평가를 받기에는 억울한 것이었다. 그것은 '건설적 쇄국'이라 할 수 있는 것이었다.

내부적으로 실력양성에 힘쓰는 동안, 동아시아 각국은 일정 정도로 문호를 개방했다. 조선은 청나라·일본·오키나와 등과 교류했고, 청나라는 광주(광저우)를 통해 서유럽과 교류했으며, 일본은 조선·청나라·오키나와·네덜란드와 교류했다. 그러므로 동아시아의 쇄국은 제한적인 대외관계 속에서의 실력양성이라고 평가할 수 있다.

쇄국과 더불어 이 시기에 나타난 또 다른 특징은 일종의 세력균형이었다. 임진왜란에서 명확히 승부를 내지 못한 대륙세력과 해양세력이 저마다 내부 문제에 치중함에 따라 국제적으로 세력균형의 양상이 나타난 것이다. 제2-2기에 북송-요나라-고려 및 남송-금나라-고려 사이에서 나타난 세력균형과 달리, 제3-1기의 세력균형은 훨씬 더 평화롭게 진행되었다.

이런 가운데 동아시아 3국 중에서 바닷길을 가장 잘 활용한 쪽은 일본이었다. 직접무역을 통해서든 중계무역을 통해서든, 이 시대에는 일본산 쌀이 인도·중동에 수출되고 인도산 면직물이 일본에 수입되었다. 또 17세기 후반부터는 일본산 도자기가 페르시아만과 서유럽까지 수출되었다. 이 시기의 일본은 해양무대에서 역동적으로 활약했다. 다만 유라시아 동쪽에서의 그 같은 노력이 유라시아 서쪽의 영국 등과 비교할 때 상대적으로 뒤처졌기 때문에 19세기 이후로 유라시아 서쪽이 동아시아를 압도할 수 있었던 것이다. 위와 같이 쇄국 모드와 세력균형 속에서 대륙세력과 해양세력은 실력양성에 치중하면서 다음 시대를 준비했다. 16세기 후반에 시작된 제3-1기는 1840년 아편전쟁 이전까지 계속됐다.

3. 해양의 절대적 우세기
(1) 서양의 본격적 팽창

제3-1기에 어느 나라가 가장 크게 실력을 양성했는가는 동아시아 국제질서의 제3-2기인 '해양의 절대적 우세기'에 이르러 판가름 났다. 가장 괄목할 만하게 변모한 나라는 일본이었다. 17~18세기에 진행된 동아시아 실력양성 운동의 결과, 해양세력 일본은 19세기부터 대륙세력에 대해 우세를 점하기 시작했다. 그러나 이는 일본의 자체 힘만으로 이루어진 결과가 아니었다.

이 문제를 이해하려면 17~18세기에 세계의 다른 지역에서 어떤 일들이 있었는지를 고려해볼 필요가 있다. 우리는 17~18세기에 동아시아뿐만 아니라 유럽대륙에서도 대대적인 실력양성운동이 전개되었다는 사실에 주목해야 한다. 이 시기 유럽의 변화는 동아시아의 변화보다 훨씬 더 전면적이었다. 16세기 이래 바닷길의 개척을 통해 이전보다 훨씬 더 빨리 세계 곳곳을 이동할 수 있게 된 유럽 국가들은 이를 바탕으로 경제적 측면에서는 산업혁명을, 정치적 측면에서는 시민혁명을, 기술적 측면에서는 과학혁명을 이룩했다. 유럽사 연구자인 제프리 브루운Geoffrey Bruun은 《19세기 유럽사》에서 유럽은 이 시기에 고대 로마제국을 능가하는 눈부신 성장을 거두었다고 찬사를 보냈다.[10]

그에 비해 동아시아의 실력양성은 혁명이라고 불릴 만한 단계까지는 도달하지 못했다. 중국사 연구자인 마크 엘빈Mark Elvin이 《중국 역사의 발전형태》에서 강조한 바와 같이 중국 경제는 근대 직전까지도 기술력의 정체를 극복하지 못했다. 이 시기 중국의 실력양성은 '양적 성장, 질적 정체'라고 표현된다. 정치·과학 분야에서도 질적 성장은 일어나지 않았다. 조선·일본의 경우도 예외가 아니다. 실력양성운동을 전개했다는 점에서는 동아시아나 유럽이나 다를 게 없지만 그 결과로서 '혁명'을 이루었느냐 하는 점에서는 동아시아가 유럽에 비해 현저히 뒤졌던 것이다.

산업혁명, 시민혁명, 과학혁명 이룬 서양의 성장

그러나 이러한 '성적표'는 적어도 18세기까지는 잘 감지되지 않았다. 왜냐하면 적어도 18세기까지는 서양인들이 동아시아를 동경하고 동아시아의 문화콘텐츠(서적 등)를 수입하는 데 열성적이었기 때문이다. 일례로 도널드 라크와 에드윈 클레이가 쓴 《유럽을 만든 아시아》에 따르면, 16~17세기에 유럽의 선교사·상인·선장·의사·선원·병사·여행가 등에 의해 수백 권의 아시아 서적이 유럽의 주요 언어로 번역되었다. 또 중국의 견직업에 관한 시어도스 포스의 논문에 따르면, 18세기까지만 해도 서양인들은 중국의 기술서·실용서 등을 번역하는 데 열의를 갖고 있었다. 오늘날 동아시아인들이 서양 서적을 열심히 번역하듯이 18세기까지는 서양인들이 그랬던 것이다.

---

10 제프리 브루운 지음, 길현모 옮김, 《19세기 유럽사》, 탐구당, 1976

18세기 이전에는 동아시아가 서양을 능가했다는 점은 경제 방면에서도 잘 나타난다. 경제사 연구자인 안드레 군더 프랑크Andre Gunder Frank의 《리오리엔트》에 정리된 바와 같이 19세기 이전까지 실물(차·비단·도자기 등)의 흐름은 중국에서 서양을 향했고, 화폐(은)의 흐름은 서양에서 중국을 향했다. 이 관계 속에서 중국은 '만성적'인 무역흑자를 보았다.[11] 이는 19세기 이전의 서양이 동아시아에 판매할 만한 상품이 딱히 없었음을 보여주는 것이다. 17~18세기에 이루어진 동·서양 실력양성의 성적표는 이처럼 18세기까지는 명확히 표출되지 않았다.

최소한 18세기까지는 동아시아가 서양보다 우위에 있었음을 보여주는 가장 유명하고도 상징적인 사례가 있다. 그것은 거꾸로 서양인들이 중국인들의 우매함을 강조하기 위해 제시하는 사례이기도 하다. 청나라 제6대 황제 건륭제(재위 1735~1795년)와 영국 사신 조지 매카트니George Macartney의 1793년 회동이 그것이다.

무역특혜를 내용으로 하는 매카트니의 요구를 건륭제가 거절한 본질적 이유는, 흔히 하는 말처럼 매카트니가 삼궤구고三跪九叩를 하지 않았기 때문이 아니었다. 세 번三 무릎을 꿇고跪 한 번 꿇을 때마다 세 번씩 해서 모두 아홉 번九 머리를 땅에 대고叩 절하는 예법을 취하든 않든 간에, 영국과의 무역이 자국에 이익이 된다고 판단했다면 건륭제로서도 영국과의 무역확대나 영국에 대한 무역특혜 부여를 거부했을 리 없다. 그때까지만 해도 중국의 눈에는 영국은 별로 이익이 없는 나라였다. "천조(天朝, 중국의 존칭)는 물산이 풍부하여 없는 것이 없으니, 애초부터 오랑캐의 물건에 기대어서 (우리에게) 없는 것을 융통하지는 않는다"라는 건륭제의 입장은 적어도 그때까지는 중국이 보

---

11 안드레 군더 프랑크 지음, 이희재 옮김, 《리오리엔트》, 이산, 2003

기에 서양이 대단치 않았음을 반영하는 것이다. 비록 유럽이 17~18세기에 세계사를 바꿀 만큼의 역량을 비축했지만 적어도 18세기 말까지 아니 19세기 초반까지는 어느 누구도 유럽의 잠재력을 확인할 수 없었던 것이다.

앞에서 우리는 일본이 19세기에 조선과 청나라를 능가한 본질적인 이유가 무엇인가 하는 의문을 제기했다. 일본이 내부적으로 실력양성을 잘했기 때문이기도 하지만 일본이 쇄국 시기에도 네덜란드와의 관계를 통해 비록 제한적이나마 유럽과의 교류를 지속적으로 유지했고, 또 유럽이 해양을 통해 동아시아로 진출함에 따라 해양의 비중이 높아졌기 때문이다. 즉, 16세기 이후로 해양의 비중이 지속적으로 높아진 점이 해양국가 일본의 성장을 도운 객관적 조건이었던 것이다.

그런데 주의할 것은 19세기의 동아시아가 해양세력에 의해 주도되었다고 해서 그 해양세력이 곧 '동아시아 국적의 해양세력'만을 의미하지는 않는다는 점이다. 19세기 이후 동아시아 해양세력에는 동아시아 국적뿐만 아니라 서양 국적의 해양국가들까지 가세했다. 이 점은 대륙세력의 경우에도 마찬가지였다. 서양 국적의 대륙국가(러시아)도 동아시아 대륙세력에 가담했다. 이는 동아시아에 거점을 마련한 서양열강이 역내 영향력을 구축함에 따라 새롭게 대두된 현상이었다.

대륙이 우세했던 제1기나 제2기에 그러했던 것처럼, 해양이 우세한 제3기에는 해양세력 사이에서 패권이 오고갔다는 점이 인상적이다. 처음에는 서양 그룹이 패권을 차지했지만 나중에는 서양-일본 연합이 패권을 차지했다가 다시 일본이 단독으로 패권을 차지하는 등, 이 시기에는 대륙세력이 배제된 채 해양세력 내부에서만 패권이 이동했다. 이 시기 패권의 이동 과정에 대한 구체적인 분석을 통해 우리는 2부에서 논의할 현대 동아시아의 쟁점에 대한 이해를 심화시킬 수 있을 것이다.

(2) 서양의 단독 주도기

제3-2기에는 새로운 구성원들이 대륙세력과 해양세력에 각각 추가되었다. 그것은 해로와 육로, 두 방향에서 이루어졌다.

먼저 해로를 통해 편입한 나라들의 대표주자는 영국이었다. 독일 · 프랑스 · 미국 · 이탈리아 · 포르투갈 · 네덜란드 등이 그 뒤를 이었다. 이들은 동아시아에서 해양세력이 되었다. 독일 · 프랑스 같은 나라들은 섬나라는 아니었지만 동아시아에서만큼은 해양을 배경으로 활약했다.

대표주자인 영국이 동아시아에 편입된 과정을 구체적으로 살펴보자. 영국은 제1차 아편전쟁(1840~1842년)의 결과로 체결된 남경(난징)조약을 통해 홍콩섬을 확보함으로써 동아시아에서 상설 기지를 갖게 되었다. 하지만 영국의 승리는 완전한 게 아니었다. 제1차 아편전쟁으로 청나라에 충격을 준 것은 사실이지만 그렇다고 영국의 영향력이 확고해진 것은 아니었다. 제1차 아편전쟁 이후에도 영국의 위상이 불안정했다는 것은 아편이란 상품의 지위에서 잘 드러난다. 남경조약에 힘입어 5개 항구의 개방 같은 특혜를 이끌어내기는 했지만 영국은 정작 아편의 합법화를 얻어내지는 못했다. 제1차 아편전쟁 후에도 아편은 중국에서 여전히 불법상품이었다. 제1차 아편전쟁에서 아편 문제와 관련하여 영국이 얻은 것은 양광총독 임칙서林則徐[12]에 의해 몰수당한 아편의 보상금으로 600만 달러를 받은 것뿐이었다.

아편이 합법화된 것은 그로부터 약 20년 뒤의 일이었다. 프랑스와 연합하여 제2차 아편전쟁(1856~1860년)을 일으킨 영국은 전쟁 중인 1858년 천진(텐진)조약을 체결하여 아편무역을 합법화하는 데 성공했다. 이 조약을 통해 영

---

12 영국 상인들이 소유한 아편을 몰수하고 불태우는 등의 강경책을 구사함으로써 아편전쟁을 초래하는 데에 기여한 인물이다.

국은 아편무역의 합법화 외에도 외교사절의 북경 상주常駐, 10개 항구의 추가 개방, 양자강에서의 자유 통상, 기독교의 공인 등을 이끌어냄으로써 동아시아에서의 활동 기반을 공고히 했다. 이로써 영국은 동아시아 해양세력의 일원으로 강력한 발언권을 행사할 수 있게 되었다.

영국이 해로를 통해 동아시아에 진출했다면 러시아는 주로 육로를 통해 역내에 진출했다. 동아시아를 향한 러시아의 동진은 16세기말부터 시작되었다. 1579년에 러시아 코사크Cossacks족 840여 명이 동진을 시작한 이래, 러시아 세력은 1638년까지 오호츠크해(사할린섬의 위쪽) 해안에 도달했다. 이어서 1651년에는 그보다 남쪽인 하바로프스크(사할린섬의 왼쪽)에 도달했고, 1652년에는 몽골의 바로 위쪽에 있는 바이칼호까지 점령했다. 효종 5년(1654) 및 9년(1658)에 조선이 청나라의 요청으로 나선(러시아) 정벌에 나선 것은 동아시아로 점점 다가오는 러시아의 위협을 반영한 사건이었다. 러시아의 동진으로 인한 러시아와 청나라의 갈등은 1689년 네르친스크조약으로 일단락되었다. 이 조약을 통해 스타노보이산맥 이북을 차지한 러시아는 만주 진출을 잠정적으로 멈추었다. 당시의 러시아는 더 이상 청나라를 압박할 힘이 없었던 것이다.

러시아가 육로로 동아시아에 진출한 것은 실은 바다로 나가는 길을 찾기 위해서였다. 바닷길의 발견 이후 해양 진출이 국운을 좌우하게 되었지만 러시아의 입장에서는 바다로 가는 길이 서유럽 국가들 때문에 막혀 있었다. 대서양으로 통하는 발트해Baltic Sea와 지중해로 통하는 흑해가 영국·독일·프랑스·이탈리아의 영향력 하에 있었기 때문에 러시아로서는 동아시아로 진출하여 동해나 태평양으로 나가는 수밖에 없었던 것이다.

네르친스크조약 이래 동아시아 진출을 보류했던 러시아가 공세를 재개한 것은 19세기 중반에 들어서였다. 러시아는 제2차 아편전쟁을 활용하여 동아

스타노보이 산맥의 위치.

시아에 대한 영향력을 확대하기 시작했다. 1858년 아이훈조약을 통해 스타노보이산맥보다 밑에 있는 흑룡강(헤이룽강) 이북을 확보한 러시아는 제2차 아편전쟁에서 영국·프랑스와 청나라를 중재한 대가로 청나라로부터 좀 더 큰 것을 얻어냈다. 청-러 북경조약(베이징조약, 1860년)을 통해 러시아는 우수리강(블라디보스토크 위쪽) 동쪽의 연해주를 획득하는 데 성공했다. 연해주를 확보함으로써 러시아는 한반도와 국경을 맞대게 되었을 뿐만 아니라, 만주를 발판으로 중원을 위협할 수 있는 전략적 거점을 확보하게 되었다. 러시아가 동아시아 국제질서의 일원이 되는 순간이었다. 이것은 다른 지역과 마찬가지로 동아시아에서도 '러시아 공포증'을 확산시키는 계기가 되었다.

동아시아에서 만난 세계 최강 영국과 러시아
영국에 이어 러시아까지 동아시아에 진입함으로써 당대 세계 최강인 영·

연해주의 위치.

러 양국이 동아시아 국제질서의 일원이 되었다. 그런데 1860년대 이후의 동아시아에서는 두 나라의 대결이 적극적으로 나타나지 않았다. 여기에는 크게 두 가지의 이유가 있다.

첫째, 영·러 양국이 동아시아에서의 확전을 자제했기 때문이다. 나폴레옹 1세(재위 1804~1815년)의 혁명전쟁을 종결하고 유럽 국제질서를 그 이전의 상태로 되돌린 1815년 비인회의Congress of Wien 이후 발칸반도·중앙아시아 등에서 대결을 벌이던 영·러는 각각 1840년과 1860년에 동아시아에 진입했다. 그런데 홍콩과 연해주라는 거점을 각각 확보한 영국과 러시아는 1860년대 이후 중국에 대한 직접적 침략노선을 수정하고 간접적으로 중국을 포위하는 전략으로 선회했다.

영·러의 전략이 수정된 배경과 관련하여 정지에(정결)과 류원평(류문붕)은 《이홍장 외교의 길》에서 "태평천국운동[13]을 통해 중국의 위력을 실감한 서구

열강은 영토가 거대하고 역사가 유구하며 인구가 많은 중국을 다른 아시아·
아프리카 국가들과 똑같이 다룰 수는 없으며, 점진적인 문화침투와 부단한
무력간섭을 통해서만 중국침략에 성공할 수 있다고 판단했기 때문"이라고 말
하면서 "1860년대부터 영국이 중국에 우호적이 된 것은 연해주를 차지한 러
시아를 견제하기 위해서"라고 주장했다.[14] 이러한 측면 외에도 당시 유럽열
강이 안정적인 경제성장을 위해 가급적 확전을 기피했다는 점도 고려해야 한
다.《19세기 유럽사》에서 제프리 브루운은 1815년 이후 비인체제 하에서 유
럽열강의 기본 전략은 평화유지와 경제성장이었다고 지적했다. 중국 같은 큰
무대에서 전쟁을 벌이면 자칫 비인체제의 기조를 깰 수 있었던 것이다.

　새로 진입한 영국과 러시아가 대결을 자제하는 가운데 1860년대 이후 동
아시아에서는 크게 2가지의 새로운 양상이 등장했다.

　하나는 영국과 러시아 외에 미국·프랑스·독일·일본 같은 '2진급 국가들'
의 활약이 두드러졌다는 점이다. 러시아보다는 영국에 가까운 이들의 활약은
아편전쟁 이후 동아시아에서 해양세력의 우위를 확립하는 요인이 되었다. 세
계적으로 유행하던 러시아 공포증이 동아시아 역내에서 영국 등 해양세력의
단결을 초래하고 이것이 해양세력의 우위를 가져온 것이다. 그래서 역내 질
서의 패권은 영국 등 해양세력에게 돌아갔다.

　또 하나는 중국의 주변이 크게 흔들렸다는 점이다. 제2차 아편전쟁 이후
서양과 일본은 중국의 변방은 물론이고 전통적으로 중국을 둘러싸고 있던 울
타리, 즉 번속국(속국)[15]을 집중적으로 공략했다. 이에 따라 반원형 모양으로

---

13 중국식 기독교인 배상제회拜上帝會의 지도자인 홍수전이 농민반란군을 이끌고 사회개혁
　을 목표로 전개한 광범위한 정치투쟁운동. 이 조직은 지상천국을 실현시킨다는 목표 하
　에 1851~1864년에 태평천국이란 국가를 운영했다. 한때 큰 성공을 거두는 듯했으나,
　보수세력과 서양열강에게 진압되고 말았다.
14 鄭洁. 劉文鵬,《李鴻章外交之道》, 중국 西安, 陝西師範大學出版社, 2002

중국을 둘러싸고 중국의 영향력 하에 있던 미얀마-베트남-대만-오키나와-조선이 서양열강의 공략에 노출되기 시작했다. 미얀마는 1885년에 영국령 인도에 귀속되었고, 베트남은 1885년에 프랑스의 지배하에 들어갔다. 1874년에 일본의 공격을 받은 중국령 대만은 청일전쟁(1894년)의 수습책인 시모노세키조약(마관조약, 혹은 하관조약)에 의해 일본에 할양되었다. 중국과 일본 양쪽을 상국으로 받들던 유구왕국(오키나와)은 1879년 이토우 히로부미伊藤博文의 주도 하에 일본에 병합되었다. 이전부터 유구를 주시했던 일본은 1876년 '영국이 동아시아를 지배하려면 홍콩에 이어 오키나와를 점령해야 한다'는 취지의 기사가 담긴 출판물이 영국 런던에서 발간된 데 자극을 받아 유구 합병을 서두르게 되었다. 한편 1866년과 1871년에 각각 프랑스와 미국의 공격을 받은 조선은 1875년 일본의 공격을 받고 1876년 문호를 개방했다.

완충지 조선을 둘러싼 대륙과 해양의 각축전

중국 주변의 지역 중에서 서양·일본의 공세에 맞서 가장 늦게까지 살아남은 것은 조선이었다. 중국의 변방이나 주변국들은 19세기가 끝나기 전에 모두 다 서양 혹은 일본의 수중에 넘어갔지만 유독 조선만 20세기에 들어선 이후 멸망했다. 조선이 늦게까지 살아남은 이유를 살펴보는 작업은 근현대 동아시아 국제질서에 대한 우리의 이해력을 높여주게 될 것이다. 이 점을 구체적으로 살펴보자.

조선이 비교적 늦게까지 국권을 유지한 데는 조선 내부에서 국권을 지키고자 하는 노력이 일정 정도 성공했다는 점과 영·러를 포함한 세계열강이 조선

---

15 중국을 상국(上國)으로 받들면서 중국과 사대관계를 맺은 나라. 그러면서도 정치적 독립성을 유지했다는 점에서 서양 국제법상의 종속국과는 성격을 달리한다.

을 완충지대로 유지하려고 했다는 점이 원인으로 작용했다. 여기에서는 후자에 관해 집중적으로 설명하겠다.

당시 조선은 북경과 만주로부터 가장 가까운 곳이었을 뿐만 아니라 러시아·일본에 둘러싸여 있었기 때문에 조선이 특정국가의 수중에 넘어간다는 것은 만주·중원까지도 그 특정국의 수중에 넘어갈 수 있음을 의미했다. 그래서 조선이 특정국가의 수중에 넘어가지 못하도록 하기 위한 국제적 견제도 그만큼 강할 수밖에 없었다. 그로 인해 여타 지역과 달리 조선에 대해서만큼은 국제적 균형이 비교적 오래 유지될 수 있었던 것이다.

조선 정세에서 나타난 특징은 국제적 이해관계가 첨예하게 대립하면서도 적어도 청일전쟁 이전까지는 이곳에서 열강이 직접 충돌하지 않았다는 점이다. 이는 서양열강이 처음 한동안은 조선의 저항에 밀려 조선에 쉽사리 진입하지 못했기 때문이다. 병인양요[16]·신미양요[17] 등이 발생한 이후 서양열강은 조선에 진출하기를 주저했다. 프랑스와 미국이 실패한 전례를 잘 알고 있었기 때문이다. 서양열강이 조선의 문턱에서 주저하는 동안 선수를 친 쪽은 일본이었다(운양호 사건과 강화도조약[18]). 일본은 조선에서 강경파인 흥선대원군 이하응이 하야한 틈을 활용하여 조선의 문호를 여는 데 성공했다.

일부 한국인들은 조일수호조규(강화도조약) 이후 곧바로 일본의 침략이 거

---

16 조선에서 발생한 프랑스인 선교사 사망 사건을 명분으로 1866년 프랑스 함대가 강화도를 침공했다가 철수한 사건. 적어도 정치적으로는 조선이 승리했다. 프랑스가 궁극적 목적인 조선의 개항을 실현시키지 못했기 때문에 그렇게 평가할 수 있다.

17 1866년 대동강을 거슬러 올라가면서 통상을 요구하다가 평양 군민(軍民)들에 의해 소각된 미국 상선 제너럴셔먼호 사건을 빌미로 1871년 미국이 조선을 개항시킬 목적으로 강화도를 침공했다가 철수한 사건. 이 사건 역시 조선의 정치적 승리로 평가할 수 있다. 미국이 조선을 개항시키지 못했기 때문이다.

18 1875년 일본 군함 운양호(운요호)가 조선 해안을 탐측·연구한다는 명분 하에 강화도 앞바다에 침입했다가 조선군과 교전을 벌인 뒤에 퇴각한 사건. 일본은 사건의 책임을

세진 것으로 생각하지만 당시 조선에 대한 일본의 위력은 그리 강하지 못했다. 조일수호조규 제1조의 '조선은 자주국'이라는 조항을 통해 일본이 청나라와 조선을 떼어놓음으로써 자국의 영향력을 강화하는 데 성공하지 않았는가, 이렇게 생각하는 경향이 있지만 실제로는 전혀 그렇지 않았다. 조선과 청나라에서는 '조선과 청나라의 사대관계는 형식적일 뿐, 조선은 본래 자주국'이라는 인식이 지배적이었다. 조일수호조규가 체결되기 10년 전인 1866년부터 청나라 총리각국사무아문(외교부)은 서양열강을 상대로 '조선의 내치·외교는 조선의 자주'라는 입장을 여러 차례 밝힌 바 있었다. 책봉이나 조공은 형식적인 것에 지나지 않는다고 청나라 정부에서 공식적으로 언명한 적도 한두 번이 아니었다.[19] 그래서 조선과 청나라는 조일수호조규 제1조를 당연시했다. 그렇기 때문에 조일수호조규 제1조가 양국관계에 어떤 변화를 줄 가능성은 거의 없었다. 일본이 조일수호조규 제1조를 대단한 성과인양 착각한 것은 메이지 시기[20]의 일본 외교 라인이 한국과 중국의 전통적 관계를 제대로 이해하지 못한 데서 나온 결과였다.

이와 같이 어느 한 나라도 조선에 대해 정치적 영향력을 갖지 못하고 있었을 때 조선에 대한 영향력 확대를 기도한 쪽은 청나라였다. 1860년대 이래 중국에 대한 열강의 침략이 소강 국면에 접어들자 양무운동[21]을 통해 국력을 어느 정도 추스른 청나라는 실권자 이홍장(1823~1901년)의 주도 하에 1879년

조선측에 전가하면서, 조선의 개항을 내용으로 하는 조일수호조규(강화도조약)의 체결을 관철시켰다.

19 김한규, 《한중관계사 II》, 아르케, 1999, 821~840쪽
20 일본에서 메이지明治라는 연호를 사용한 기간으로서 1868~1911년을 가리킨다. 이 시기에는 무쓰히토 천황이 일본을 통치했다. 16세기 중반 이래 일본과 중국의 외교관계가 단절되었기 때문에, 당시의 일본 외교관들은 동아시아의 전통적인 사대관계에 익숙하지 못했다.

부터 조선에 대한 영향력 확장을 시도했다. 이홍장은 '조선을 지켜야만 중국을 지킬 수 있다'는 판단 아래 '서양열강을 조선에 끌어들여 세력균형을 만들어 놓아야만, 어느 한 나라도 조선을 독점하지 못할 것'이라는 인식에 도달했다. 그래서 그는 조선에 대한 종전의 태도를 바꾸어 조선 문제에 적극 개입해야 한다고 판단했다. 이른바 '적극간섭정책'을 구상한 것이다. 그의 구상은 한중 간의 전통적 사대관계에 대해 일종의 '혁명'이라고 할 만한 변화를 일으켰다. 2부 제4장 '중화패권주의'에서 자세히 설명되겠지만, 책봉과 조공의 존재에도 불구하고 사대관계의 양 당사자 사이에는 자율성이 존재했다. 그래서 이홍장의 대조선 정책은 한중관계에서 아주 새로운 것이었다. 이 정책은 "중국이 조선의 정치와 법률에 간섭하는 것은 어려운 일이므로, 조선 문제에 완곡하게 개입하라"는 광서제의 상유(上諭, 황제의 명령)[22], 아니 실은 서태후(1835~1908년)[23]의 재가를 받은 이후 크게 3단계를 거쳐 진행되었다.

제1단계는 1882년에 조선과 서양열강의 조약 체결을 알선하는 과정에서 조선에 대한 영향력을 강화한 것이고, 제2단계는 같은 해 발생한 임오군란[24]의 진압을 통해 조선무대에서 일본에 대해 우위를 확보한 것이고, 제3단계는 자국이 조선 문제에 개입하는 것에 대한 영국·러시아·독일·프랑스·일본 등 국제사회의 묵인을 얻은 것이다. 영국과 러시아는 청나라를 이용해서 서로 견제할 목적으로 조선에 대한 청나라의 영향력 확대에 동의했다. 한편 일본은

---

21 청나라 말기에 일어난 근대화 운동. 아편전쟁과 태평천국운동 등에 자극을 받은 중국은 증국번·이홍장 등의 주도 하에 군사·과학·통신 등의 개혁을 추진했다.
22 中央研究員 近代史研究所 엮음, 《淸季中日韓關係史料》 제2권, 대만 中央研究院 近代史研究所, 1972, 361쪽, 上諭
23 서태후는 청나라 제9대 함풍제의 황후. 함풍제가 죽은 뒤에 동치제·광서제 때에 섭정을 통해 실권을 행사했다.
24 1882년에 구식 군인들이 군제 개혁 등에 반대하면서 일으킨 봉기.

자국이 조선을 장악하지 못하는 것은 안타깝지만 그나마 청나라라도 나서지 않으면 러시아에게 조선을 빼앗길지 모른다는 두려움 때문에 그렇게 했다.

이렇게 시작된 청나라의 간섭은 1894년 청일전쟁 직전까지 계속되었다. 이 시기에는 영국·러시아 등 국제사회의 묵인 하에 청나라가 완충지대인 조선을 장악한 가운데 동아시아 국제질서가 유지되었다. 중간지대인 조선이 제3자에 의해 장악됨에 따라 러시아와 영국은 조선에서 직접적 대결을 피할 수 있게 되었다. 영국은 이러한 방법으로 러시아의 남진을 제어하면서 미국·프랑스·독일·이탈리아 등과 함께 해양세력의 우위를 유지할 수 있었다.

그런데 1894년에 조선 정세에 변화가 발생했다. 조선에서 동학농민전쟁이 발생하자 이를 진압하기 위해 청나라와 일본이 군대를 파견했다. 그러자 조선정부군과 동학농민군은 외세 개입의 명분을 없애기 위해 상호 휴전에 들어갔다. 하지만 차제에 조선에 대한 청나라의 영향력을 제거하는 데 목표를 둔 일본이 사태를 확산시킴에 따라 조선 정세는 예측불허가 되었다. 조선에 진주한 일본군은 청나라가 조선을 장악한 3단계를 역으로 응용하여 조선을 장악하는 데 성공했다.

일본이 역으로 응용한 3단계는 다음과 같다. 제1단계는 영국·러시아·미국·이탈리아·독일·프랑스가 청나라의 중재 요청에 등을 돌리고 자국을 사실상 지지하도록 한 것이고, 제2단계는 조선의 내정에 간섭하여 소위 갑오경장(갑오개혁)[25]을 관철시킨 것이며, 제3단계는 전쟁을 기피하는 청나라를 몰아붙여 산동성 위해위威海衛 앞바다에서 청나라의 정예 북양함대를 침몰시킨 것이다. 1882년 청나라가 사용한 3단계와 비교할 때, 순서만 다를 뿐 실상은 똑같은 방식이었다.

---

25 894~1896년에 개화당에 의해 추진된 근대식 사회개혁

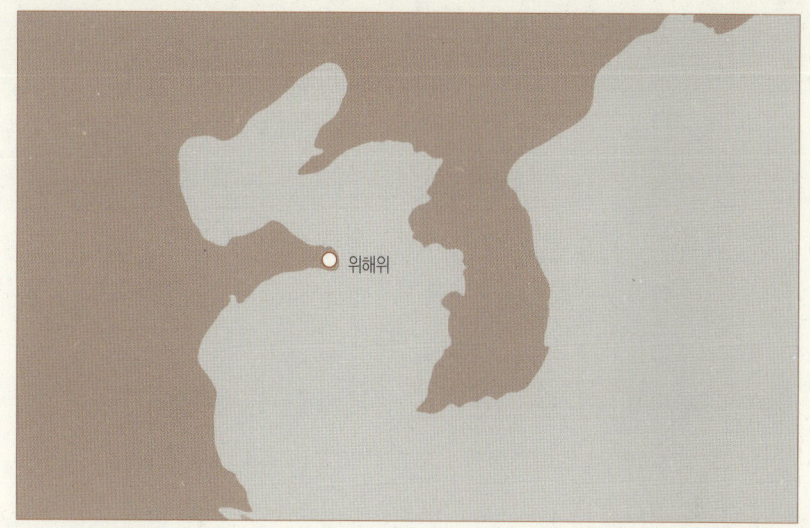

위해위

위해위의 위치.

이렇게 해서 일본은 청나라를 꺾고 조선 무대에서 우위를 확보했다. 이 전쟁을 계기로 나타난 중대 변화는 일본이 청나라를 꺾고 제국주의 열강의 대열에 들어섰다는 점, 일본이 청나라로부터 대만과 팽호열도를 할양 받았다는 점, 일본이 청나라로부터 얻은 전쟁배상금을 기반으로 근대산업의 기반을 구축했다는 점 등이다. 일본이 얻은 또 다른 중대성과는 영·러 등 서양열강의 묵인 하에 청나라를 대신하여 조선을 장악하게 되었다는 점이다. 청일전쟁 이전과 비교할 때 열강의 묵인을 얻어 조선무대를 장악한 주체가 청나라에서 일본으로 바뀐 게 차이점이다.

러·일의 세력균형 속에 대한제국 선포한 조선

그런데 일본이 만들어놓은 이 구도는 돌발변수에 의해 갑자기 흔들렸다. 청일전쟁 이후 발생한 을미사변(1895년)으로 일본의 영향력이 강화되자 고종은 전격적인 아관파천(俄館播遷, 1896년)을 단행했다. 왕궁에 있어야 할 임금이 러시아공사관俄館으로 몸을 옮긴播遷 것이다. 일본의 손아귀에서 벗어나겠다는 의지의 표현이었다. 이를 통해 고종은 조선에서 러시아의 영향력을 키우는 데 성공했다. 고종의 아관파천은 '영·러의 묵인 하에 일본이 조선에 영향력을 행사하는 구도'를 '러·일이 조선에 대해 공동으로 영향력을 행사하는 구도'로 바꾸었다. 1882년 이래 조선 무대에서 2개국이 대등한 구도를 이루며 힘겨루기를 한 것은 이때가 처음이었다. 청일전쟁 이전에는 청나라가 단독으로, 청일전쟁 직후에는 일본이 단독으로 영향력을 행사했지만 아관파천을 계기로 2개국이 세력균형을 이루는 상황이 처음으로 조성된 것이다.

이처럼 두 나라가 대등하게 힘을 배분함에 따라 조선정부의 입지는 상대적으로 넓어졌고, 이 기회를 활용하여 고종은 대한제국을 선포하고 황제를 칭할 수 있게 되었다(칭제건원, 1897년). 조선이 서양열강과 국교를 체결한 이래 조선의 독립성이 가장 강해진 때는 바로 이 시기였다. 고종의 최대 성과인 칭제건원은 러·일이 세력균형을 이룸에 따라 조선의 독자적 공간이 넓어진 정세를 배경으로 이루어진 것이었다.

하지만 조선 문제에 대한 러시아의 직접 개입은 동아시아의 역학구도를 바꾸는 결과를 초래했다. 세계 최강 영·러 양국이 제3국을 내세워 한반도 문제에 개입하던 종래와 달리 러시아가 직접 개입함에 따라 조선에 대한 러시아의 영향력이 급속히 팽창되었다. 이로 인해 조선 주변에서는 러시아를 견제하는 움직임이 나타났다. 1897년에 단행된 독일의 교주만(산동반도 남부) 점령이 바로 그것이다. 산동반도를 거점으로 러시아를 견제하고자 한 것이다. 이 조치는 러시아의 맞대응을 불러일으켰다. 독일이 교주만을 점령하자 러시아가 여순旅順·대련大連을 점령한 것이다. 청나라의 수도인 북경 바로 옆에 있을 뿐만 아니라 러시아가 남진할 수 있는 통로인 서해를 두고 독일과

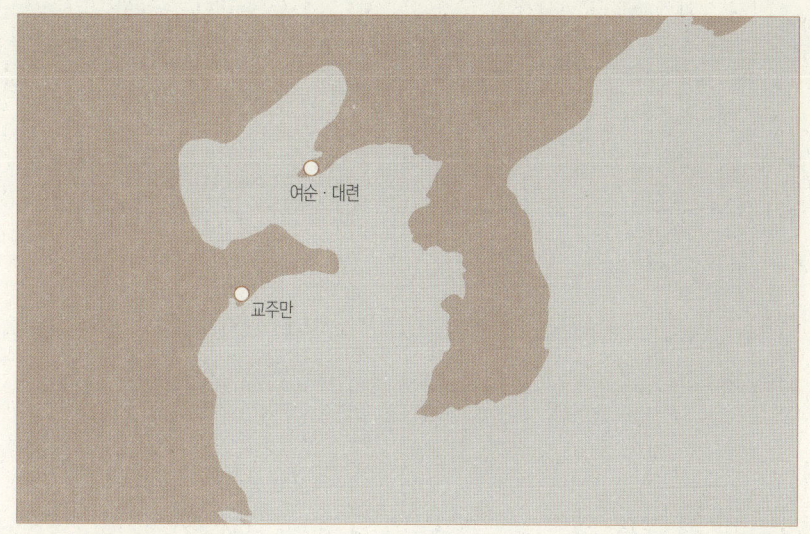

여순 · 대련과 교주만의 위치.

러시아 간에 일촉즉발의 긴장관계가 조성된 것이다.

독일의 교주만 점령을 빌미로 러시아가 블라디보스토크(1년에 9개월만 부동항)보다 더 나은 부동항인 여순 · 대련(연중 내내 부동항)을 획득하자, 안 그래도 러시아를 두려워하던 국제사회는 러시아 견제를 목적으로 일치단결하기 시작했다. 청일전쟁 때 서로 싸웠던 청나라와 일본까지도 뭉친 것을 보면 러시아에 대한 국제사회의 두려움이 얼마나 컸는지를 짐작할 수 있다.

이렇게 국제적 포위를 당하게 되자 러시아는 이로부터 벗어나기 위해 돌파구를 찾았다. 그 돌파구란 것은 반反러시아 연대에 참여한 일본과 주고받기 거래를 해 일본을 그 연대에서 빼내는 것이었다. 이런 방법으로 반러시아 연대를 약화시키고자 한 것이다. 이에 따라 러시아는 1898년 4월 25일에 로젠-니시협정이라고 불린 협정을 일본과 체결했다. 이 협정의 내용은 '만주는 러시아가 차지하고 조선은 일본이 차지한다'는 것이었다. 러시아는 자국이 한

제1기 초원길 시대		
제2기 비단길 시대	제2-1기 장성 서북과 장성 이남의 투쟁기	
	제2-2기 장성 동북과 장성 이남의 투쟁기	
제3기 바닷길 시대	제3-1기 대륙과 해양의 소강기	
	제3-2기 해양의 절대적 우세기	제3-2-1기 서양의 단독 주도기
		제3-2-2기 서양·일본의 공동 주도기
		제3-2-3기 일본의 단독 주도기
	제3-3기 해양의 상대적 우세기	제3-3-1기 일극과 다극연합의 대립기
		제3-3-2기 일극과 다극의 대립기
		제3-3-3기 일극의 단독 주도기

〈표 1〉 동아시아사의 시기 구분

반도에서 발을 뗄 때는 조건으로 일본 역시 만주에서의 러시아의 권익을 보장해 줄 것을 요구했다. 이른바 '만·한 분할' 방안이었다. 로젠-니시 협정으로 조선은 청일전쟁 직후와 마찬가지로 또다시 일본의 단독 수중에 떨어지게 되었다. 1년 전 칭제건원을 단행한 고종의 입지가 도로 위축되었음은 물론이다. 이로써 단독으로 조선을 장악하는 데 성공한 일본은 이를 발판으로 이후 조선을 강점하고 나아가 만주와 중원 쪽으로 진출할 수 있게 되었다.

여기서 우리는 한 가지를 짚고 넘어갈 필요가 있다. 장성 동북과 장성 이남이 대립하여 '만주의 중원진출 공식'이 작용하던 제2-2기와 마찬가지로 제3-2기에도 한반도가 중국으로 가는 길목 역할을 하였다는 점이다. 제2-2기에는 장성 동북에서 장성 이남으로 가는 길목에 한반도가 있었고, 제3-2기에는 대륙세력(청나라·러시아)과 해양세력(서양열강·일본)이 만나는 접점에 한반도가 있었다. 이러한 양상은 제3-1기에도 존재했다. 청나라-조선-일본이 세력균형을 이룬 제3-1기에도 조선은 대륙과 해양의 징검다리 역할을 했다. 완충지대로서의 한반도의 성격은 제2-2기 이후로 현대에 이르기까지 변함없이 유지되고 있는 특성이다.

중국을 둘러싼 미얀마-베트남-대만-오키나와-조선 중에서 유독 조선만 제3-2-2기에 멸망하지 않은 이유도 바로 여기서 발견할 수 있다. 조선을 둘러싼 고도의 이해관계 때문에 강대국 간의 견제가 비교적 오래 지속되었기 때문이다. 별다른 경쟁 없이 영국이 일찌감치 독점권을 확보한 인도는 식민지로 전락하고, 서양열강이 총출동하여 오랫동안 경쟁이 벌어진 중국은 끝내 식민지를 면한 것과 맥락을 같이하는 대목이다.

(3) 서양과 일본의 공동 주도기

제3-2-1기와 제3-2-2기에 달라진 점이 있다면 서양과 일본의 역학관계다. 일본도 서양열강에 편승하여 제3-2-1기에 중국과 조선을 압박했지만 이때까지만 해도 일본은 서양의 추종세력에 불과했다. 그렇기 때문에 제3-2-1기를 서양의 단독 주도기라고 부른 것이다. 하지만 제3-2-2기에 들어 이 구도에 변화가 생겼다. 일본이 서양과 대등한 힘을 갖게 된 것이다.

청일전쟁 이후 동아시아 국제질서가 급속히 변화함에 따라 두 차례의 아편전쟁을 통해 확립된 서양의 영향력이 흔들리지 않을 수 없게 되었다. 일본이 러일전쟁(1904~1905년)에서 당대 세계 최강인 러시아를 제압함에 따라 일본의 위상이 급속히 높아졌다. 청나라를 꺾은 데 이어 불과 10년 만에 러시아를 꺾음으로써 일본은 동아시아 대륙세력을 제압하게 되었다. 이는 동아시아 해양세력의 우위를 강화하는 것인 동시에 해양세력 내부에서 일본의 위상을 질적으로 바꾸는 것이었다. 그래서 영국을 대표로 한 서양국적 해양세력의 단독 주도기는 아무리 늦게 잡아도 러일전쟁을 계기로 종결되었다고 말할 수 있다.

그렇다고 하여 러일전쟁 이후 서양세력이 동아시아에서 완전히 힘을 잃은 것은 아니었다. 그러면 러일전쟁 이후에는 동아시아에서 어떤 형태의 구도가 존재했을까? 그것은 서양과 일본의 공동 주도라고 말할 수 있다. 더 정확히 말하면 서양세력을 등에 업은 일본의 패권행사라고 할 수 있다. 직접적으로 패권을 행사한 쪽은 일본이지만 서양세력의 협력이 없었다면 일본이 그렇게 할 수 없었기 때문에 이 시기에는 두 세력의 공조에 의해 동아시아 국제질서가 운영되었다고 말할 수 있다.

만주에서 세력을 확대하던 러시아를 격파하고 일본이 서양세력과 더불어 제3-2-2기의 주도권을 공유할 수 있었던 것은 청일전쟁 승리를 통해 대만·펑호열도를 확보하고 로젠-니시 협정으로 조선을 단독 장악함으로써 청나라·조선에 대한 우위를 확보한 상태에서, 1902년 제1차 영일동맹을 통해 세계 최강 중 하나인 영국과 제휴한 데 따른 결과였다. 청나라·조선에 대해 우위를 확보한 상태에서 영국을 동맹국으로 만들었기 때문에 러시아에 대항할 수 있었던 것이다.

서양과 손잡고 아시아의 악우惡友를 사절하라

위와 같은 과정을 보면 일본이 제3-2-2기에 '공동 1위'가 될 수 있었던 계기는 청일전쟁이었음을 알 수 있다. 청일전쟁 승리를 통해 일본이 얻은 것은 단순히 영토 확장과 국위 선양만이 아니었다. 일본은 '돈'도 챙겼다. 청일전쟁 이후 일본이 배상금 등의 명목으로 청나라로부터 받아낸 약 3억 6500만 엔은 청나라의 3년치 국가재정, 일본의 4년 반치 국가재정에 해당하는 액수였다. 이것은 이후 일본의 군비와 산업을 일으키는 밑천이 되었다. 이 '밑천'을 바탕으로 일본은 러일전쟁에서 러시아를 격파했다. 동아시아의 '만년 변방'에 머물던 일본이 동아시아 정상의 자리를 확보하는 순간이었다. 아편전쟁 이래 동아시아를 압박해온 서양세력이 전통적인 동아시아 국가에게 패배한 것은 이때가 처음이다. 게다가 영국과 더불어 세계질서를 양분하던 국가가 동아시아에서 패배를 당한 일은 매우 중요한 사건이었다.

그러나 1905년부터 확립된 일본의 패권에는 중요한 전제조건이 있었다. 그것은 어디까지나 서양세력과의 협력을 전제로 한 것이었다. 러일전쟁에서 승리하기는 했지만 그때까지는 일본이 단독으로 패권을 행사하기가 벅찼다. 그래서 일본은 서양열강의 세계정책에 협조하는 방법으로 자국의 동아시아 정책에 대한 열강의 협력을 도출하고자 했다.

일례로 일본이 1905년 7월 가쓰라-태프트 밀약을 통해 '조선은 일본의 수중에, 필리핀은 미국의 수중에'라는 합의를 도출한 것이나, 같은 해 8월 제2차 영일동맹을 통해 '조선은 일본의 수중에, 인도는 영국의 수중에'라는 합의를 도출한 것은, 단독으로는 조선을 강점하기 힘든 일본이 미국·영국의 세계정책에 협조하는 방법으로 조선 문제에 관한 국제적 지지를 얻어냈음을 보여주는 것이다.

일본은 중국침략 과정에서도 동일한 방법을 구사했다. 일본은 1914년 8월 독일에 선전포고를 하고 제1차 세계대전(1914~1918년)에 참여했다. 이때 협상국 진영인 프랑스·영국·러시아·이탈리아 편에 가세한 일본은 1915년 1월 중국을 상대로 21개 요구조건을 제시했다. 21개 요구조건의 핵심은 동맹국 진영인 독일이 갖고 있던 산동반도에 관한 권리를 자국에게 달라는 것이었다. 앞서 우리는 1897년 독일이 산동반도 교주만을 전격적으로 점령했다는 점을 살펴본 바 있다. 그 후 독일의 맥주 제조법이 산동반도에 전파되어 산동반도의 청도(칭다오)에서 '칭다오맥주'라는 유명한 상품이 생산될 수 있었다는 것은 잘 알려진 이야기다. 바로 그 1897년 이후 독일이 산동반도에서 획득한 권리를 자국에게 달라는 것이 21개 요구조건의 취지였다. 일본은 독일의 적인 협상국 진영에 가담한 뒤 이 진영의 힘을 빌려 독일의 권리를 차지하고자 한 것이다. 여기서 나타나는 바와 같이 일본은 서양세력의 세계정책에 협조하는 방식으로 조선·중국에 대한 침탈을 관철시켜 나갔다.

서양과 일본의 협력체제는 제1차 대전 종결 후 소위 워싱턴체제로 한층 더 발전했다. 1921년 워싱턴에서 열린 회의에서는 기존의 영일동맹을 폐기하고 영국·일본·미국·프랑스의 4개국 조약을 성립시켰다. 이는 동아시아와 태평양에서 4개국의 협력체제를 성립시켰다. 서양세력과 일본의 협력체제가 워싱턴체제로 격상된 것이다. 제1차 대전의 결과로 1920년에 출범한 국제연맹의 상임이사국이 된 일본은 워싱턴체제를 통해 세계 강국의 입지를 굳히게 되었다.

이와 같이 서양열강이 동아시아를 침탈하던 때 일본은 다른 동아시아 국가들처럼 침탈에 시달린 게 아니라 서양을 적절히 이용하는 방법으로 영향력을 늘려 나갔다. 이 대목에서 일본 근대화의 선각자인 후쿠자와 유키치(福澤諭吉, 1835~1901년)의 탈아론脫亞論을 음미해볼 필요가 있다. 그는 "문명개화에 보조를 맞출 수 없는 아시아로부터 이탈하여 서양의 문명국들과 진퇴를 함께 하자"면서 '아시아의 악우惡友들을 사절하자'고 역설했다.[26] 그의 역설대로 서양세력과 손을 잡은 일본은 단순히 아시아의 '나쁜 친구들'을 사절한 정도가 아니라 서양 '친구들'과 손을 잡고 '나쁜 친구들'에 대한 지배권을 공고히 해 나갔다. 이런 체제가 적어도 1931년까지는 계속됐다.

(4) 일본의 단독 주도기

제3-2-2기에 일본이 서양세력과 더불어 공동 주도권을 행사할 수 있었던 것은 기본적으로 메이지 유신 이래의 일본이 '탈아노선'을 걸었기 때문이었다. 탈아노선이란 다른 말로 하면 서양에 대한 편승전략이다. 17세기 이후의

---

26 〈脫亞論〉은 1885년 3월 16일자 《時事新報》에 실렸다.

실력양성운동이 일본의 역량을 강화하는 원동력이 된 것은 사실이지만, 그것은 일본이 발달하게 된 원인을 설명할 수는 있어도 일본이 동아시아 주도권을 장악하게 된 직접적 원인을 설명할 수는 없다. 일본이 주도권을 장악할 수 있었던 가장 결정적 원인은 서양세력에 대한 편승전략이다. 가난한 집안 출신의 평사원이 성실성과 유능함을 바탕으로 회사 내에서 인정을 받아 최대 주주의 딸과 결혼한 뒤 회사의 최고경영자CEO가 된 경우, 그를 최고경영자로 만든 결정적 요인은 성실성이나 유능함이라기보다는 정략결혼이라고 보아야 하지 않는가. 근대 일본의 경우도 그렇게 설명될 수 있다. 서양열강과의 '정략결혼'이 일본의 '출세'에 결정적 역할을 했던 것이다.

그런데 일본이라는 '데릴사위'는 1930년대부터 자신의 '출세비결'을 잊어버리기 시작했다. 일본은 정략결혼이 자신의 출세에 가장 결정적이었다는 점을 잊고, 자신의 출세를 성실성과 유능함 덕분으로만 돌리기 시작했다. 일본은 자신이 '처가'에게 잘해야 한다는 사실을 망각했다. '처가'에 편승할 때에만 자신의 지위를 보장 받을 수 있다는 점을 무시하고 교만해진 일본은 '처가'를 멀리하고 독자노선을 걷기 시작했다. 서양과의 협력노선을 포기한 것이다.

일본이 독자노선으로 접어든 것은 제1차 대전 후의 정세변화 때문이었다. 제1차 대전 이후 경제공황 속에서 노동쟁의·소작쟁의 등으로 사회가 혼란스러워지고 미국·중국에 대한 수출이 격감되어 경제가 위축됨에 따라, 일본은 무언가 돌파구를 찾지 않으면 안 되는 상황에 직면했다. 서양과의 협력 하에서 경제적 번영을 이룩하다가 그것이 벽에 부딪히자 서양의 효용성에 대해 의문을 품기 시작한 것이다. 1950년대 중반에서 1970년대 중반까지의 고도성장이 끝나자 일본 내에서 서양의 효용성을 의심하는 분위기가 고조된 것도 동일한 맥락에서 이해할 수 있는 일이다.

'처가'를 저버린 '데릴사위'

한편 일본이 1930년대 들어 서양열강과 거리를 둔 데는 일본 특유의 조급증도 작용했다. 일본인들이 조급증을 품은 것은 서양과의 협력이 자신들의 오랜 열망에 장애가 된다고 인식했기 때문이다. 그 열망이란 무엇일까? 일본 근세사 연구자 구태훈은 〈도요토미 히데요시: 일본사의 '위인', 한국사에서의 침략자〉란 글에서 예나 지금이나 일본인들이 도요토미 히데요시를 국민적 영웅으로 변함없이 추앙하는 이유 중의 한 가지로 "(그가) 대륙에 진출하여 세계를 호령하려 했던 영웅"이라는 점을 들었다. 일본인들의 대륙진출 욕구를 대변하는 전형적인 인물이기 때문에 일본인들로부터 변함없는 존경을 받고 있다는 것이다.[27]

제1차 대전 이후에는 일본인들의 의식 속에 잠재된 대륙진출의 꿈이 경제공황과 맞물리면서 현상타개의 돌파구로 인식되는 현상이 나타났다. 일본이 현상타개의 방법으로 대륙진출을 선택했고 그것이 전통적인 대륙진출 욕구를 대변한다는 점은 1927년의 '다나카 상주문'[28]에서 잘 드러난다. 경제불황과 사회혼란을 틈타 1927년 정우회政友會와 함께 정권을 잡은 일본 군부는 "만주와 몽골을 정복해야 중국을 정복할 수 있고, 중국을 정복해야 세계를 정복할 수 있다"는 내용을 담은 다나카 상주문을 천황에게 올렸다. 이 사실은 군부정권이 사회적 불안을 틈타 대륙진출에 대한 사회적 열망을 자극하려 했음을 보여주는 것이다. 상주문의 취지가 임진왜란 때 공개된 도요토미 히데요시의 대륙진출 계획과 크게 다르지 않다는 점에서 이것이 일본인들의 전통적인 대륙진출 욕구를 대변한다는 점을 알 수 있다.

---

27 구태훈, 〈도요토미 히데요시: 일본사의 '위인', 한국사에서의 침략자〉, 《역사비평》 제41호(1997년 겨울호), 역사비평사, 341~352쪽
28 상주문을 올린 다나카 기이치 일본 총리의 이름을 따서 다나카 상주문이라고 불린다.

경제공황 타개와 대륙진출 욕구 등이 서로 맞물린 가운데 일본은 서양과의 협력노선을 폐기하고 독자노선을 걷기 시작했다. 그 시작은 1931년 만주사변이었다. 종래에 일본과 제휴하던 중국 군벌세력인 봉천군벌이 중국국민당 정부에 합류하고, 일본정부가 관리하는 남만주철도를 국민당 정부가 무력화하려 하자, 난국을 돌파하기 위해 일본이 꺼내든 카드가 바로 만주사변이었다. 일본의 이익을 침해하는 현상에 대해 제동을 걸 명분을 만들기 위해 만주 현지의 일본군은 1931년 9월 18일 밤 남만주철도 선로를 폭파한 다음, 이를 봉천군벌의 소행이라고 몰아붙이고 중국에 군사행동을 개시했다.

군사행동 개시로부터 불과 5일 만에 길림성(지린성)과 요동성(랴오둥성)을 확보한 일본은 국제사회의 비난을 무릅쓰고 중국정복 작업에 본격 착수했다. 다나카 상주문에 나온 것처럼 '만주와 몽골을 정복해야 중국을 정복할 수 있다'는 인식에 기초한 것이다. 만주사변을 계기로 중국 동북지역을 장악한 일본은 1932년 청나라의 마지막 황제인 푸이(부의)를 내세워 괴뢰국 만주국을 수립했다. 만주국을 통해 간접적으로 만주를 지배하는 방식을 택한 것이다.

만주국을 세운 이듬해인 1933년, 일본은 국제연맹에서 탈퇴했다. 국제연맹 상임이사국의 지위를 스스로 포기한 것이다. 서양열강과의 협력을 바탕으로 얻어낸 상임이사국의 지위를 버린 것은 일본이 서양과의 협력노선을 포기하고 독자노선으로 전향했음을 보여주는 것이다. '아시아의 악우惡友들을 버리고 서양 친구들과 손을 잡자'면서 탈아노선을 취한 일본은 만주사변을 계기로 '서양 친구들'마저 버리고 본격적으로 동아시아 정복을 추진했다. 대륙진출을 위한 조급증이 일본의 단독행동을 초래한 것이다. 그러나 일본의 독주는 15년이 채 못 되어 종결되고 말았다. 이 이야기는 해양의 상대적 우세기(제3-3기)에서 자세하게 살펴보기로 하자.

4. 해양의 상대적 우세기

(1) 일극과 다극연합의 대립기

제3-3-1기는 1945년에 시작되었다. 1945년의 발단은 일본제국주의의 대륙정복 욕구와 한국·중국의 해방 욕구의 충돌이었다. 두 욕구의 전면적 충돌은 1937년부터 시작됐다. 만주사변을 일으켜 동아시아를 단독으로 주도하게 된 일본의 대륙정복 욕구가 한 단계 더 발전하고, 이러한 일본의 침략으로부터 벗어나고자 하는 한·중의 해방 욕구가 한 단계 더 발전한 가운데, 두 욕구가 정면으로 충돌한 사건이 바로 '1937년 전쟁'이다. 흔히 이 전쟁을 '중일전쟁'이라고 부르지만, 중국·일본뿐만 아니라 한민족까지 가담한 전쟁을 그렇게 부르는 것은 옳지 않다는 생각에서 이 글에서는 '1937년 전쟁'이라 부르기로 하겠다.

1937년 전쟁은 미시적으로는 한국·중국의 해방을 위한 전쟁인 동시에 일본의 대륙정복을 위한 전쟁이었지만, 거시적으로는 동아시아 대륙세력과 해양세력의 전면적 충돌이었다. 대륙세력 입장에서는 아편전쟁 이래 해양세력에게 빼앗긴 주도권을 되찾기 위한 것이었고, 해양세력 입장에서는 대륙세력을 가일층 압박하여 주도권을 공고히 하기 위한 것이었다. 이 전쟁은 아편전쟁 이래 동아시아 국제질서에 참여했던 서양세력이 빠진 가운데 전개되었다. 제3-2-1기에 동아시아 해양세력에 편입된 영국·미국·프랑스·독일·이탈리아 등은 동아시아 밖에서 열린 제1차 대전에 참여한 이후 동아시아 무대에서 영향력을 잃어 갔고, 역시 제3-2-1기에 동아시아 대륙세력에 편입된 러시아는 러일전쟁 패배를 계기로 동아시아 무대에서 영향력을 사실상 상실했다.

파멸로 끝난 일본제국주의

일본의 입장에서는 승리를 낙관할 만한 이유가 있었다. 청일전쟁과 한국강

점(1910년)을 통해 한·중 두 민족을 상대로 이미 승리를 거둔 바 있기 때문이다. 그러나 일본이 간과한 게 있었다. 일본의 비약적 성장은 기본적으로 서양세력과의 협력에 기인한 것이었다. 청일전쟁·러일전쟁이 일본의 승리로 끝날 수 있었던 것은 매번 서양열강이 일본을 지지해주었기 때문이었다. 하지만 1937년 당시는 그런 요인이 이미 사라진 뒤였다. 그런데 러일전쟁 이후로 자신감이 팽배해진 일본은 그런 상황을 객관적으로 판단하기가 힘들었다.

한편 한국·중국 독립운동세력에서도 승리를 자신할 만한 이유가 있었다. 그것은 단순히 일본과 서양의 연대가 깨졌기 때문만은 아니었다. 더 중요한 요인은 새롭게 성장한 사회세력들이 한·중 독립운동세력을 이루었다는 점에 있었다. 양국의 독립운동세력은 크게 공산당 진영과 부르주아 진영으로 대별되었다. 개항의 충격 속에 진행된 급격한 사회변화 속에서 경제·문화·사회적 실력을 축적한 사람들이 공산당 진영과 부르주아 진영으로 들어갔다. 일본과 서양세력에게 일방적으로 당하기만 했던 과거의 엘리트들과 달리 이 시기의 항일 엘리트들은 새로 축적한 실력을 바탕으로 일본에 대해 자신감을 갖고 있었다.

거기에다가 양쪽 항일세력의 역량이 하나로 응집되었기에 이들은 더욱 더 승리를 자신할 수 있었다. 한국이 중국의 주도권을 인정하는 가운데 양쪽의 힘이 하나로 응집되었다는 사실이 갖는 의미는 매우 큰 것이었다. 해양세력에 대항하는 대륙세력의 연대는 대륙 대 해양의 구도가 명확해진 임진왜란 이후부터 나타난 현상이다. 한국전쟁 당시 중공군의 참전 역시 제3-1기 이후의 동아시아 구도를 반영하는 것이다. 해양세력 앞에서 대륙세력 공동의 이해관계가 성립했기 때문에 한·중 두 민족이 일본군국주의에 맞서 하나로 뭉칠 수 있었던 것이다.

위와 같이 대륙세력의 역량이 회복된 가운데 1937년 7월 7일 전쟁의 단서

북경시 서남쪽 교외에 있는 노구교.

가 되는 사건이 발생했다. 바로 노구교(蘆溝橋, 루거우차오) 사건이었다. 북경
서남쪽 교외의 노구교 근처에서 야간연습을 하던 일본군 진영에 몇 발의 총
성이 들렸다. 그리고는 일본군인 1명이 행방불명되었다. 사실 그 군인은 총성
이 들렸을 당시 화장실에 있었다. 그가 20분 뒤 화장실에서 돌아왔지만 일본
군은 이 사실을 숨겼다. 일본군은 자국 병사가 중국군 때문에 행방불명이 되
었다면서 중국군에 대한 공격을 개시했다. 이것이 전쟁의 시작이었다.

초기 전황은 일본군에 의해 주도되었다. 자신감에 찬 일본은 3개월 내에
중국을 정복할 계획을 세웠다. 속전속결작전을 세운 것이다. 7월 11일 북중
국에 군대를 파견하기로 결정한 일본은 7월 28일 북경·천진 지역에 대한 총
공격을 개시하고, 다음날 영정하(용딩허, 노구교를 지나는 강) 이북을 거의 다
점령했다. 그리고 8월 말부터 연말까지 일본군은 하북·산서·내몽골·차하
르·채원성 등을 공격했다. 이에 맞서 중국은 9월 23일 국민당과 공산당의 제

휴 하에 제2차 국공합작을 이룩했다. 이에 아랑곳없이 일본군은 11월에 상해를 점령하고, 이어서 중국 수도인 남경까지 함락했다. 중국은 중경(충칭)으로 천도하지 않을 수 없었다.

초기에는 일본군의 기세에 밀려 중국이 고전했지만 이듬해부터는 상호 팽팽한 양상으로 바뀌었다. 1938년 3월 산동반도의 태아장(타이얼주앙)에서 국민혁명군(국민당 부대)과 팔로군(국민혁명군 산하의 국공합작부대)이 앞뒤에서 협공하여 일본군을 최초로 격파한 데 이어, 5월에는 중국군이 강소성(장수성)의 서주(쉬저우)에서 제방을 파괴하여 일본군을 물속에 고립시켰다. 이로써 일본군의 속전속결작전은 꺾이고 중국군의 사기가 높아지게 되었다.

당시 일본군은 주요 도시를 점령하는 데 그쳤다. 도시를 둘러싼 광대한 농촌지역은 중국 게릴라부대들에 의해 장악되었다. 이런 상태에서 1938년 연말부터 전쟁이 교착상태에 빠지면서 약 100만의 일본군이 중국 곳곳에서 발이 묶이는 양상이 나타났다. 설상가상으로 일본을 곤경에 빠뜨리는 사태가 발생했다. 일본에 전략물자를 수출하던 미국이 1939년 7월 26일 미일통상항해조약의 파기를 통고한 것이다. 이는 전쟁이 장기화될 경우 중국에 있는 미국의 권익이 일본에 의해 침해될 수 있다는 우려에 기인한 것이었다. 일본의 승리가 자국에 이익이 되지 않는다고 판단한 미국이 전략물자의 대일 수출을 중단한 것이다.

미일통상항해조약이 파기 통고일로부터 6개월 뒤인 1940년 1월 26일 효력을 상실함에 따라 일본은 제3의 지역에서 전략물자를 획득하기 위하여 동남아 지역으로 전쟁을 확대했다. 중국대륙에서의 교착상태를 돌파하기 위한 승부수였다. 동남아를 점령하고 그 여세를 몰아 중국대륙에서 승기를 잡겠다는 목표 하에 일본은 1940년 9월 북부 프랑스령 인도차이나에 진주한 데 이어, 1941년 7월에는 남부 프랑스령 인도차이나에 진주했다. 일본의 침략전쟁이 동아시아 전 영역으로 확산된 것이다.

이에 더해 일본은 태평양 건너편에 있는 미국마저도 적으로 돌렸다. 미국이 전략물자의 대일 수출을 금지한 데 이어 자국 내 일본 자산을 동결시키자, 1941년 10월 18일 출범한 도조 히데키 내각은 12월 8일 진주만을 기습하여 전장戰場을 태평양으로까지 확대했다. 이로써 일본의 전선은 중국에서 동남아로 다시 태평양으로 확대되었다. 온 사방을 적으로 만든 것이다. 일본의 진주만 기습은 서양을 한국·중국의 우군으로 만드는 결과를 초래했다. 중국이 연합국의 일원이 된 것이다. 이로써 동아시아에서의 1937년 전쟁은 제2차 세계대전과 궤를 같이하게 되었다. 이전에 적대적이었던 동아시아 대륙세력과 서양세력은 이로써 한 배를 타게 되었다.

한편 일본군의 전투력은 계속 약화되었다. 무기가 부족해서 소총 한 자루를 여럿이 공유해야 할 정도였다. 이런 상태에서 1945년 초 팔로군과 신사군(新四軍, 공산당 휘하 부대)은 항일근거지를 확대하면서 일본을 압박해 들어갔다. 이 해 봄에는 전국에 19개의 해방구(공산당 통제지역)가 성립하여 약 1억 명의 인구를 관할하게 되었다. 발이 묶인 일본군은 더 이상 어떻게 할 수 없게 되었다. 설상가상으로 소련까지 연합국에 가세하여 5월에 베를린을 공격했다. 미국은 6월에 오키나와를 점령하고, 8월에는 2방의 원자폭탄을 일본에 투하했다.

일본은 무조건 항복을 선택했다. 히로히토 천황(재위 1926~1989년)이 라디오를 통해 중국·미국·영국에 항복을 선언함에 따라 메이지유신 이래의 일본의 대약진은 일단 막을 내렸다. 제3-2-2기와 제3-2-3기에 동아시아 패권을 공동 혹은 단독으로 행사했던 일본의 전진은 이것으로 종결되었다.

한국·중국 대 일본의 1937년 전쟁이 교착상태에 빠지고 일본의 승리가 불가능해진 상황 속에서, 일본은 미국의 경제제재로 전략물자 충원이 곤란해

지자 이를 타개하기 위해 동남아를 공격했다. 이에 대해 미국이 경제제재를 추가하자 이에 맞서 진주만 기습이라는 자충수를 둔 일본은 결국 적의 숫자를 늘려가다가 무조건 항복을 선택할 수밖에 없었다. '1945년'은 기본적으로 이러한 상황에서 잉태됐다. 원폭 투하는 일본이 상황을 파악하도록 촉구하는 역할을 했을 뿐이다. 전쟁 막판에 이루어진 소련의 참전 역시 일본의 항복을 촉진하는 역할을 했다. 이런 역사적 맥락을 고려할 때, 1945년은 미국의 원폭 투하가 아니라 한국·중국의 항일운동이 맺은 열매라고 보아야 할 것이다.

승자들의 분열과 대륙—해양의 새로운 대결

한·중의 항일운동과 미·소의 참전이 함께 작용하여 일본제국주의를 파멸로 몰아넣었기 때문에 1945년 이후 동아시아 구도는 이들 전승국들을 중심으로 형성될 수밖에 없었다. 20세기 초반에 동아시아에서 물러갔던 소련(러시아)과 미국은 제2차 대전 승리를 계기로 동아시아에 복귀했고, 19세기 중반이래 계속 수세에 몰렸던 한국·중국은 1937년 전쟁의 승리를 발판으로 예전의 위상을 일정 정도 회복했다. 정상적인 경우라면, 제3-3기는 4개국의 공동 주도로 운영되었어야 했다.

그런데 막상 일본제국주의가 파멸하자 전승국들 사이에서 분열이 나타났다. 전승국들 내부에서 대륙세력 대 해양세력의 대결 양상이 나타난 것이다. 미국은 같은 전승국이면서도 대륙세력인 소련과 한편이 될 수 없었다. 그 점은 소련도 마찬가지였다. 그래서 동아시아의 전승국들은 서로 갈라졌다. 이 과정에서 한국은 둘로 나뉘어 북쪽은 대륙세력, 남쪽은 해양세력이 되었다. 중국 역시 둘로 나뉘어 본토는 대륙세력, 대만은 해양세력이 되었다. 이처럼 전승국들이 대륙세력 대 해양세력으로 갈라짐으로써 제3-3기 '해양의 상대적 우세기'가 시작되었다.

제3-2기를 해양의 절대적 우세기라 하고 제3-3기를 해양의 상대적 우세기라 할 수 있는 것은, 대륙세력이 일방적 수세에 몰린 제3-2기와 달리 제3-3기에는 일제 패망을 계기로 대륙세력이 역내 질서의 한 축을 이루는 가운데 해양세력 미국이 상대적 우위를 점했기 때문이다. 제3-3기 해양의 상대적 우세기는 다시 일극과 다극연합의 대립기(제3-3-1기), 일극과 다극의 대립기(제3-3-2기), 일극의 단독 주도기(제3-3-3기)로 세분할 수 있다. 제3-3-1기 및 제3-3-2기의 공통점은 대륙세력과 해양세력이 각각의 이념과 경제체제로 무장했다는 점이다. 대륙세력은 공산주의이념과 경제체제를, 해양세력은 자본주의이념과 경제체제를 공유했다. 대륙세력 대 해양세력의 대립구도가 표면상으로는 공산주의 대 자본주의의 대립구도로 나타난 것이다.

제3-3-1기에 대륙세력 쪽에서는 다극연합이 존재했고 해양세력 쪽에서는 일극一極의 패권이 존재했다. 다극연합은 소련·중국·북한을 가리키고, 일극은 미국을 가리킨다. 다극'연합'이라 한 것은 대륙세력 쪽에서는 뚜렷한 패권국가가 등장하지 않았기 때문이다. 1945년 이후의 동아시아에 대한 기존의 관점은 1990년대 초반의 탈냉전 이전에는 미·소 양극체제가 존재했고, 그 이후로는 미국의 단일체제가 존재하고 있다는 것이다. 그러나 여기에는 중대 오류가 담겨 있다. 그것은 소련의 힘을 지나치게 과장했다는 점이다.

사실 1945년 이후 북한과 중국에 대한 소련의 영향력은 패권이라고 하기에는 좀 부족한 것이었다. 북한·중국·소련은 동맹국 관계에 있었으며, 그 관계는 한국·미국·일본의 동맹국 관계와는 본질적으로 다른 것이었다. 한·미·일 동맹 내부에 위계질서가 존재하는 것과 달리, 북·중·소 동맹에는 그것이 명확히 존재하지 않았다. 거기에다가 북한·중국에 대한 소련의 영향력은 1962년 10~11월 '쿠바 위기'를 거치면서 그나마 추락하고 말았다. 쿠바에 핵미사일 기지를 건설하고 쿠바를 대미對美 군사대결로부터 사수하겠다고 약속한 소련이 쿠바에 대한 미국 대서양함대의 해상봉쇄 앞에서 스스로 꼬리를 감추는 모습을 지켜보면서 북한과 중국은 소련에 대한 신뢰를 접기로 했다. 1963년 7월부터 1964년 7월까지 중국공산당이 공개서한을 통해 소련 공산당과 이념논쟁을 벌인 사실은 소련에 대한 동아시아 공산국가들의 태도 변화를 반영하는 것이었다. 이것은 쿠바 위기를 계기로 소련의 위상이 추락했음을 보여주는 것이다.

이 시기 동아시아에서의 소련의 위상을 상징적으로 보여주는 건축물이 있다. 중국 광주(광저우)에 있는 광주기의열사능원廣州起義烈士陵園이 바로 그것이다. 이곳은 광주기의에서 희생된 열사들을 기념하는 곳이다. 광주기의란 1927년 12월 중국공산당의 지도 하에 광주에서 국민당에 맞서 봉기한 노동자·병사들이 3일간 소비에트정권(광주코뮌)을 수립했다가 영국·일본·미국 등의 암묵적 지원을 받은 국민당에게 광주를 도로 빼앗긴 사건을 가리킨다. 광주기의에서는 다수의 조선인·소련인들이 공산당군을 지원했다가 희생당했다. 당시 상황은 김산(본명 장지락)이 회고하고 님 웨일즈(Nym Wales, 본명은 헬렌 포스터 스노우)가 쓴《아리랑》에 잘 묘사되어 있다.

광주지하철 1호선을 타고 열사능원역에 내려 이 능원에 들어선 뒤, 정면에 보이는 광주기의기념비에서 오른쪽으로 돌아 한참 걷다 보면, 서로 마주보고 있는 두 정자인 중조인민혈의정(中朝人民血誼亭, 약칭 '중조정')과 중소인민혈의정(中蘇人民血誼亭, 약칭 '중소정')을 만날 수 있다. 중조정은 광주기의 때 희생당한 조선인들에 대한 감사의 표시로, 중소정은 함께 희생당한 러시아인들에 대한 감사의 뜻으로 세워진 것이다. 그런데 양쪽 건물을 번갈아 바라보다 보면 뭔가 이상하다는 느낌을 지울 수 없다. 중조정의 규모가 중소정에 비해 훨씬 더 크기 때문이다. 소련이 북한보다 훨씬 더 큰 나라인데 왜 이렇게 되어 있을까? 이유는 간단하다. 중소정은 1957년에 세워지고, 중조정은 중소대

중조인민혈의정에 있는 기념비.

립이 한창 격화된 1964년에 세워졌다. 중조정을 세울 당시의 중국정부는 이 정자를 중소정보다 훨씬 더 크게 세움으로써 간접적으로 소련을 폄하하는 속 뜻을 표출하고자 했다. 이런 건축물이 상징적으로 나타내고 있듯이 1945년 이후의 동아시아에서 소련의 위치는 그다지 높지 않았다.

소련이 동아시아의 리더가 되지 못한 이유

미국에 비해 소련의 위상을 상대적으로 저하시킨 데는 다른 요인들도 함께 작용했다. 그중 네 가지 요인은 다음과 같다.

첫째, 소련은 제2차 대전에 뒤늦게 참여했기 때문에 새로운 동아시아 질서 에 대한 기여도가 낮을 수밖에 없었다. 대전 막바지에 참전한 소련의 기여도는 핵무기 2방을 투하한 미국의 기여도에 비할 바가 못 되었다.

둘째, 소련은 중국·북한 등 동아시아 국가들의 국제정책을 좌우할 만한 입장에 있지 않았다. 제2차 대전 이후 발생한 동아시아 최대의 무력충돌인 한국전쟁의 개전과 관련하여 북한과 중국이 주도적인 역할을 한 데 비해 소련은 상당히 소극적인 자세를 취한 사실에서도 그 점을 알 수 있다.

셋째, 소련은 제2차 대전 이후 국제정치의 대세였던 강대국 중심의 경제원조 시스템에 중국·북한 등을 포섭하지 못했다. 미국 주도의 마샬 플랜(Marshall Plan, 유럽부흥계획)에 맞서 공산권 국가들의 이탈을 방지하기 위해 소련이 주도적으로 설립한 코메콘(COMECON, 경제상호원조회의)에 북한·중국·몽골·북베트남 같은 아시아 공산국가들이 옵서버 자격만 유지한 채 정식 참가를 하지 않은 것은 소련에 대한 동아시아 공산국가들의 경제적 의존도가 그리 높지 않았음을 반영하는 것이다.

넷째, 소련이 필적할 수 없을 정도로 제2차 대전 이후의 미국은 강력한 국력을 보유했다. 제2차 대전 종결 당시 세계인구의 3%밖에 점하지 못한 미국이 세계 총생산의 50% 이상, 금 보유량의 70%, 세계 소득의 50%를 차지했다는 지표만 갖고도 미국의 국력을 짐작할 수 있다. 그렇기 때문에 소련이 미국과 대등한 라이벌이 되기는 힘들었다.

이런 요인들과 함께 동아시아에서 전통적으로 러시아에 대한 거부감이 컸다는 점도 고려하지 않을 수 없다. 17세기 이래로 동아시아에 존재한 정서 중 하나는 러시아 공포증이었다. 조선과 청나라의 나선정벌도 그런 정서를 반영하는 것이다. 전통적으로 북방 민족들로부터 위협을 받아온 동아시아 농경민들에게는 흉노족의 이동경로를 통해 중국에 다가온 러시아라는 존재가 기본적으로 두려울 수밖에 없었다. 그런 두려움이 최고조에 도달한 때는 1860년 북경조약 체결 시점이었다. 러시아가 연해주를 차지하여 중국은 물론 조선과도 국경을 맞대는 공전의 상황이 조성되었기 때문이다. 러시아에 대해 뿌리 깊은 경계심을 품고 있던 동아시아인들이 20세기 초반에 소련과 손을 잡은 것은 일본의 침략을 물리치려면 어떻게든 소련의 도움을 받지 않으면 안 되었기 때문이다. 따라서 일본의 위협이 사라진 1945년 이후 북한·중국 등이 소련에 대해 태도를 달리한 것은 어찌 보면 당연한 일이었다. 이런 점들을 고려할 때, 탈냉전 이전의 동아시아를 미·소 양극체제로 규정하는 것은 소련의 위상을 지나치게 높게 평가한 데서 나온 잘못된 인식이라 하지 않을 수 없다.

그러나 그렇다고 동아시아에서 소련이 여타 국가들과 완전히 평등했던 것은 물론 아니다. 소련은 상대적 우위 정도는 누렸다. 이는 소련이 공산주의 종주국의 프리미엄을 가진데다가 유라시아대륙에 걸치는 넓은 국토를 보유했기 때문이다. 이렇게 소련이 상대적 우위를 점했지만 그렇다고 리더가 될 정도는 아니었으므로 다극'연합'이란 표현을 사용한 것이다.

해양세력을 하나로 묶은 미국의 핵우산

그럼 해양세력 쪽의 상황은 어떠했을까? 동아시아 해양세력의 패권을 장악한 미국은 한국·일본·오키나와·대만·필리핀 등에 군대를 주둔시키는 방법으로 영향력을 구축했다. 패권을 공고히 하기 위한 미국의 노력은 여기서 그치지 않았다. 미국은 자신의 영향권 하에 있는 국가들에게 경제적 지원도 제공했다. 소련의 대對동구권 경제원조는 미국의 방식을 모방한 것이다. 하지만, 미국의 지위는 동아시아 동맹국들에 군대를 주둔시키지도, 원조를 제공하지도 못한 소련과는 확연히 다른 것이었다.

군대주둔이나 경제원조 외에 미국의 패권을 공고히 한 결정적 요인으로 미국의 핵우산을 거론하지 않을 수 없다. 핵우산nuclear umbrella이란 비非핵보유국이 가상 적국의 핵공격 위협으로부터 자유로울 수 있도록 핵보유국이 비핵보유국에 대해, 핵억제력을 제공하는 것을 말한다. 미국의 핵우산은 미군이 주둔한 지역에 핵무기를 배치하는 방법으로 형성되었다.

동아시아에서 미국의 핵무기가 배치된 곳으로 확인된 지역은 오키나와·일본·한국·대만·필리핀 등이다. 가장 먼저 배치된 곳은 오키나와다. 오키나와에 핵무기가 배치된 때는 한국전쟁 시기였다. 일본의 경우는 어떠했을까? "(샌프란시스코) 평화조약과 이 조약의 발효에 따라 미국의 육·해·공군을 일본 및 그 주변에 배치할 권리를 일본은 부여하고, 미국은 수락한다"는 미일안전보장조약 제1조에 의거하여 1955년 7월 28일 미국은 핵탄두를 장착할 수 있는 재래식 미사일인 어니스트 존스Honest Johns를 일본에 배치하겠다고 발표했다. 대만에는 1950년대 초반과 1960년대에 핵탄두를 장착한 '매터도 지대지 미사일'이 배치되었다. 한국에서는 1957년 7월부터 핵무기 배치가 시작되었다. 1958년 1월 29일 주한미군사령부는 한국에 대한 핵무기 배치가 완료되었다고 밝혔다. 한편 미국 국립문서보관소가 2006년 9월 5일 홈페이지를 통해 발표한 바에 따르면 이들 지역 외에 필리핀에도 미국의 핵무기가 배치되었다. 이에 의하면 미국은 냉전 시기에 총 1만 3천여 기의 핵무기를 동아시아를 포함한 전 세계에 배치했다. 이와 같이 동아시아 해양세력에는 오로지 'Made In USA' 핵무기만 배치되었다. 그래서 미국의 핵우산이 동아시아 해양세력에 대해 통일적인 지배력을 행사할 수 있었던 것이다.

미국 중심의 통일적인 핵우산이 구축된 해양세력과 달리 대륙세력 쪽에서는 일국의 핵우산이 배치되지 않고 개별적인 핵무장이 추진되었다. 먼저 소련은 미국의 행보에 발을 맞춰 핵무장을 추진해 나갔다. 1945년 7월 16일 미국 뉴멕시코주에서 세계 최초의 원자폭탄 실험에 성공한 미국이 8월 6일 히로시마에 우라늄형 원폭을 투하하고 3일 뒤 나가사키에 플루토늄형 원폭을 투하한 것에 맞서, 소련도 4년 뒤인 1949년 7월 10일 원폭 실험에 성공해 미국과 어느 정도 균형을 맞출 수 있게 되었다. 3년 뒤인 1952년 11월 1일 미국이 수소폭탄 실험에 성공하자, 이에 질세라 소련도 이듬해인 1953년 8월 12일 수폭 실험에 성공했다. 중국은 1964년과 1967년에 각각 원폭 및 수폭 실험에 성공해 핵보유국의 반열에 진입했다. 북한 역시 독자적 핵무장에 나섰다. 북한의 핵무장에 관해서는 2부 제2장에서 구체적으로 논의하겠다. 이와 같이 대륙세력 측에서는 개별적인 핵무장이 추진되었기 때문에 대륙세력의 단결력이 해양세력의 단결력을 능가할 수 없었다.

(2) 일극과 다극의 대립기

중·소 이념분쟁 이후인 제3-3-2기에 나타난 변화는 대륙세력의 '다극연합'이 '다극'으로 약화되었다는 점이다. 대륙세력이 다극연합에서 다극으로 바뀌었다고 할 수 있는 것은 소련·중국·북한의 유대가 약화되어 '연합'이라고 부르기 힘들어졌기 때문이다. 대륙세력 내에서 소련의 위상이 약화되었음을 보여주는 상징적 사건으로서 1964년 중국의 핵무장을 들 수 있다. 종래에 소련의 상대적 우위 속에 느슨하게 형성된 대륙세력의 다극연합 내부에서 소련에 이어 중국까지 핵무장을 함에 따라 이 연합의 단결력은 이완되지 않을 수 없었다. 제3-3-2기의 막판에 완성된 북한의 핵개발 역시 이런 맥락에서 이해될 수 있는 일이다.

대륙세력의 유대가 이완된 것은 세계적 추세로 보면 당연한 일이었다. 왜냐하면 대륙세력의 연대를 촉진했던 미국의 영향력이 상당히 약화되었기 때문이다. 제2차 대전 이후 적극적인 대외원조를 전개하던 미국은 경제적 과부하로 대외원조를 줄일 수밖에 없게 되었다. 이것은 자연스레 영향력의 퇴조로 이어졌다. 1950년대 후반 유럽경제공동체와 유럽자유무역연합이 미국과 대립한 사실로부터 그것을 확인할 수 있다. 1950년대 후반 이래로 미국이 유럽열강에게 원조 부담을 상당 부분 떠넘긴 사실이나, 1970년대에 미국 주도의 세계경제질서가 동요를 보인 사실 등은, 냉전의 한 축인 미국의 위상이 흔들리고 있음을 보여주는 징후였다. 미국의 위상이 흔들린다는 것은 냉전의 또 다른 축인 소련 역시 흔들리고 있음을 의미했다. 그렇기 때문에 대륙세력 내부에서 소련의 위상이 약화된 것은 전혀 이상한 일이 아니었다.

한편 미국은 세계적 범위에서의 영향력 퇴조에도 불구하고 동아시아 해양세력을 일정 정도 단속하는 데 성공했다. 이러한 징후는 제3-3-2기 직전인 1960년에 나타났다. 이 해에 아이젠하워 미국 대통령과 기시 노부스케 일본 총리가 미일안전보장조약(1951년)을 미일상호협력안보조약으로 개정한 것이다. 이는 미·일 간의 군사협력을 가일층 강화하는 것이었다. 이 조약은 특히 소파(SOFA, 미군 범죄의 재판 관할권) 규정을 통해 일본 내에서 미군의 지위를 강화시키기도 했다.

미일안전보장조약 개정을 전후로 흥미로운 사건들이 발생했다. 미국의 핵 우산 하에 있으면서도 상호 반목했던 한국과 일본의 관계개선에 신호탄이 될 만한 일들이 발생한 것이다. 1952년 2월에 처음 열렸으나 그동안 지지부진하던 한일협정을 조속히 타개할 수 있는 가능성이 열린 것이다. 한일협정의 조속한 타결은 미국의 동아시아 전략에 꼭 필요한 일이었다. 미국 입장에서는 동아시아 지역에서 대對공산권 동맹을 구축하자면 한·일 양국이 과거의 감정을 훌훌 털어버리고 미국 주도 하에 손을 잡을 필요가 있었다. 한일관계 개선에 소극적이던 이승만 대통령이 1960년 4·19혁명을 계기로 하야하고 한일관계에 적극적이던 장면이 내각제 하의 총리가 된 데 이어, 1961년 5·16쿠데타로 일본군 출신의 박정희가 정권을 잡으면서 한일협정 체결에 필요한 우호적인 분위기가 형성되었다. 예상대로 박정희는 한일 국교재개를 추진했다.

이렇게 해서 1965년 6월 22일 한일 간에는 식민지 문제를 적당히 얼버무리는 선에서 한일협정(한일기본조약)이 체결되었다. 이로써 동맹의 형태는 아닐지라도 한국과 일본이 미국의 핵우산 밑에서 좀 더 긴밀해질 수 있는 발판이 마련되었다. 한국 국민들이 명시적인 동맹관계에 동의할 리가 없었기 때문에 미국은 그런 우회적인 방법으로 한일동맹을 만들어낼 수밖에 없었다. 표면상으로는 동맹관계를 표방하지 않았지만 당시의 정세 하에서는 양국이 기본조약을 체결한 것만으로도 사실상 동맹관계를 체결했다고 볼 수 있었다. 이로 인해 해양세력의 연합은 한·미·일 삼각동맹의 단계로 발전할 수 있게 되었다.

제1차 탈냉전과 동아시아의 새로운 합종연횡

제3-3-2기의 동아시아는 제3-3-1기와 마찬가지로 냉전체제 위에서 존재했기에 그것은 냉전의 동향과 밀접한 관련을 갖지 않을 수 없었다. 동아시아 정세에 큰 영향을 미친 냉전의 동향은 다름 아닌 탈냉전의 출현이었다. 1960년대 후반부터 냉전구도를 약화시키는 탈냉전이 나타나기 시작했다. 이때 발생한 탈냉전을 이 글에서는 '제1차 탈냉전'으로 명명하겠다. 제1차 탈냉전을 공식화한 것은 '닉슨 독트린'(괌 독트린) 발표였다. 리처드 닉슨 미국 대통령은 취임 첫 해인 1969년 7월 미국의 자치령인 서태평양의 괌에서 냉전구도 완화를 선포하는 독트린을 발표했다. 이것은 거스를 수 없는 대세인 탈냉전을 인정하는 동시에 탈냉전 시대에도 계속해서 패권을 유지하려는 의지의 표현이었다.

탈냉전은 기본적으로 미·소 양국의 역량 부족에 기인하는 것이었다. 제2차 대전 후 어수선한 상황 속에서 잠시 위력을 발휘했던 양국의 주도권은 세계 각국이 안정을 찾아감에 따라 빛을 잃게 되었다. 제1차 탈냉전을 가져온 또 다른 요인은 비동맹주의를 천명한 '제3세계'의 결집이다. 1955년 4월 아시아·아프리카 회의(반둥회의) 이후 성립된 제3세계는 미국 주도의 제1세계와 소련 주도의 제2세계에 맞서 자주독립을 천명한 나라들을 지칭하는 표현이다. 아시아·아프리카를 거점으로 등장한 제3세계는 미·소 주도의 세계체제를 해체하는 요인으로 작용할 수밖에 없었다.

　제1차 탈냉전이 시작되면서 종전에 대립했던 국가들 사이에서 교류 움직임이 나타났다. 동아시아에서도 예외가 아니었다. 1972년 9월 29일 중국과 일본이 공동코뮈니케를 발표하여 국교정상화를 선언한 데 이어, 1971년부터 핑퐁외교[29]를 시작한 중국과 미국은 1979년 수교를 이루었다. 이 과정에서 가장 큰 손실을 입은 것은 대만이었다. 1972년에는 일본이, 1979년에는 미국이 대만과 국교를 단절했다. 대신 양국과 대만의 관계는 비非정부간 관계로 격하되었다. 이와 더불어 대만이 갖고 있던 중국 대표권이 중화인민공화국에게 넘어가면서 대만의 안보리 상임이사국 지위도 중국으로 넘어가게 되었다. 미·일이 자기편인 대만과의 관계를 일정 정도 손상시키면서까지 중국과 수교를 이룩한 것을 보면 제1차 탈냉전의 훈풍이 얼마나 뜨거웠던가를 짐작할 수 있다.

　탈냉전의 훈풍은 한반도도 따뜻하게 만들었다. 남북한은 1972년 7·4 남북공동성명을 통해 자주·평화·민족대단결의 원칙에 합의했다. 이로 인해 금방이라도 통일이 이루어질 것 같은 분위기가 조성되었다. 그러나 한반도 긴장완화는 미국의 전략에 상치되었기 때문에 남북관계가 중일관계나 미중관계처럼 발전하기는 힘들었다. 그런 제약 때문에 한반도에서는 탈냉전이 금방 식고 말았다.

---

29 핑퐁외교란 탁구를 이용한 외교를 말한다. 1971년 일본 나고야에서 열린 제31회 세계탁구선수권대회에 중국대표팀이 참가하고 이 대회에 참가했던 미국대표팀과 기자단이 중국을 친선 방문하여 양국관계가 개선된 데서 나온 표현이다.

이 시기에 미국이 취한 태도를 보면 미국의 동아시아 전략에 일관성이 없음을 알 수 있다. 미국은 일본에 대해서는 중국과의 국교정상화를 허용했을 뿐만 아니라, 탈냉전이 한창이던 1972년 오키나와를 일본에 넘겨주면서 일본이 자국의 영향권에서 이탈하지 않도록 단속했다. 이에 비해 미국은 한반도에서 끊임없이 위기국면을 조성해 남북 간의 훈풍을 차단하는 한편, 대만에는 외교적 고립이라는 상처를 안겨주었다. 동맹국들에 대한 미국의 '편애'가 역력히 나타난 대목이다. 이 같은 미국의 태도를 통해 북미수교 이후 미국의 한반도 정책을 일정 정도 예측할 수 있다. 동맹국인 대만과 국교를 끊으면서까지 '적국'인 중국과 국교를 체결했을 뿐만 아니라 중국을 안보리 상임이사국 지위에까지 올린 미국의 태도는 향후 북미수교 이후 미국이 남한과의 동맹관계 수위를 일정 정도 낮출 수 있음을 예고하는 대목이다.

지금까지 살펴본 바와 같이 중·소 이념분쟁 이후의 제3-3-2기에 미국의 핵우산 하에 단결한 해양세력 내에는 미국 주도의 일극체제가 존재한 데 비해, 개별적 핵무장이 추진된 대륙세력의 경우 소련·중국·북한의 다극체제가 존재했다. 그리고 제3-3-1기와 마찬가지로 이 시기에도 대륙세력에 대한 해양세력의 상대적 우위는 여전히 유지되었다. 1960년대 후반부터 두드러진 탈냉전 속에서 동아시아에서도 냉전해체의 조짐이 나타났다. 그러나 탈냉전을 확고하게 견인할 만한 추진력이 부재한 탓에 제1차 탈냉전은 암초를 맞이하게 되었다.

(3) 일극의 단독 주도기

제1차 탈냉전은 냉전체제를 지탱하던 미·소의 지도력에 금이 가고 있음을 보여주는 현상이었다. 그래서 양국은 지도력을 유지하기 위해서라도 탈냉전을 저지하지 않을 수 없었다. 제1차 탈냉전이 한층 가속화된 1970년대를 지나 1980년대에 이르러 미·소 양국은 탈냉전을 단속하고 지도력을 강화하기 위한 승부수를 띄웠다.

미국에서는 1981년 1월 제40대 대통령 로널드 레이건의 취임을 계기로 탈냉전에 대한 반작용이 나타났다. '힘에 의한 위대한 미국의 재건'을 내세운 레이건은 세출 삭감, 소득세 감소, 기업규제 완화, 안정적 금융정책 등을 통해 국가경제의 회복을 도모하는 한편, 대외적으로는 레바논 파병, 리비아 폭격, 그라나다 공격, 니카라과반군 지원(소위 이란-콘트라 스캔들) 등을 통해 미국의 파워를 과시했다. 이것은 안정적인 경제력과 공세적인 대외정책을 통해 탈냉전의 흐름을 저지하고 미국의 패권을 유지·강화하겠다는 의지의 표현이었다.

소련에서는 탈냉전에 대한 반작용이 미국보다 늦게 나타났다. 1982년 11월 브레즈네프 소련공산당 서기장이 죽자 안드로포프가 서기장직을 승계했지만, 1년도 채 안 돼 중병에 걸려 일선에서 물러났기 때문에 별다른 정책을 시도할 수 없었다. 안드로포프에 이어 1984년 2월 서기장에 취임한 체르넨코는 1985년 3월에 사망했다. 그 뒤를 이어 서기장직에 오른 인물이 55세의 젊은 고르바초프였다. '고르비'라는 애칭으로 불린 고르바초프는 페레스트로이카(개혁)와 글라스노스트(개방)를 통해 소련의 지도력 회복을 도모했다.

미·소 양국의 노력이 어느 정도 주효한 탓에 1980년대는 냉전이 다시 강화될 듯한 움직임이 나타났다. 하지만 이런 흐름은 얼마 가지 못했다. 유럽 차원의 냉전과 세계 차원의 냉전을 가장 극명하게 상징하던 베를린장벽이 1989년 무너지면서 냉전체제가 급속히 와해되기 시작했기 때문이다. '제2차 탈냉전'이 개시된 것이다. 이 와중에 1991년 소련이 붕괴하는 사건이 발생했다. 탈냉전을 저지하기 위한 고르바초프의 개혁개방이 도리어 소련의 해체로 귀결되고 만 것이다.

제2차 탈냉전의 영향으로 소련이 갑작스레 붕괴하자 1991년 이후 세계질
서는 미국 주도의 일극체제로 바뀌게 되었다. 동아시아에서도 동일한 양상이
나타났다. 제3-3-3기 '일극의 단독 주도기'는 이렇게 시작했다. 소련이 급작
스레 붕괴하는 바람에 대륙세력에 대한 해양세력의 우위가 한층 더 강해지고
양대 세력 간의 균형이 현저히 파괴됐다. 이 와중에 미국이 어부지리 식으로
단독 주도권을 장악하게 된 것이다.

소련은 망하고 미국은 안 망한 이유

흥미로운 것은 왜 소련은 망하고 미국은 망하지 않았느냐 하는 점이다. 개
시 시점의 차이는 있지만 두 나라는 탈냉전에 대해 똑같이 반작용을 했다. 그
런데도 소련은 1991년에 붕괴하고, 미국은 붕괴하지 않았다. 미국은 붕괴하
지 않았을 뿐만 아니라 오히려 더 강해진 것처럼 보이기까지 한다. 이런 차이
가 생긴 이유는 무엇일까?

가장 본질적인 원인은 미·소 냉전이 가장 극명했던 유럽에서 찾아야 한
다. 유럽의 냉전을 붕괴시킨 것은 독일인들이었다. 그들은 제1차 탈냉전 이
후 줄기차게 통일운동을 전개했다. 그런 노력이 베를린장벽 붕괴와 독일통
일이라는 결실을 맺게 되었다. 독일의 분단이 세계 냉전의 상징물이었듯이
독일의 통일은 세계적 냉전 종식, 즉 탈냉전의 상징물이었다. 독일의 통일은
미·소 양국에게는 위기였다. 서독과 동독의 경계선이 무너진다는 것은 그 경
계선을 기점으로 서유럽과 동유럽에 대해 각각 영향력을 행사하던 미국과 소
련의 존재의의를 부정하는 것이었다. 그런데도 독일통일 이후 소련은 붕괴하
고 미국은 붕괴하지 않았다. 이에 대한 대답은 누가 독일통일을 주도했는가
에 대한 고찰로부터 도출된다.

독일통일은 동독이 아닌 서독에 의해 이루어졌다. 세계 냉전의 최전방 지역이자 소련의 영향권인 동독이 무너진다는 것은 동유럽에서 소련의 패권을 지탱하던 구도가 와해된다는 것을 의미했다. 동독의 붕괴는 동유럽에 대한 소련의 영향력 감소를 촉발시켰다. 동유럽에 대한 영향력의 감소는 소련공산당의 지배를 가능케 했던 국제적 조건의 약화를 의미하는 것이었다. 국제적 조건이란 것은 바로 냉전구도를 말한다. 국제적 조건의 약화는 소련공산당의 국내적 영향력을 약화시켰다. 고르바초프의 개혁개방이 결실을 맺기 전에 벌어진 동독의 붕괴와 동유럽의 이탈은 소련공산당의 국내외적 기초를 동시에 흔들어 놓았다. 이런 상황에서 소련이 대외적으로 패권을 상실하고 대내적으로 연방 해체를 겪는 것은 매우 지당한 일이었다.

이런 점을 볼 때 소련 해체를 낳은 본질적 계기는 독일통일이었다고 평가할 수 있다. 제2차 탈냉전 구도 속에서 미국이 강력해진 것처럼 보이는 이유도 여기에 있다. 미군이 주둔하고 있는 서독 쪽에서 냉전의 벽을 허물고 그 여파로 동유럽과 소련이 해체되는 한편 소련의 라이벌인 미국은 '아직까지는' 멀쩡하기 때문에, 외형상으로는 미국이 강해진 것처럼 보일 수밖에 없는 것이다.

그러나 본질을 들여다보면 독일통일 이후의 상황이 미국에게 결코 유리하지 않음을 알 수 있다. 미국이 2+4(동서독+미국·소련·영국·프랑스)의 형식으로 독일통일에 개입하기는 했지만 이것은 미국이 통일독일에 대해 지분을 갖고 있음을 의미하지는 않는다. 독일인들이 통일을 이룩하고 그 여파로 동유럽과 소련이 타격을 입었다는 것은 제2차 탈냉전 이후로 세계사를 변혁시킨 힘의 원천이 미국이 아니라 실은 독일에 있음을 의미하는 것이다.

독일의 역량이 세계질서까지 바꾸기에 충분하다는 점은 유럽연합EU의 결성과정에서 잘 나타난다. 동유럽에서 공산권이 해체될 때, 서유럽에서는 1993년 11월 1일 기존의 유럽공동체EC가 유럽연합으로 개편되었다. 유럽의 정치·경제적 통합을 추진하는 기구가 등장한 것이다. 이 과정에서 주도적 역할을 한 나라는 외형적으로는 프랑스였지만, 실질적으로는 독일이었다. 사실 유럽연합의 모태라 할 수 있는 유럽석탄철강공동체(ECSC, 1952년 발족) 때부터 서독은 유럽통합운동의 중심에 있었다. 독일통일에 이어 유럽통합까지 독일(서독)의 주도에 의해 이루어졌다면 제2차 탈냉전 이후를 실질적으로 주도하는 것은 미국이 아니라 독일(특히 서독)이라고 해야 마땅하다.

그럼에도 불구하고 제2차 탈냉전 이후 미국이 세계를 주도하는 것처럼 보이는 것은 독일이 자국의 역량을 감추는 전략을 취하고 있기 때문이다. 중국이 그러한 것처럼 독일 역시 미국을 꺾기 전까지는 미국의 패권을 인정하면서 자국의 영향력을 조용히 강화하는 전략을 취하고 있다. '미니 유럽헌법'인 유럽연합 개정조약(EU Reform Treaty, 리스본 조약)의 채택과정에서 독일이 책임 있는 역할을 수행한 것이나, 2008년 하반기 이후 세계 경제위기 속에서 독일에 대한 유럽연합 회원국들의 기대감이 커진 것은 유럽대륙의 진정한 패권국이 누구인가를 고민케 하는 대목이다. 어둠 속에서 은밀히 힘을 기른다는 의미의 도광양회韜光養晦란 사자성어가 중국뿐만 아니라 독일에게도 절실하게 해당되는 것이다.

신냉전의 등장과 새로운 적, 북한

실제적으로는 냉전이 와해되었으면서도 표면적으로는 냉전의 한 축이었던 미국이 강해진 것처럼 보이는 제2차 탈냉전의 모순은 1990년대 이후 동아시아에도 영향을 미쳤다. 이 점을 심도 깊게 해부해보자.

제2차 탈냉전이 시작되자 그간 적대적 관계에 있던 동아시아 국가들이 냉전의 벽을 넘어 교섭의 무대로 나섰다. 제1차 탈냉전 때 정상화된 중일관계·미중관계를 제외한 여타의 동아시아 내부관계에서 베를린장벽 붕괴 이후 이런 시도가 나타났다. 1990년 9월에는 한국과 소련이 수교를 이루었고, 1991년 1월에는 북한과 일본이 수교교섭에 돌입했다. 같은 해 12월 13일에는 남북한이 남북기본합의서 체결에 성공했고, 1992년 8월에는 한국과 중국이 대만을 제치고 수교를 이룩했다.

동아시아에서 제2차 탈냉전의 최대 수혜자는 한국이었다. 한국은 제1차 탈냉전 때 시도하지 못한 한소관계 및 한중관계의 정상화에 성공했다. 노태우 정부가 추진한 북방외교는 한국 외교가 제2차 탈냉전을 잘 활용했음을 보여주는 것이다. 이에 반해 제2차 탈냉전의 최대 피해자는 대만이었다. 대만은 제1차 탈냉전 때 미국·일본을 잃은 데 이어 제2차 탈냉전 때는 한국마저 잃었다. 대만이 1993년부터 태평양 지역을 향해 남향정책(남방정책)을 추진한 것은 바로 이 때문이다. 동아시아의 주류 무대에서 밀리자 태평양 지역에서 새로운 가능성을 찾고자 한 것이다.

제2차 탈냉전으로 동아시아에서는 냉전이 금방이라도 해체될 것만 같은 기대감이 감돌았다. 해빙의 분위기가 감돈 것이다. 그러나 여기에 찬물을 끼얹는 사건이 돌발했다. 1993년 제1차 북·미 핵위기가 바로 그것이다. 미국이 북한의 핵개발 의혹을 제기하고 북한의 고립을 목표로 국제연대를 결성함에 따라 동아시아에 불던 해빙 기운은 순식간에 사그라지고 말았다. 해빙 기운이 불던 1990~1993년에 미처 해빙되지 못한 북일관계와 남북관계는 이로 인해 냉전시대로 회귀했다. 제1차 탈냉전의 확산을 막기 위해 1980년대에 미·소 양국이 이를 저지했듯이, 제2차 탈냉전을 막기 위해 미국이 이에 대한 저지에 나선 것이다. 미국이 손을 쓰기 전에 신속히 역내 통합을 이룩한 서유럽과 달리, 상호 갈등과 반목이 심각한 동아시아에서는 미국의 개입으로 제2차 탈냉전의 결실을 얻는 데 실패했다.

탈냉전을 억제하고자 하는 미국의 시도는 동아시아뿐만 아니라 세계적 차원에서 전개되었다. 동아시아 밖에서는 미국의 영향력이 현저히 저하되었지만 자국에 맞설 대항마가 없는 현실을 이용하여 미국은 어떻게든 팍스 아메리카나를 연장하려 했다. 그런 미국의 꿈을 담은 것이 신新냉전이란 것이다. 신냉전 구도는 미·소 냉전 때처럼 대등한 두 진영의 대결을 전제로 하는 것이 아니다. 이것은 경찰과 깡패 관계 같은 것을 국제관계에 응용하는 것이었다. 미국을 경찰로 하고, 미국의 적들을 깡패로 하는 구도였다. '자본주의 대 공산주의의 대결'을 '경찰 대 깡패의 대결'로 전환하여 냉전을 유지하자는 것이 이 구도의 취지였다.

이에 따라 미국은 이미 1991년에 제기한 바 있는 〈국가안보전략보고서〉 NSS를 1993년에 재구성하여 세계평화를 위협하는 '새로운 적'의 존재를 공식적으로 제기했다. 이것의 연장선상에서 미국은 1995년에는 '불량국가'라는 개념을 만들어 구소련을 대신할 적들을 찾아내기 시작했다. '불량국가'는 2002년 1월 29일 '악의 축'으로 구체화되었다. 악의 축에 대해서는 선제공격도 불사하겠다는 것이 이른바 '부시 독트린'이었다.

'새로운 적' 또는 '불량국가' 혹은 '악의 축'으로 선정된 동아시아 국가는 북한이었다. 1990년 이후 탈냉전을 향해 달리던 한소관계·북일관계·남북관계·한중관계 중에서 북한과 관련된 북일관계와 남북관계만이 냉전으로 회귀한 것은 미국의 대북 압박이 낳은 결과였다. 미국의 압박에도 불구하고 2000년대에 들어 북일교섭과 남북교섭이 다시 성사되는 등 제3차 탈냉전이 개시됐지만 2002년에 터진 제2차 북·미 핵위기로 동아시아의 탈냉전은 또다시 유산되고 말았다.

동아시아에서 세 차례나 터진 탈냉전을 번번이 유산시키면서 패권을 유지해온 미국은 탈냉전의 위기로부터 자국의 패권을 지키기 위해 끊임없이 대립국면을 조성하고 있다. 미국의 패권이 앞으로도 계속될 것만 같은 느낌이 들 정도다. 앞으로 한동안은 미국을 따라잡을 추격자가 없을 것 같은 느낌이 드는 것은 그런 느낌이 들도록 하기 위해 미국이 만만한 상대들만 골라 끊임없이 대립국면을 조성하고 있기 때문이다. 약한 상대들만 골라 방어전을 치르는 복싱 챔피언이 과연 얼마나 롱런할 수 있을까.

포스트 미국을 향해 뛰는 동아시아

미국의 동아시아 패권과 관련하여 2009년 8월 30일 주목할 만한 상황이 발생했다. 1955년 이래 미일동맹을 유지해온 일본 자유민주당(자민당)이 중의원 총선거에서 사상 최악의 참패를 당해 정권을 내준 것이다. 480석의 중의원 의석 가운데에서 절반을 훨씬 넘는 308석이 민주당에게 넘어갔고, 만년 제1당이었던 자민당은 119석을 얻는 데 그쳤다. 자민당이 제1당의 지위를 내준 것은 이때가 처음이다. 1993년 중의원 총선거에서도 자민당이 패배를 당했지만 2009년은 1993년과 현저히 달랐다. 1993년에는 자민당이 511석 가운데 223석을 얻어 과반수 확보에 실패하기는 했지만 이때도 자민당은 여전히 제1당이었다. 제1야당이자 제2당인 사회당의 의석은 70석에 불과했다. 이 점을 보면 2009년의 자민당 참패가 얼마나 충격적인 것인가를 짐작할 수 있다.

자민당이 선거에 참패했다는 사실보다 더 흥미로운 점이 2가지 있다. 하나는 2009년 중의원 총선거 승리를 발판으로 총리에 오른 하토야마 유키오(민주당 소속) 총리가 반미주의자라는 평가를 받았다는 점이다. 또 하나는 자민당이 선거에 패배한 1993년 및 2009년이 모두 다 북·미 핵위기 기간이었다는 점이다. 미국이 북한과의 대결에 집중하는 사이에 일본 자민당이 선거에 패배한 것이다.

자민당의 패배가 동아시아 정세에 시사하는 점은 크게 2가지다. 첫째, 미국의 영향력 약화가 비非자민당의 승리를 가져왔다는 점이다. 둘째, 비자민당의 강화가 미국의 영향력 약화를 가중시키기는 하겠지만 그것은 당분간 현실적 제약에 직면할 것이라는 점이다. 미국의 핵우산 하에 있는 일본이 성급하게 반미운동을 전개할 수는 없기 때문이다.

정도의 차이는 있지만 미국의 영향력 약화는 한국에서도 이미 오래 전부터 나타났다. 미국을 민주주의의 수호자라고 막연하게 믿었던 한국 국민들은 1979년 12·12 쿠데타와 1980년 광주민주화운동 시기에 한국 신군부의 반인류적·초헌법적 행위를 묵인 내지 지원한 미국의 태도를 보면서 미국에 대한 환상을 훌훌 버리게 되었다. 한국 국민들 사이의 반미정서는 더 이상 운동권학생이나 지식인들만의 전유물이 아니다. 그것은 광범위하게 퍼진 보편적 정서라고 해도 과언이 아니다. 1979년 이래의 역사적 경험과 더불어 한국의 경제성장이나 한중관계의 발전 등이 이러한 분위기의 확산에 기여했음을 부정할 수 없다.

더 이상 미국에게 고분고분하지 않으려는 태도는 일반 국민들뿐만 아니라 한국 정부로부터도 감지된다. 비교적 자주적이고 진보적이었던 노무현 정부만 두고 하는 말이 아니다. 상대적으로 사대적이고 보수적인 이명박 정부에서도 유사한 분위기를 느낄 수 있다. 2010년 3월 천안함 사태나 11월의 연평도 해전에서 나타난 바와 같이 대미관계에서 한국의 발언권이 높아지고 있다는 사실에 주목할 필요가 있다. 한국이 예전처럼 미국의 입장을 그대로 추종하지 않고 독자적 소리를 내고 있을 뿐만 아니라 때로는 미국을 끌어들여 강경 분위기를 선도하는 듯한 느낌이 들 정도다.

천안함 사태의 경우, 미국은 사건 발생 4일 뒤인 3월 30일 제임스 스타인버그 국무부 부장관을 통해 "북한의 개입을 추정할 만한 근거가 없다"는 입장을 내보냈다. 하지만 미국은 한국의 강경 분위기에 영향을 받아 불과 3일 만인 4월 2일 커트 캠벨 국무부 동아시아·태평양 차관보를 통해 "(사고원인을) 추측하지 않겠다"며 유보적 입장으로 돌아섰다. 이는 적어도 대북관계에서만큼은 한미관계의 시소가 한국 쪽으로 점차 기울고 있음을 보여주는 것이다. 이제 미국은 한국의 대북공세가 자국의 동아시아 위기관리능력에 영향을 주지 않을까 염려해야 할 처지에 놓여 있다.

연평도 해전의 처리과정을 통해 한국정부는 남북관계를 발판으로 한미관계에 변화를 주는 '노련미'를 선보였다. 예전 같으면 남북 간의 충돌이라는 중대 이슈를 국회의원총선거나 대통령선거 정도에나 이용하던 한국정부가, 연평도 해전이라는 카드를 발판으로 한미관계의 무게 중심에 영향을 주려는 태도를 보인 것이다. 사건 발생 2주일 뒤인 12월 7일 한국 국방장관이 주요 지휘관 회의에서 '적으로부터 공격을 받으면 각급 지휘관이 자위권을 행사하라'는 지침을 하달한 다음 날인 12월 8일, 미국은 한·미 합참의장 회담을 통해 '한국군이 교전규칙과 정전협정에 구애받지 않고 자위권을 행사할 수 있다'는 데에 동의했다. 이는 미국의 영향권에서 점차 벗어나려 하는 한국정부를 미국정부가 딱히 제어하기 힘든 현실을 반영하는 것이다. 한국이 2010년 11월 G20 정상회의를 서울에서 개최한 것에서 드러나듯이 한국의 경제적·국제적 지위가 날로 향상되고 있다. 이 역시 한국의 대미 의존도를 갈수록 약화시키는 요인으로 작용할 것이다.

인류의 역사에서 그 어느 강대국도 천년만년 수壽를 누리지 못했다. 천 년은커녕 일이백 년도 유지되기 힘든 것이 패권이다. 동서양을 아울러 역사상의 최강국이라 할 수 있는 몽골제국의 세계패권도 1세기를 넘지 못했다. 현존 최강국인 미국의 패권도 머지않아 종결될 것이 분명하다. 왜냐하면 미국이 무척 피곤해 보이기 때문이다. 미국이 '피곤한 챔피언'이라는 점은 곳곳에서 드러나고 있다. 서유럽을 중심으로 유럽연합이 결성된 것이 가장 강력한 증거라 할 수 있다. 게다가 안 그래도 피곤한 상태에서 1990년대 이후 세계 곳곳의 분쟁을 주도하느라 더 많은 '체력'을 소모한 탓에 미국은 몸도 지쳐 있고 돈도 많이 썼으며 도덕성도 많이 상실했다.

미국이 1990년대 이후 동아시아를 단독으로 주도했지만 앞으로 언젠가는 챔피언 벨트를 내려놓을 수밖에 없을 것이라는 판단은 동아시아 국가들에게 '다음'을 향한 행보를 준비하도록 촉구하고 있다. 한국은 김대중 정부가 보여주었듯이 통일을 염두에 두고 대북관계 개선을 도모하는 한편, 경제 등의 방면에서 대륙과의 관계를 적극 강화하고 있다. 북한은 핵위기 국면을 활용하여 통일에 대비하는 한편, 포스트 미국 시대의 패권에 도전하고 있다. 중국은 경제성장에 박차를 가하는 한편, 팍스 시니카(중국 중심 세계질서)의 가능성을 조심스레 타진하고 있다. 일본은 '서양 없는 동아시아'에서의 자립을 준비하는 한편, 포스트 미국 시대의 팍스 자포니카(일본 중심 세계질서)를 과감히 꿈꾸고 있다. 시베리아 개발로 경제강국의 발판을 구축하려는 러시아는 동아시아에 대한 영향력을 회복하기 위해 핵문제 등을 발판으로 자국의 발언권을 높이고자 노력하고 있다. 대만은 포스트 미국 시대에 중국에 맞서 독자적으로 생존할 수 있는 기반을 찾기 위해 분투하고 있다.

이 국가들 중에서 포스트 미국 시대의 동아시아 패권에 도전하고 있는 국가는 크게 세 나라 정도다. 북한·중국·일본이다. 그런데 북한의 패권 추구방식과 중·일의 그것은 서로 판이하다. 북한은 현존 챔피언 미국을 상대로 정면대결을 벌이는 데 비해, 중·일은 현존 챔피언을 자극하지 않는 가운데 조용히 차기 패권을 준비하고 있다. 그러므로 북한의 패권 도전은 현재적 도전이고, 중·일의 도전은 잠재적 도전이라고 할 수 있다.

2 부

'대륙'과 '해양'의 동아시아 패권 전쟁

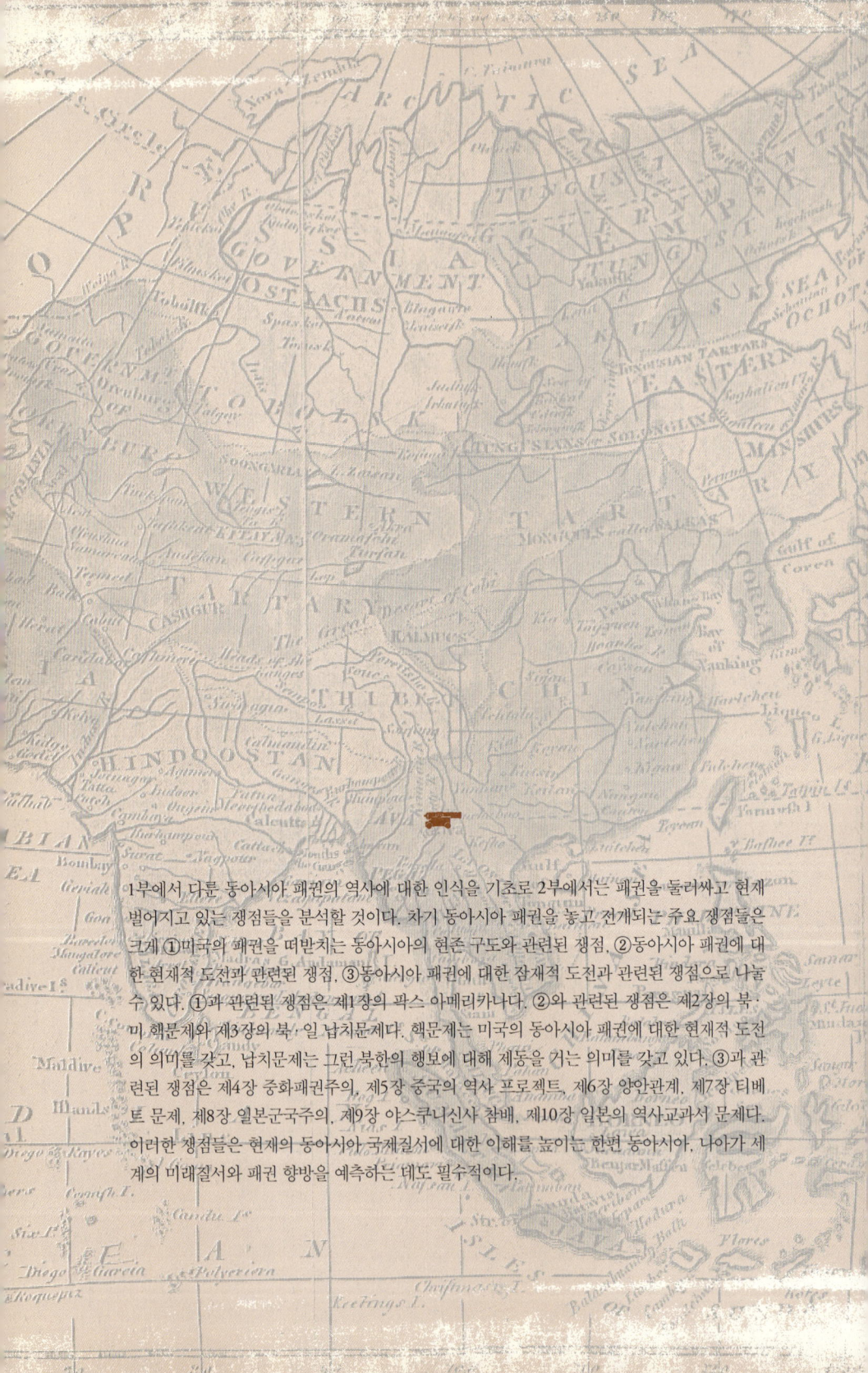

1부에서 다룬 동아시아 패권의 역사에 대한 인식을 기초로 2부에서는 패권을 둘러싸고 현재 벌어지고 있는 쟁점들을 분석할 것이다. 차기 동아시아 패권을 놓고 전개되는 주요 쟁점들은 크게 ①미국의 패권을 떠받치는 동아시아의 현존 구도와 관련된 쟁점, ②동아시아 패권에 대한 현재적 도전과 관련된 쟁점, ③동아시아 패권에 대한 잠재적 도전과 관련된 쟁점으로 나눌 수 있다. ①과 관련된 쟁점은 제1장의 팍스 아메리카나다. ②와 관련된 쟁점은 제2장의 북·미 핵문제와 제3장의 북·일 납치문제다. 핵문제는 미국의 동아시아 패권에 대한 현재적 도전의 의미를 갖고, 납치문제는 그런 북한의 행보에 대해 제동을 거는 의미를 갖고 있다. ③과 관련된 쟁점은 제4장 중화패권주의, 제5장 중국의 역사 프로젝트, 제6장 양안관계, 제7장 티베트 문제, 제8장 일본군국주의, 제9장 야스쿠니신사 참배, 제10장 일본의 역사교과서 문제다. 이러한 쟁점들은 현재의 동아시아 국제질서에 대한 이해를 높이는 한편 동아시아, 나아가 세계의 미래질서와 패권 향방을 예측하는 데도 필수적이다.

제1장

팍스 아메리카나와 동아시아

미국이 동아시아 패권국이라고는 하지만, 엄밀히 말하면 미국은 동아시아 해양세력의 패권국이다. 1945년 이후 동아시아 해양세력이 대륙세력에 비해 상대적 우위를 점하는 한편 대륙세력 쪽에는 별다른 패권국이 존재하지 않기에, 해양세력의 패권국인 미국이 전체 동아시아의 패권국으로 비쳐질 뿐이다. 팍스 아메리카나를 둘러싼 동아시아 국제질서에 대한 이해력을 높이기 위해 1945년 이후의 동아시아 국제관계를 2가지 측면에서 해부해보자.

1. 대륙세력과 해양세력의 새로운 대결구도

1937년 전쟁과 제2차 대전이 1945년 종결되자 그동안 일본에게 전부 혹은 부분적으로 점령된 나라들이 드디어 자유를 되찾았다. 그 결과로 한반도, 중국대륙, 대만, 오키나와, 필리핀에 새로운 정치권력이 들어섰다. 일본제국주의 시기에 해양세력 일본에게 전부 혹은 부분적으로 강제 편입된 이들 지역은 1945년 이후 대륙세력 혹은 해양세력에 다시 편입되었다.

한반도의 남쪽과 북쪽은, 각각 미군과 소련군이 주둔한 가운데 항일세력의 우파와 좌파에 의해 각기 점유되었다. 한반도에 진주한 미군과 소련군은 1949년과 1948년에 철수했지만, 한국전쟁을 계기로 1950년 한국에 재진입한 미군은 한미상호조약을 명분으로 그 후에도 계속해서 한국에 주둔하고 있다. 중국대륙은 항일세력의 좌파인 공산당의 지배 하에 들어갔고, 대만은 항일세력의 우파인 국민당의 지배 하에 들어갔다. 대만에는 1950년대에 미군이 진주했다. 중국과 미국 간에 국교가 수립된 뒤인 1979년 미군은 대만에서 완전히 철수했다. 오키나와에는 1945년 미군이 진주했다. 이곳의 지배권은 1972년 일본에게 넘어갔다. 필리핀에는 1946년 독립정권이 들어섰지만, 이 듬해인 1947년 미군의 지배가 들어서게 되었다.

1945년 이후의 동아시아 정세는 대륙세력과 해양세력의 대립구도로 정리된다. 연해주·중국대륙·한반도 북부가 각각 소련·중국·북한이라는 대륙세력에게 장악되어 있다. 한편, 남한·일본·대만·오키나와·필리핀은 해양세력 미국의 영향권에 있다. 오키나와를 제외한 나머지 지역에 독립국가가 존재하지만, 남한·일본·대만·오키나와·필리핀에 미국의 핵우산이 있어서 미국의 일원적 통제가 가능하다.

위와 같이 현대의 동아시아는 과거의 동아시아와 마찬가지로 대륙세력 대해양세력의 대결구도를 유지하고 있다. 1945년 이후 달라진 게 있다면 종래 대륙세력에 속했던 한반도 일부가 해양세력에 편입된 점을 들 수 있다. 수천년간 대륙세력 쪽에 서서 역내 질서의 균형을 유지해온 한반도의 일부가 해양세력 쪽에 편입되었다는 사실은 1945년 이후 동아시아 구도의 무게가 대륙세력보다는 해양세력 쪽으로 더 많이 기울었음을 반영하는 것이다.

대륙세력 대 해양세력의 대결을 전제로 하는 현재의 구도가 동아시아 정세와 관련하여 갖는 의미는 크게 2가지다.

첫째, 1945년 이후의 구도는 전통적인 동아시아 대륙세력 특히 한민족·

중국의 입장에서는 '절반의 만회'를 의미한다. 대륙세력은 두 차례의 아편전쟁이 끝난 1860년대 이래 서양열강 주도의 해양세력에게 침탈을 당하다가 서양열강에 편승한 일본에게 영토의 전부 혹은 일부를 빼앗겼다. 하지만 대륙세력은 1937년 전쟁의 승리를 통해 해양세력에게 빼앗긴 영토의 '절반'을 되찾았다. 여기서 절반이란 표현은 문자적 의미가 아닌 상징적 의미다. 대륙세력이 회복한 영역이 있는 데 비해 아직 회복하지 못한 영역이 남아 있다는 의미에서 그런 표현을 쓴 것이다. 그런데 절반의 승리는 절반의 패배와 공존하는 것이다. 이렇게 보면 동아시아에서는 서세동점西勢東漸 이래의 모순이 아직 완전히 해결되지 않은 셈이다.

둘째, 1945년 이후의 구도에는 사상 최강의 해양세력이 존재한다. 19세기 이래 여러 국적의 서양군대들이 조선·청나라·베트남·필리핀 등에 주둔한 적은 있지만, 1945년 이후처럼 특정 국가의 군대가 남한·일본·오키나와·대만·필리핀에 대대적으로 주둔한 적은 없었다. 동아시아를 세로로 가로지르는 주요 지역들에 군대를 주둔시킨 미국은 동아시아 대륙세력을 압박할 수 있는 거점을 확보했다. 사상 최강의 해양세력인 미국의 위세는 과거의 그 어떤 해양세력보다도 훨씬 더 강력하다. 역대 최강의 동아시아 대륙세력인 몽골제국의 위세에 버금가는 것이다.

2. 전쟁과 전후의 불일치 구도

일반적으로 전후戰後 국제질서는 패전국에 대한 응징을 기초로 성립한다. 차기 국제질서가 도래하기 전까지 패전국은 죄인의 굴레를 벗어날 수 없다. 이것은 역사의 상식이다. 그런데 1945년 이후 동아시아에서는 이런 상식이 통하지 않았다. 패전국이자 전범인 일본에 대한 응징이 정치적 제약을 받았기 때문이다. 패전국이 제약을 받은 게 아니라 패전국에 대한 응징이 제약을 받았다는 점에서 1945년 이후 동아시아 질서는 상식이 통하지 않는 질서라고 할 수 있다.

상식이 통하지 않는 국제질서가 생긴 데는 누구보다도 미국의 책임이 가장 크다. 현재의 불합리한 동아시아 국제질서는 일본의 전쟁범죄를 청산하고 합리적인 동아시아질서를 건설하기보다는 대對소련 전진기지 구축을 통해 자국 중심의 국제질서를 실현시키는 데 일차적 관심이 있었던 미국이 일본을 비호했기 때문에 생긴 일이다. 미국의 전략 덕분에 일본은 과거의 전쟁범죄를 반성하기보다는 미래의 미일동맹을 고민할 여유를 가질 수 있게 되었다.

중국에 비해 대일對日 전쟁에 늦게 참여했고 중국에 비해 전공戰功도 크지 않았던 미국이 일본 문제를 좌지우지 할 수 있었던 것은 2방의 핵폭탄 투하를 통해 1945년 이후의 세계질서를 주도했기 때문이다. 일본에 원폭을 떨어뜨린 미국이 원폭의 위력을 앞세워 일본을 도로 살려낸 것은 아이러니한 일이다.

물론 미국이 처음부터 이런 비상식적인 반전을 의도한 것은 아니다. 처음에 미국은 중국을 대소 전진기지로 삼으려 했다. 그런 계획을 가진 것은 일본이 무조건 항복을 할 당시만 해도 장제스(장개석)의 국민당 정권이 중국 국토의 80%를 장악하고 있었기 때문이다. 미국은 장제스가 이끄는 중국과 손을 잡고 소련을 견제하고자 했다. 그러나 상황은 미국의 뜻대로 움직이지 않았다. 일제 패망 후 국민당과 공산당 간에 국공내전(1946~1949년)이 벌어지면서 국민당의 영향력이 약해졌기 때문이다. 그러자 미국은 국민당과 공산당의 연합 정권을 만들어 정국을 안정시킨 뒤 공산당을 몰아내려는 계획을 세웠다. 미국은 이런 전략을 갖고 중재에 나서서 1946년 1월 정전협정을 이루어냈다. 이때만 해도 중국을 대소 전초기지로 삼는다는 미국의 계획에는 변화가 없었다.

하지만 2개월 뒤인 1946년 3월 장제스가 정전협정을 깨고 공격을 개시하여 국공내전에 다시 불을 붙임에 따라 미국의 계획은 산산조각이 나고 말았다. 정전협정을 깬 국민당이 공산당을 약화시켰다면 모르겠지만 상황은 공산당에게 유리한 방향으로 흘러갔다. '굴러들어온 복을 발로 찬다'는 말은 국민당을 두고 하는 말이다. 이제 미국은 중국을 포기하는 수밖에 없었다. 중국공산당이 장악하게 될 중국과 손을 잡고 소련을 견제할 수는 없었기 때문이다. 미국이 중국에서 손을 뗀 것은 1947년 1월이었다. 이 틈을 활용하여 공산당은 1947년 5월 동북 지역에서 전면적 반격을 개시하여 국민당을 궁지로 몰아넣기 시작하였다.

일본의 부활을 잉태한 미국의 부도덕한 패권

이제 미국은 중국 이외의 대안을 찾지 않으면 안 되었다. 이때 미국이 주목한 대상은 일본이었다. 미국은 1948년 벽두에 동아시아 전략의 수정을 공식화하기 시작했다. 1948년 1월 6일 나온 로이얄 성명이 그 시작이다. 미국 육군장관 로이얄이 발표한 성명의 핵심은 '미국이 극동지역에서 전체주의 전쟁의 위협에 대한 방어력을 키우려면 자주적인 일본을 건설해야 한다'는 것이었다. 이는 일본의 비무장화를 추진하던 연합군최고사령부(SCAP 또는 GHQ)의 기존 정책과 상반되는 것이었다. 같은 달 21일 일본을 관리하는 연합국 최고정책기구인 극동위원회에서 미국대표 맥코이는 "앞으로는 일본경제가 자립할 수 있도록 힘을 집중해야 한다"고 발언했다. 9개월 뒤인 10월 7일에는 미국 국무부가 작성한 〈미국의 대일정책에 대한 권고〉라는 문서가 국가안전보장회의에서 정식 채택됨으로써 일본을 동맹국으로 끌어올리는 미국의 새로운 전략이 공식화되었다.

한편 중국공산당은 국민당을 더욱 더 압박하여 1948년 12월 북경을 함락한 데 이어, 1949년 4월에는 국민당 정부의 수도인 남경을 함락하고, 같은 해 10월 중화인민공화국을 선포했다. 장제스의 국민당 정부는 그 해 12월 대만으로 건너갔다. 같은 달 30일 미국 국가안전보장회의는 〈아시아에 대한 미국의 입장〉이라는 정책문서를 통해 일본·오키나와·필리핀을 미국의 군사적 전초기지로 설정하겠다고 발표했다. 이는 1950년 1월 12일 나온 '미국은 알류샨열도[30]-일본-오키나와-필리핀을 잇는 선을 지키겠다'는 애치슨 선언과 맥을 같이하는 것이었다. 장제스와 국민당의 실패를 통해 어부지리를 얻은 일본은 이런 과정을 거쳐 미국의 파트너가 되었다.

중국 대신 일본을 선택한 미국은 일본의 부활을 위한 작업에 본격 착수했다. 한국전쟁으로 동아시아가 어수선한 틈을 활용하여 1950년 9월 미국정부가 작성한 〈대일강화 7원칙〉에는 일본을 친미국가로 육성하고, 일본에 강력한 경찰군을 창설하며, 일본을 통제할 기구를 만들지 않고, 일본에 대해 경제제재를 가하지 않는다는 등의 내용이 담겨 있었다. 일본을 친미국가로 육성한다는 방침 하에 경찰군 창설을 빌미로 재무장의 기회를 만들어주고 일본에 대한 제재 가능성을 차단한 것이다. 1951년 8월에는 침략전쟁에 가담했던 일본군 장교들이 간부로 복귀할 수 있는 제도적 장치까지 마련해주었다. 일본에 면죄부를 안겨주는 작업의 하이라이트는 1951년 9월 8일이었다. 이날 미국은 오전에는 '패전국 일본'과 샌프란시스코강화조약을 체결하고, 오후에는 '동맹국 일본'과 미일안전보장조약을 체결했다. 일본이 전범이라는 사실을 희석시키고 일본을 동맹국으로 격상시킨 것이다. 이로써 일본은 죄의식을 훌훌 털어버리고 국가를 재건할 수 있게 되었다.

패전국이자 전범인 일본은 위와 같이 미국의 전폭 지원을 발판으로 세계최강 미국의 동맹국으로 거듭났다. 따라서 전후의 국제질서는 일본을 패전국이 아닌 미국의 동맹국으로 다루는 전제 위에서 다시 형성될 수밖에 없었다. 이

---

30 일본 동북쪽의 캄차카 반도와 알래스카 사이를 잇는 긴 띠 모양의 열도.

로 인해 잉태된 양대 모순은 다음과 같다.

첫째, 미국이 일본에 대해 '사면권'을 행사함에 따라 한국·중국이 일본을 응징할 수 없게 되었을 뿐만 아니라 한국에서는 친일세력을 제대로 청산될 수 없게 되었다. 같은 패전국인 독일과 달리 일본이 과거문제에 대해 뻔뻔스러운 태도를 보이는 것은 일본인들의 국민성이 본래 그렇기 때문이라기보다는 미국이 일본을 비호하기 때문이라고 보는 게 더 정확하다.

둘째, 제3-2-2기와 제3-2-3기를 주도하면서 동아시아에 막대한 고통을 안겨준 일본이 미국의 비호를 받아 부활함에 따라 동아시아 국가들은 미래를 건설하는 데 투입해야 할 역량의 상당 부분을 여전히 과거사 문제에 투입하고 있다. 한국·중국 등이 야스쿠니신사 참배 문제라든가 일본 역사교과서 문제에 대해 많은 역량을 투입하는 데서 이를 확인할 수 있다. 지역통합이 상당 정도로 진척된 여타 지역과 달리 동아시아에서 경제통합이 제대로 추진되지 못하는 것은 일본의 부활로 역내 국가들이 현존 동아시아 질서에 대해 불신감을 갖게 되었기 때문이다.

지금까지 우리는 동아시아를 지배하는 팍스 아메리카나를 해부해보았다. 이를 통해 우리는 그 속에 존재하는 한계와 모순을 살펴볼 수 있었다. 한계란 것은 미국의 패권이 동아시아 전체가 아닌 해양세력에만 미치고 있다는 점이다. 모순이란 것은 미국의 패권이 부조리에 근거하고 있다는 점이다. 자국의 세계전략을 위해 정당한 사유 없이 전범 일본을 사면하는 한편, 동아시아의 과거청산을 방해하기 있기 때문에 미국의 패권은 부조리한 것이다. 그렇기 때문에 미국의 패권은 도전을 받을 수밖에 없다. 오늘날 미국의 패권에 대한 도전은 미국의 국력이 약해지고 있기 때문인 측면도 있지만, 미국이 부도덕하기 때문인 측면도 있다. 이어지는 제2장에서부터 미국의 패권에 대한 동아시아 국가들의 도전을 살펴보기로 하자.

제2장

북·미 핵문제

한·중 두 민족은 일제를 패망으로 몰아넣는 데 결정적 기여를 했지만 전후의 동아시아 질서는 2방의 원폭을 투하한 미국에 의해 주도되었다. 미국은 패전국 일본을 동맹국으로 끌어들인 뒤 남한·일본·대만·오키나와·필리핀에 대륙을 겨냥할 핵기지를 구축했다. 이처럼 미국이 동아시아 해양세력에 대한 패권을 토대로 역내 국제질서를 주도할 수 있었던 핵심적 원동력은 바로 핵우산이다. 하지만 미국의 핵우산 정책은 동아시아 대륙세력의 반발을 초래할 수밖에 없었다. 중국이 단독으로 핵무장에 나서고, 북한마저 1980년대 핵개발에 성공한 것은 핵우산에 기초한 미국의 패권정책이 낳은 필연적 결과였다.

1. 미국의 핵우산과 북한의 핵개발

미국의 핵우산은 크게 2가지 측면에서 동아시아에 부정적 영향을 끼쳤다.

먼저, 미국의 핵무기는 동아시아 국제질서를 왜곡시켰다. 일본을 물리치는 데는 미국뿐만 아니라 한국·중국도 크게 기여했다. 하지만 핵무기로 인해 미국의 영향력이 과도하게 평가됨에 따라 미국이 승리의 열매를 거의 독식하고, 한국·중국은 도리어 분단된 채 패전국 일본이 미국의 비호 하에 부활하는 비상식적인 반전이 나타났다.

다음으로, 미국의 핵무기는 동아시아에 핵위협을 가중시켰다. 미국은 히로시마·나가사키에 핵무기를 투하했을 뿐만 아니라 한국전쟁 기간 중에도 최소 3회 이상 핵공격 계획을 고려하거나 시사한 적이 있다.

첫 번째로 북한군이 부산을 포위한 1950년 8월경 미군은 북한군을 상대로 핵무기를 투하할 계획을 세우고 구체적인 준비작업에 착수했다. 해리 미들턴의 《한국전쟁 간사》The Compact History of the Korean War에 따르면, 당시 미국 전략공군 부사령관인 토마스 파워 장군은 "나는 원폭 투하를 위해서 전략공군 부대를 대기시키라는 명령을 받았다"고 증언했다. 이 작업이 취소된 것은 '핵 투하로 인해 미군도 피해를 입을 것'이라는 우려와 '조만간 미군이 증파되면 핵무기를 사용하지 않더라도 전세를 역전시킬 수 있을 것'이라는 기대감이 작용했기 때문이다.

두 번째로 1950년 9월 인천상륙작전에서 승리한 미군이 1950년 11월 청천강전투에서 북한군에 대패하면서 승리의 가능성이 줄어들자 조급해진 미국의 해리 트루먼 대통령은 1950년 11월 30일 기자회견을 통해 "핵무기 사용이 검토될 수 있다"고 경고했다. 하지만 이 계획은 캐나다·영국 등 국제사회의 반발 때문에 무산되었고, 제안자인 더글라스 맥아더 장군은 이듬해 4월 11일 해임되고 말았다.

세 번째로 미국은 북한이 휴전협상을 의도적으로 지연시키며 미군에 피해를 가중시키자 이에 대한 보복으로 핵공격을 고려한 적이 있다. 유엔군 총사령관 마크 클라크가 만주와 북한에 대한 원폭 투하를 요청하자, 1952년 12월 대통령 당선자 아이젠하워는 "조기 휴전을 위해서는 핵무기 사용도 불사하겠다"는 입장을 밝힌 바 있다. 이에 따라 1953년 봄 핵탄두 장착 미사일을 오키나와에 배치했으나, 1953년 7월 27일 휴전협정 체결로 세 번째 핵공격 계획 역시 무산되고 말았다.

핵을 통해 동아시아 패권 질서를 뒤흔든 북한

미국의 핵무기로 인한 핵위협의 가중은 한국전쟁 기간에만 나타난 게 아니다. 앞서 설명한 바와 같이 역내 곳곳에 미제 핵무기가 배치됨에 따라 동아시아는 '핵 지뢰밭'이 되고 말았다. 이처럼 미국이 핵무기를 앞세워 영향력을 강화하자 동아시아에서는 이에 대한 반작용이 나타날 수밖에 없었다. 미국의 핵우산 하에 있는 국가들은 굳이 독자적 핵무장을 추진할 필요가 없었지만 그런 보호를 받지 못하는 중국과 북한은 독자적 핵무장에 나서지 않으면 안 되었다. 북한이 핵무기 개발에 착수한 것은 바로 이 때문이었다.

미국·일본 등지에서 '김정일의 비공식 대변인'으로 통하는 김명철이 집필한 《김정일 한의 핵전략》[31]에 따르면, 북한의 핵개발 역사는 한국전쟁 휴전 3년 뒤인 1956년으로 소급된다. 30명의 북한 핵물리학자들이 소련으로 유학을 떠난 이 해에 북한 영변에는 방사과학연구소가 설립되었다. 이로부터 27년 만인 1983년 평안북도 평산에 우라늄정련소가 완공되고 북한의 핵개발도 완료되었다. 그리고 1985년부터는 핵무기 생산에 돌입했다. 북한의 핵무기 개발은 1985년에 이미 완료된 것이다. 핵무기 개발을 주도적으로 지휘한 김정일은 그것을 바탕으로 군부에 대한 장악력을 높였다. 군복무 경험이 전혀 없는 김정일이 군부를 장악할 수 있었던 것은 단순히 아버지의 후광 때문이 아니라 핵무기 개발을 직접 진두지휘했기 때문이다.

---

31 김명철 지음, 김종성 옮김, 《김정일 한의 핵전략》, 동북아, 2005

그런데 핵개발을 끝낸 북한은 곧바로 핵실험을 하지 않았다. 북한은 핵무기라는 카드를 국제질서 재편과 연관해 조심스럽고 단계적으로 활용했다. 중국이 핵실험을 한 1960년대와 달리 북한이 핵무기 개발에 성공한 1980년대 중반은 미국의 패권이 훨씬 더 약해진 때였다. 그래서 북한은 핵무기를 단순한 군사용이 아니라 그 이상의 것으로 활용하고자 했다. '그 이상의 것'이란, 미국의 패권이 약화되는 틈을 타서 한반도를 통일하고 나아가 포스트 미국 시대의 패권을 도모하는 것이었다. 핵무기를 통해 동아시아 질서를 개변하고자 한 것이다.

북한이 새로운 국제질서의 수립을 목적으로 핵무기를 활용하고 있다는 점은 북한이 북미관계 개선을 위한 수단으로 핵문제를 활용하고, 미국의 동아시아 지배수단인 핵우산 정책에 대해 근본적인 물음을 제기하고 있는 데서 확인할 수 있다. 일찍 끝내려면 끝낼 수도 있는 문제를 이처럼 오래도록 질질 끄는 것은 그 같은 전략이 있기 때문이다. 그 전략을 한마디로 정리하면 핵무기를 발판으로 통일을 성취하고 차기 동아시아 패권을 확보하겠다는 것이다.

핵무기를 발판으로 통일을 성취하는 것은 그렇다 치더라도 북한이 이를 발판으로 차기 동아시아 패권까지 꿈꾼다는 것은 좀 지나친 상상이 아닐까? 그런 생각이 들 수 있다. 경제적 곤경에 처한 북한이 차기 패권을 꿈꾼다는 게 어딘가 어색하게 보일 수도 있다. 하지만 역사의 발전법칙이라는 관점에서 보면 그것은 결코 어색하지 않다. 새로운 국제질서의 패권이 기존의 이류 국가들에 의해 장악된 역사적 사례들이 매우 많다. 세계를 경악케 한 몽골제국은 중원을 점령하기 이전에는 변변찮은 일개 유목민족에 불과했다. 러일전쟁 이후 서양과 더불어 동아시아 패권을 장악한 일본은 얼마 전까지만 해도 한국과 중국의 무시를 받던 변방에 불과했다. 제2차 대전 이후 세계 최강으로 등극한 미국 역시 그 전에는 신대륙의 이류 국가에 불과했다.

이류 국가들이 차기 국제질서의 패권국으로 떠오르는 예가 많은 것은 국제 질서의 과도기에는 단순히 정치권력만 이동하는 게 아니라 인적·물적 자원도 함께 이동하기 때문이다. 과도기에 급격하게 이동하는 이런 자원들을 가장 효과적으로 장악하는 쪽이 새로운 패권국가가 되는 것이다. 이 점에 있어서는 기존의 주류국가나 비주류국가나 별로 차이가 없다. 일류국가가 갖는 프리미엄이란 것은 기존의 국제질서를 전제로 한 것이다. 국제질서가 바뀌는 과도기에는 그런 프리미엄도 무용지물이 되기 쉽다. 《역사란 무엇인가》에서 이에치 카아E. H. Carr는 "한 시대에 문명의 발전에 주도적 역할을 담당한 집단(계급·국가·대륙·문명)은 다음 시대에 유사한 역할을 수행하기 힘들다. 왜냐하면 그 집단은 이전 시대의 전통·이해관계·이념에 너무 흠뻑 젖어 있어서 다음 시대의 요구나 조건에 적응할 수 없기 때문"이라고 말했다. 이 같은 역사의 발전법칙을 고려할 때, 지금 당장 곤궁한 북한이 핵무기를 발판으로 한반도 통일을 성취하고 나아가 차기 국제질서까지 노린다 해도 이는 전혀 어색하지 않은 것이다. 북한보다 더 많은 가능성을 갖고 있는 한국이 차기 패권을 꿈꾸기는커녕 당장 한치 앞도 내다보지 못한 채 주변국들에게 이리저리 끌려 다니는 것이 오히려 더 이상한 일이다.

북한이 단순히 핵보유국으로 인정을 받는 선에서 그치지 않고 국제질서의 재편까지 노리고 있다는 점을 고려할 때, 한국도 핵문제에 대해 좀 더 큰 관점을 가질 필요가 있다는 점을 강조하지 않을 수 없다. 북한의 핵이 노리는 최종 표적이 미국의 동아시아 패권에 있다는 점을 고려하지 않으면 안 되는 것이다. 북한이 큰 목표를 갖고 핵문제에 임하고 있다는 점은 한국 역시 큰 시야를 갖고 이 문제에 임해야 함을 촉구하는 것이다.

2. 제1차 핵위기와 제네바합의

1985년부터 은밀하게 핵무기 생산 시스템을 가동한 북한은 그해 12월 12일 핵확산금지조약NPT에 가입했다. 이것은 매우 흥미로운 일이다. 가입 이후 북한이 취한 일련의 행동에서 잘 나타나듯 북한은 처음부터 NPT의 지시를 제대로 따를 의사가 없었다. 그런데도 불구하고 NPT에 가입했다면 여기에는 어떤 계산이 깔려 있었다고 보아야 한다.

비록 소련의 권유를 받는 형식으로 가입하기는 했지만 이것만으로는 북한의 가입 동기를 충분히 설명할 수 없다. 북한이 자국 영해를 침범한 미국 간첩선을 나포한 사건인 푸에블로호 사건(1968년)에서 잘 나타나듯 북한은 자국의 주권과 위신이 걸린 사안에서는 소련 같은 강대국의 권유도 쉽게 무시하곤 한다.[32] 그런 북한이 소련의 압력 때문에 NPT에 가입했다고는 볼 수 없다. 또 북한이 NPT에 가입할 당시 핵보유국인 중국도 미가입 상태에 있었기 때문에 북한이 끝까지 가입을 거부하면 누구도 북한에게 그것을 강제할 수 없었다. 그러므로 북한의 NPT 가입은 북한의 자의에 의한 것이었다고 보아

---

32 푸에블로호 및 선원들을 돌려받기 위해 미국은 25척의 군함으로 구성된 제77기동함대를 원산만 앞바다에 배치하는 한편 소련·유고·루마니아를 동원해 북한을 압박했다. 북한은 "영해침범을 시인하고 이를 사과하라"고 요구했지만, 미국은 군사적·외교적 압력을 통해 북한의 굴복을 유도하려 할 뿐이었다. 이 과정에서 북한은 같은 공산권 국가인 소련·유고·루마니아의 압력에도 끄덕하지 않았다. 모스크바 주재 북한대사는 소련 외무장관의 호출에도 응하지 않았다. 이를 괘씸히 여긴 소련 외무장관이 기사도 대동하지 않은 채 단독으로 차를 몰고 북한대사관을 찾아갔지만, 그를 맞이한 것은 북한대사가 아니라 최하위 외교관인 삼등서기관이었다. 소련 외무장관이 모스크바에서 북한 외교관들에게 문전박대를 당한 것이다. 유고 지도자 티토도 북한에게 "미국이 핵을 사용할 수도 있으니 미국의 요구를 당장 들어주는 게 좋겠다"고 충고했지만, 북한은 태도를 바꾸지 않았다. 결국 굴복한 것은 미국이었다. 푸에블로호 함장이 영해침범을 시인하는 것을 조건으로 북한은 선원들을 풀어주었다. 풀어준 것은 선원들뿐이었다. 그 후 북한은 푸에블로호 선박을 평양 시내의 대동강 강변에 띄워놓았다. 이 사건을 통해 북한은 자국의 주권 및 위신이 걸린 사안에서는 그 어떤 강대국의 압력에도 굴하지 않겠다는 의지를 명확히 천명했다.

야 한다.

　그렇다면 주권 침해의 소지가 있다 하여 중국은 물론 프랑스 같은 나라도 가입하지 않은 NPT에 순순히 가입한 북한의 속내는 무엇이었을까. 외세의 간섭을 철저히 배격하는 북한이 미국의 간섭을 자초할 가능성이 있는 NPT 가입을 순순히 수용한 진의는 무엇이었을까.

미국을 대화 테이블로 끌어낸 북한의 '수상한' 움직임

　NPT 가입 이후 북한 내부의 '의심스러운' 정황들이 서방세계에 속속 포착되기 시작했다. 북한이 핵무기를 생산하고 NPT에 가입한 이듬해인 1986년 미국·프랑스 정찰위성에 영변 핵시설이 처음으로 노출된 것이다. 적국에게 알릴 필요성이 있는 정보를 의도적으로 흘리는 것은 북한의 주특기다. 이후 미국의 신경을 자극할 만한 정황들이 계속해서 미국에 포착되었다. 1987년까지 60억 달러 상당의 우라늄 연석이 북한에서 소련으로 이동했다는 정보도 입수되었다. 영변 핵시설 인근에 있는 구룡천의 둑에서 핵폭탄 기폭 테스트로 추정되는 고성능 폭약 테스트가 실시되고 있다는 정보 역시 입수되었다. 이 외에도 미국에 입수된 북핵 관련 정보는 한두 가지가 아니다.

　북한의 '수상한' 움직임은 곧바로 미국의 반응을 일으켰다. 레이건 정부는 소련·중국·유럽 등을 상대로 북한에게 핵 관련 재료를 공급하지 말 것을 요청하는 한편, 1988년 10월 31일 북경에서 북한과 외교교섭을 가졌다. 북한의 핵활동이 북·미 접촉이라는 성과를 낳은 것이다. 북경 접촉 당시 미국은 북한에게 핵무기 개발을 포기하고 NPT 집행기관인 국제원자력기구IAEA의 사찰을 받으라고 요구했다. 이런 대가성 없는 요구를 북한이 수용할 리는 만무했다. 무조건적인 사찰을 받으라는 미국의 요구에 대해 북한은 당국자 발언이나 외무성 성명 혹은 노동신문 논설 등을 통해 5개 항의 요구조건을 내걸었다. 첫째는 팀스피리트 군사훈련을 중지하라는 것이고, 둘째는 남북한과 미국의 3자회담을 열라는 것이고, 셋째는 주한 핵무기를 철수하라는 것이고, 넷째는 주한미군을 철수하라는 것이며, 다섯째는 미국이 핵 불사용不使用을 약속하라는 것이었다. 이러한 조건들은 레이건 정부뿐만 아니라 아버지 부시 정부(1989~1993년) 시절에도 북한이 일관되게 요구한 것이었다.

5대 요구조건 중 일부가 미국에 의해 수용된 것은 아버지 부시 정부 때였다. 핵사찰 수용을 조건으로 미국이 북한의 요구조건 중 일부를 받아들인 것이다. 미국이 일부 요구조건을 수용한 때는 걸프전쟁에서 이라크를 상대로 승리를 거둔 이후였다. 승리를 거둔 미국이 그 여세를 몰아 북한에게 공세적 태도를 취하지 않고 도리어 북한의 요구를 부분적으로라도 들어준 이유는 어렵지 않게 파악할 수 있다. 걸프전쟁에서 승리를 거두기는 했지만 자국의 역량을 상당 부분 소진했기 때문이다. 게다가 아버지 부시 행정부는 사담 후세인 이라크 대통령을 상대로 전쟁에서는 승리를 거두었지만 정치에서는 그렇지 못했다. 전쟁의 승자인 아버지 부시는 재선에 실패했고, 패자인 사담 후세인은 여전히 정권을 지켰다. 그렇기 때문에 미국이 중동지역에 대한 영향력을 안정적으로 운용하자면 동아시아 같은 여타 지역에서 가급적 에너지를 아낄 필요가 있었다. 걸프전에서 승리를 거둔 아버지 부시 행정부가 북한과 타협하는 쪽을 선택한 것은 바로 그 때문이었다.

그럼 미국이 수용한 요구조건은 무엇이었을까? 그것은 5대 조건 중에서 첫째와 셋째였다. 팀스피리트 훈련을 중지하고, 주한 핵무기를 철수하는 것이었다. 이 같은 요구조건의 수용은 북·미 양국이 '선물'을 주고받는 과정에서 이루어졌다. 그 과정은 이러하다. 북·미 양측의 요구조건이 서로 간에 확인된 상태에서 북한은 1991년 7월 16일 IAEA와의 보장조치협정에 가조인하면서 "미국이 북한의 요구를 만족시키지 않으면 정식 조인을 하지 않겠다"

고 경고했다. 미국의 요구조건인 IAEA 사찰 수용을 부분적으로 들어주면서 자국의 요구조건을 재확인시켜 준 것이다. 이에 대해 2개월 뒤인 1991년 9월 27일 미국은 "한국에서 전술 핵무기를 철수하겠다"는 부시 대통령의 발표를 통해 북한의 요구조건 중 하나를 들어주었다. 이에 더해 1992년 1월 6일 부시 대통령이 팀스피리트 훈련의 중지를 발표하자 그에 대한 '답례'로 북한은 1992년 1월 30일 IAEA와의 보장조치협정에 정식 조인했다. 이와 같이 IAEA 의 사찰을 수용하는 과정에서 북한은 미국으로부터 전술 핵무기 철수 및 팀 스피리트 훈련 중지라는 2개의 약속을 얻어냈다. 그러나 팀스피리트 훈련 중 지는 눈으로 확인되었지만 주한 핵무기 철수는 아직까지 확인되지 않았다.

북한과 미국이 1991년 하반기부터 '선물'을 주고받는 과정에서 남북관계 에서도 의미 있는 변화들이 나타났다. 대표적인 것은 남북한 유엔 동시가입 (1991년 9월 18일)과 남북기본합의서 체결(1991년 12월 13일)이다. 미국의 용 인이 없으면 벌어질 수 없는 이런 일들이 한꺼번에 터진 것은 이 기간에 북한 에 대한 미국의 태도가 상당히 유화적이 되었음을 보여주는 것이다. 또 이것 은 남북관계가 북미관계에 종속되어 있음을 보여주는 것이다.

미국이 북한의 요구조건을 부분적으로 수용함에 따라 1992년 5월부터 북 한은 IAEA의 임시사찰을 받게 되었다. 그런데 북한이 두 곳의 핵시설을 신고 하지 않았다는 사실이 IAEA에 알려졌고, 이에 따라 1993년 2월 IAEA는 이를 이유로 북한에게 특별사찰의 수용을 요구했다. 하지만 임시사찰보다 한 단계 위인 특별사찰을 북한이 아무런 대가도 없이 수용할 리는 만무했다. 북한이 이 요구를 거절하고 1993년 3월 12일 NPT를 탈퇴함에 따라, 북·미 간에는 정면 대결의 양상이 나타나게 되었다. 문제의 제1차 북·미 핵위기가 발발한 것이다.

핵문제를 둘러싼 긴장과 교섭의 국면은 레이건 정권과 아버지 부시 정권

때에 조성되었지만 북·미 간의 정면충돌인 제1차 북·미 핵위기는 1993년 1월 20일 출범한 빌 클린턴 정권의 등장과 함께 막을 올렸다. 초반전은 미국의 공세 국면이었다. 빌 클린턴은 "북한이 IAEA의 특별사찰을 수용하지 않으면 미국은 선제공격도 불사하겠다"고 압박했다. 취임한 지 얼마 되지도 않은 민주당 출신의 빌 클린턴이 공화당 출신의 전임자들과 달리 강경태도를 취한 데는 그의 개인적 콤플렉스도 일정 정도 작용한 것으로 보인다. 군 경력이 없는 빌 클린턴은 강경한 대외정책을 구사하는 것이 자신의 이미지를 개선하는 데 도움이 되리라고 판단한 것이다. 빌 클린턴의 경고에도 불구하고 북한이 NPT를 탈퇴하자, 미국은 1993년 5월 11일 유엔 안보리 결의 제825호를 주도했다. 이 결의는 북한에게 NPT 탈퇴를 재고할 것을 촉구하는 것이었다. 국제적 연대를 통해 북한의 항복을 이끌어내려는 전략의 표현이었다.

그러나 한 달도 채 지나지 않아서 상황이 반전되었다. 미국이 태도를 바꾸어 북한과의 대화 테이블에 나선 것이다. 미국이 태도를 바꾼 데는 2발의 대륙간탄도미사일ICBM이 결정적 역할을 했다. 2001년 4월 27일자 AP 통신의 보도에 따르면, 1993년 5월 29일 2발의 ICBM이 일본열도를 통과해서 하와이와 괌의 미군기지 근처에 각각 떨어졌다. ICBM이 발사된 곳은 북한 땅이었다. 미사일이 떨어지고 나서 4일 뒤인 6월 2일 북한과 미국은 곧바로 고위급회담에 돌입했다. 미국으로서는 북한이 정말로 핵공격을 가할지도 모른다는 두려움을 가진 데다가 북한과의 충돌이 중동에서의 위기관리능력을 약화시킬지도 모른다는 우려를 갖지 않을 수 없었던 것이다. 이렇게 해서 1993년 6월 시작된 북·미 고위급회담은 1994년 10월 21일 북·미 제네바합의 체결로 이어졌다. 제1차 북·미 핵위기는 그렇게 봉합되었다.

불완전한 '봉합'으로 끝나버린 제네바합의

제1차 핵위기를 봉합한 제네바합의는 어떤 내용을 담고 있었을까? 어떤 문제점이 있었기에 제네바합의에도 불구하고 핵위기가 재발한 것일까?

제네바합의에서 가장 핵심적인 규정은 제1조다. 제1조에서는 북한이 흑연감속원자로(핵무기의 원료인 플루토늄을 얻는 데 가장 뛰어난 원자로)를 동결하는 대신 미국은 북한에 경수로[33] 2기와 중유(원유에서 휘발유·등유·경유 등을 뽑아낸 기름)를 지원하고, 미국이 경수로 제공을 완료하면 북한은 흑연감속원자로와 관련된 시설을 완전히 해체한다고 규정했다. 이에 따르면 핵문제 해결의 순서는 크게 3단계로 구분된다. ①제네바합의 직후 북한은 흑연감속원자로 가동을 중단한다. ②북한이 흑연감속원자로 가동을 중지하면 미국은 경수로 2기를 건설해주고 중유를 지원한다. ③경수로 2기의 건설이 완료되면 북한은 흑연감속원자로와 관련된 시설을 완전히 해체한다. 그러므로 일반적인 오해와 달리 제네바합의 직후 북한이 흑연감속원자로를 해체하는 것이 아니라 미국이 경수로 2기를 다 지어준 후 그것을 완전 해체하는 것이 합의의 요지였다.

제1조에 이어 제2조에서는 양국 간의 정치경제관계를 정상화할 것을 규정했고, 제3조에서는 한반도 비핵화를 위해 공동 노력을 기울일 것을 규정했으며, 제4조에서는 국제적 핵확산 금지를 위해 공동으로 노력할 것을 규정했다. 여기서 제2조는 핵 활동에 담긴 북한의 본질적 의도를 보여주고 있다. 제3조의 한반도 비핵화 규정은 훗날 6자회담 국면에서 북한에게 논리적 무기로

---

33 경수輕水를 감속재와 냉각재로 사용하는 원자로. 경수는 일반적인 물을 가리키는 말로서 중수重水의 반대 개념이다. 중수는 중수소와 산소의 결합 하에 만들어진 물로서, 보통의 물보다 무겁고 끓는점과 어는점이 높다. 감속재는 핵분열 반응의 속도를 조절하는 재료이고, 냉각재는 핵분열 반응으로 생기는 열을 제거하는 물질이다.

작용했다.

제네바합의는 북·미 간의 핵위기를 대화와 타협에 의해 일단 봉합했다는 점에서는 긍정적 의의를 갖지만 핵위기를 종결한 게 아니라 말 그대로 '봉합'한 것에 불과하다는 점에서는 비판을 받기에 충분한 것이었다. 제네바합의는 형식과 내용의 두 가지 측면에서 '불완전한 봉합'이었다.

첫째, 형식적 측면에서 볼 때 제네바합의는 정식 조약이 아니라 '합의의 틀' 혹은 '합의 대강'으로서 국제법적 구속력을 갖기 힘든 것이었다. 이 점은 제네바합의의 영문 명칭에서 드러난다. 이 합의의 영문 명칭은 'Agreed Framework Between the United States of America and the Democratic People's Republic of Korea' 로서, 한국어로 번역하면 '미합중국과 조선민주주의인민공화국 간의 합의의 틀Agreed Framework'이 된다. 정식 명칭에서 드러나듯이, 북한과 미국은 국제법적 효력을 갖는 정식 조약을 체결한 게 아니었다. '합의의 틀' 혹은 '합의 대강'으로 번역되는 애매모호한 형식의 약정을 맺은 것이다.

이렇게 된 데는 일차적으로 미국의 사정이 크게 작용했다. 북한의 핵시설을 완전히 해체시키기는커녕 자국의 경수로 및 중유 지원을 조건으로 흑연감속원자로를 '동결'시키는 수준에 그쳤기 때문에 미국으로서는 어떻게든 제네바합의의 의미를 축소시킬 필요가 있었다. 미국의 외교적 실패라고 볼 수 있는 합의를 조약 수준으로까지 격상시키기가 부담스러웠던 것이다. 한편 북한 입장에서도 미국으로부터 그 이상의 것을 얻어내기가 힘들었기 때문에 '합의의 틀'이라는 형식을 통해 사태를 적정 수준에서 마무리할 필요가 있었다.

둘째, 내용적 측면에서 볼 때 제네바합의는 어느 한쪽도 제대로 만족시키지 못하는 것이었다. 미국은 북한의 핵을 폐기시키고자 했지만 실제로는 경수로 2기와 중유 지원을 조건으로 흑연감속원자로를 동결시킨 것에 불과했다. 북한도 마찬가지였다. 북한은 한반도에서 미국의 대북 핵위협을 제거하고자 했지만 실제로는 "미국은 미국에 의한 핵무기의 위협이나 사용과 관련하여 북한에 대해 영속적인 보장을 제공한다"(제3조 제1항)는 추상적인 약속을 얻어냈을 뿐이다.

이처럼 제네바합의는 한반도 비핵화를 위한 실질적 진전을 거두지 못한 채 위기를 일시 봉합하는 데 그쳤다. 불완전한 봉합은 결국 제2차 핵위기를 낳는 요인이 되었다. 그러나 북한과 미국이 아무런 소득도 거두지 못한 것은 아니다. 북한의 입장에서는 제네바합의 이후의 소강국면을 활용하여 '고난의 행군'을 딛고 대외관계를 회복할 자체 충전의 기회를 가질 수 있었다. 미국의 입장에서는 제네바합의를 통해 동아시아 탈냉전의 확산을 일시 저지함으로써 역내 패권을 계속 유지할 수 있는 시간을 벌었다. 이런 점을 본다면 제1차 핵위기에서 아무 것도 얻지 못한 쪽은 한국·중국·일본·러시아였던 셈이다.

3. 제2차 핵위기와 6자회담

제2차 핵위기는 제1차와 유사한 조건에서 발생했다. 양자의 유사성은 다음과 같다.

첫째, 2차례의 핵위기는 모두 다 미국의 패권이 해체될 위험성이 있을 때 발생했다. 제1차 핵위기는 제2차 탈냉전의 와중에 미국의 지도력이 도전을 받는 가운데 발생했고, 제2차 핵위기는 제3차 동아시아 탈냉전과 2001년 9·11 테러로 인해 미국의 권위가 훼손된 상태에서 발생했다. 패권에 영향을 미치는 사건이 있을 때마다 핵위기가 번번이 발생했다는 것은 북·미 양쪽이 커다란 목표를 갖고 이 문제에 임하고 있음을 보여주는 것이다. 북한은 현존 국제질서의 막바지에 한반도 통일의 성취와 차기 동아시아 패권 장악의 기반을 닦아두기 위해 핵문제에 임하고 있고, 미국은 자국의 현존 패권이 해체되지 않도록 하기 위해 핵문제에 임하고 있는 것이다.

둘째, 2차례의 핵위기는 모두 다 탈냉전이 급속도로 진행되는 시점에서 발생했다. 제2차 탈냉전을 배경으로 벌어진 제1차 핵위기의 경우와 마찬가지로 제2차 핵위기의 발생 직전에도 동아시아에서는 제3차 탈냉전이 개시되었다. 2000년 4월 북·일 수교협상 개시와 2000년 6·15 남북공동선언 등이 그런 분위기를 보여준다. 1990년대 초반의 제2차 탈냉전 당시 냉전을 극복하지 못한 북일관계와 남북관계를 해결하기 위한 시도가 진행되던 때 핵위기가 터진 것이다. 잘 풀릴 것 같던 북일관계와 남북관계는 이로 인해 도로 냉각되고 말았다. 이로부터 알 수 있듯이 미국이 북한을 상대로 핵문제를 제기하는 데는 동아시아의 탈냉전을 저지하고 자국 중심의 구도를 보존하려는 의도가 깔려 있다.

미국의 패권 약화 국면마다 등장한 핵위기

제1차 때와 비슷한 조건에서 터져 나온 제2차 핵위기는 제임스 켈리 미국 대통령 특사의 평양 방문을 계기로 점화되었다. 2002년 10월 3~5일 북한을 방문한 제임스 켈리는 "북한이 고농축 우라늄HEU 핵프로그램의 존재를 시인했다"고 발표했다. 제네바합의를 통해 핵프로그램을 포기할 것 같은 인상을 준 북한이 고농축 우라늄 핵프로그램을 가동하고 있다는 사실은 북한에 대한 미국과 국제사회의 불신을 가중시키는 것이었다. 한편 고농축 우라늄 핵프로그램을 가동하지 않겠다고 명시적으로 말한 적이 없거니와 미국이 제네바합의 당시의 경수로 제공 약속을 이행하지 않았기 때문에 북한 입장에서도 미국은 믿을 수 없는 상대방이었다. 이처럼 서로 상대방을 신뢰할 수 없었기 때문에 양국이 제네바합의로부터 이탈하는 것은 지극히 당연한 일이었다. 제네바합의로 일시 봉합된 핵위기는 그렇게 해서 다시 터지게 되었다.

제1차와 마찬가지로 제2차 때도 일촉즉발의 상황으로 치달을 것만 같았다. 하지만 어느 한쪽도 내심으로는 전면 대결을 원치 않았기 때문에 양쪽의 외형적 공언과 달리 사태가 극단적으로 발전하지는 않았다. 제1차 당시 험악한 분위기를 연출하여 세계의 이목을 집중시킨 뒤 일정한 성과를 얻어내고 퇴장한 경험이 있는 북·미 양국은 제2차 때도 그와 유사한 행동패턴을 보였다. 이번에도 북·미 양국은 얼마간의 험악한 국면을 연출한 뒤 회담 국면으로 돌입했다.

제1차 때와 달라진 점이 있다면 북한이 미국과의 양자회담 구도를 확립하지 못했다는 점이다. 제2차 때의 회담 구도는 2003년 4월 23~25일의 북한·미국·중국 3자회담을 거쳐 2003년 8월 이후의 북한·미국·한국·중국·일본·러시아 6자회담으로 확정되었다. 제1차 핵위기 때는 북한과 미국이 1:1로 만났지만 제2차 때는 북한과 미국 쪽이 1:5로 만난 셈이다. 미국에 더 유리한 구도였다. 이렇게 해서 제2차 핵위기 국면은 6자회담을 축으로 전개되기 시작했다.

2003년 8월 제1차 회담으로부터 2008년 12월 수석대표 회동에 이르기까지 약 5년 4개월 동안 중국 북경에서 진행된 6자회담을 올바로 이해하려면 회담에 참여한 각국이 어떤 목표를 갖고 있었는지부터 파악할 필요가 있다.

먼저 핵위기의 핵심 당사자인 북한과 미국의 목표는 이러했다. 북한은 핵문제를 명분으로 대미관계를 개선함으로써 통일의 장애물을 제거하고 차기 동아시아 패권을 추구하겠다는 목표를 갖고 이 회담에 임했다. 미국은 핵문제 해결을 통해 북한을 자국의 영향권 하에 둠으로써 자국의 역내 지위를 공고히 하겠다는 목표를 갖고 이 회담에 임했다.

다음으로 한국은 핵위기의 증폭으로 인한 한반도 전쟁 발발의 가능성을 방지함으로써 한반도에 평화를 정착시키겠다는 목표를 가졌다. 대외적 영향력의 확장을 추구하기보다는 전쟁 방지를 추구한다는 점에서 한국은 6개국 중에서 가장 순수한 의도를 갖고 있는 나라라고 볼 수 있다.

이에 비해 여타 국가들은 자국의 영향력을 증대시키겠다는 기본 목표를 갖고 6자회담에 임했다. 중국은 핵위기를 통해 북한이나 미국의 영향력이 증대될 가능성을 차단하는 동시에 북한과 미국 사이의 중재활동을 통해 자국의 영향력을 점진적으로 제고하려는 목표를 가졌다. 일본은 핵위기를 통해 자국의 발언권을 높이는 한편, 이 기회에 납치문제를 함께 제기함으로써 자국 주도의 이슈를 부각시키려 했다. 핵문제와 함께 납치문제를 동시에 부각시켜 일본이 얻을 수 있는 것은 크게 2가지다. 하나는 미국의 대북 압박을 정당화하는 데 기여하는 것이고, 또 하나는 일본의 과거 범죄를 희석시키는 것이다. 북한에게 '납치범'이라는 오명을 씌우면 그런 북한을 압박하는 미국의 행위도 정당화되고, '일본은 그래도 북한보다는 낫다'는 이미지를 조성할 수 있다고 계산한 것이다. 마지막으로 러시아는 구소련 붕괴 이후 상실한 동아시아에서의 영향력을 회복하기 위해 핵문제를 활용한다는 목표를 갖고 6자회담에 임했다.

각국의 기본 목표를 통해 알 수 있는 바와 같이 한국을 뺀 나머지 국가들은 핵문제를 실질적으로 해결하는 데는 그다지 관심이 없다. 핵심 당사자인 북한과 미국은 물론 중국·일본·러시아 역시 자국의 영향력 증대에 일차적인 주안점을 두고 있다. 대부분의 참가국들이 핵문제 해결보다는 자국의 영향력 증대에 초점을 맞추었다는 점은 처음부터 6자회담이 큰 성과를 거두기 힘들었음을 의미하는 것이다.

미국의 압박에 맞서 핵보유 선언한 북한

6자회담에서는 그동안 어떤 성과가 도출되었을까? 주요 성과물로는 9·19

공동성명, 2·13 합의, 10·3합의를 들 수 있다. 그런데 2007년의 2·13 합의와 10·3 합의는 2005년의 9·19 공동성명을 구체화한 것이므로, 9·19 공동성명을 이해하는 것이 6자회담의 성과를 이해하는 길이 된다.

2005년 9월 13~19일 제4차 6자회담 2단계 회의의 결과물로서 발표된 9·19 공동성명의 요지는 크게 네 가지다. 첫째로 6자회담의 목표는 '한반도의 검증 가능한 비핵화'라는 것이고, 둘째로 6개국은 에너지·교역·투자 분야의 경제협력을 증진시킬 것을 약속한다는 것이고, 셋째로 6개국은 동북아의 항구적 평화와 안정을 위해 공동 노력할 것을 공약한다는 것이며, 넷째로 6개국은 단계적 방식으로 이 합의의 이행을 위해 상호 조율된 조치를 취할 것을 합의한다는 것이다.

둘째와 셋째는 추상적 언명에 불과하고, 첫째 것이 그나마 핵문제 해결과 연관되어 있다. 그러므로 제1조가 공동성명의 핵심이라 할 수 있다. 제1조에 제시된 한반도 비핵화 규정에 따르면 북한이 모든 핵무기와 현존 핵프로그램을 포기하는 대신 미국은 한반도 내에 미국의 핵무기가 부존재하며 북한을 공격할 의사가 없음을 확인한다고 했다. 한편 나머지 국가들은 북한의 평화적 핵이용권을 존중하며 적절한 시기에 경수로 제공문제를 논의하는 데 동의한다고 규정했다.

언뜻 보면 북한이 제1조를 통해 모든 핵무기의 포기를 약속한 것 같은 인상을 받을 수 있지만, 자세히 살펴보면 그 규정 속에 북한의 의도가 숨어 있음을 간파할 수 있다. 조문의 구성으로 볼 때, 북한의 핵포기와 그에 대한 미국의 의무는 상호 대가관계에 놓여 있다. 북한이 모든 핵무기를 포기하는 대신 미국은 한반도에 핵무기가 없다는 것과 북한을 공격할 의사가 없다는 것을 확인해야 한다. 미국이 주한 핵무기를 철수하는 것을 조건으로 북한도 핵무기를 완전히 포기하기로 한 것이다. 그러므로 북한은 "왜 약속대로 핵무기를 폐기하지 않느냐?"라는 미국의 항의에 대해 공동성명 제1조를 근거로 "미국도 한반도에 배치한 핵무기를 철수해야 하지 않느냐?"라는 반론을 제기할 수 있게 됐다. 9·19 공동성명 이후 아들 부시 정부(2001~2009년)는 북한의 핵포기 약속을 받아냈다며 고무되었지만, 북한은 자기 나름대로 공동성명 문구 안에 '미국이 핵무기를 철수하면 우리도 핵을 포기하겠다'고 말할 수 있는 근거를 마련해 놓은 셈이다. 미국이 '북한의 비핵화'를 목적으로 만들어놓은 6자회담이 결국 '북한과 미국의 비핵화'라는 원칙을 생산한 것이다.

참가국들이 핵문제 해결보다는 자국의 영향력 증대를 제1차적 목표로 삼은 데다가 북·미 간의 합의과정에서 북한에 유리한 문구가 삽입됨에 따라 6자회담은 원래의 목표인 핵문제 해결을 위한 실질적 성과는 거두지 못한 채 북한과 미국의 논리대결의 장으로 전락하고 말았다. 그리고 6자회담 과정에서 두드러진 현상은 북한이 이 무대를 활용하여 세계 여론의 주목을 끄는 한편 자국의 위상을 높이는 데에 성공했다는 점이다. 그 과정을 살펴보면 다음과 같다.

북한은 2004년 6월 제3차 6자회담 이후 8개월 만인 2005년 2월 10일 느닷없이 '핵보유 선언'을 발표했다. 2005년 9월에는 미국이 마카오 방코델타아시아은행BDA의 북한 계좌에 대한 제재조치를 통해 북한 경제에 타격을 입혔지만, 북한은 그에 굴하지 않고 2006년 7월 5일 장거리 미사일을 발사하여 세계를 또다시 놀라게 만들었다. 미사일 발사 이후 유엔 안보리 결의 제1695호(북한의 핵확산 행위에 대한 비난)와 금융제재가 북한을 압박했지만, 북한은 2006년 10월 9일 제1차 핵실험을 단행해 미국에 굽힐 뜻이 없음을 과시했다. 미국이 계속해서 금융제재를 가하자, 북한은 2007년의 2·13 합의 및 10·3 합의를 통해 핵폐기 가능성을 시사하면서 2008년 10월 11일 미국으로부터 테러지원국 지정해제라는 '선물'을 받아냈다. 하지만 북한은 자국의 미사일 발사 실험에 대한 미국의 비난을 이유로 2009년 3월 24일 외무성 담화를 통해 "6자회담은 더 이상 존재가치가 없다"면서 6자회담의 파탄을 공식 선언했다. 인공위성 및 미사일 발사실험을 통해 미국정부를 계속 압박한 북한은 2009년 5월 25일에는 제2차 핵실험을 단행하는 데 성공했다.

4. 핵문제의 향후 시나리오

'한반도 비핵화'를 요구하는 북한은 미국과 대등한 핵무장국이 되려 하고 있다. 이에 맞서 미국은 '북한 비핵화'를 목표로 북한의 핵포기를 성사시키려 하고 있다. 그러므로 양국의 기싸움은 상당 기간 지속될 수밖에 없다. 이러한 공방이 어떤 과정을 거쳐 어떤 결론에 이를 것인지 예측하기란 쉽지 않다. 하지만 그 과정과 결론은 크게 두 가지로 집약될 것이다. 하나는 북미 간에 협상이 깨지면서 전면적인 무력충돌로 가는 경우다. 또 하나는 북미 간에 대타협이 이루어져 평화적으로 문제가 해결되는 경우다. 두 가지 시나리오에 대해 좀 더 구체적으로 살펴보자.

제1시나리오–무력에 의한 해결

제1시나리오는 2개의 경우로 나누어진다. 하나는 미국의 선제공격으로 전쟁이 개시되는 경우(제1-1시나리오)이고, 또 하나는 북한의 선제공격으로 전쟁이 개시되는 경우(제1-2시나리오)다.

제1-1시나리오가 실현되려면 미국이 사전에 중동문제를 해결해야 하며, 선제공격을 하더라도 제한전쟁을 전개할 수밖에 없다는 한계가 뒤따른다. 미국이 제한전쟁을 펼 수밖에 없는 것은 북미전쟁의 불똥이 한국·중국·일본·러시아로 확산될 경우 자칫 세계대전으로 비화될 수 있기 때문이다. 미국이 중동문제를 해결하지도 못한 상태에서 북한과 전쟁을 벌이는 것은 현실적으로 쉽지 않은 일이므로 이 시나리오가 조만간 구체화될 가능성은 그리 크지 않다.

제1-2시나리오가 실현되려면 미국이 이란·이라크 문제에 더욱 더 매달려야 한다는 전제가 수반되며, 북한이 미국을 상대로 선제공격을 하더라도 단기전에 승부를 걸 수밖에 없다는 한계가 뒤따른다. 단기전에 승부를 걸 수밖에 없는 것은 두말할 나위 없이 북한의 경제사정 때문이다. 미국이 향후 중동문제에 더욱 더 매달릴 가능성은 있지만 북한이 미국을 상대로 속전속결로 승리를 거둘 수 있는 가능성은 높지 않기 때문에 북한 지도부가 이 카드를 뽑아들 가능성은 별로 없다.

이와 같이 제1-1 및 제1-2시나리오가 실현될 가능성은 비교적 낮다. 전쟁 가능성이 아주 없는 것은 아니지만 상식적인 정치지도자라면 지금 같은 상황에서 북한을 상대로 혹은 미국을 상대로 전쟁을 일으키려 하지는 않을 것이다.

설령 그렇더라도 실제로 전쟁이 발발해서 미국 혹은 북한의 승리로 종결될 경우 그 이후의 상황은 어떻게 될까? 북미전쟁이 미국의 승리로 끝날 경우에는 미국이 단독으로 북한을 점령하거나 혹은 중국·일본·러시아 등과 함께 북한을 공동 점령할 가능성이 있다. 이 경우 한민족의 이익이 침해될 뿐만 아니라 한반도 평화에도 도움이 되지 않는다. 북한 지역에 대한 지배권을 놓고 열강 간의 다툼이 첨예화될 것이기 때문이다. 한편 북미전쟁이 북한의 승리로 끝날 경우 미국의 동아시아 패권은 물론 세계 패권까지 붕괴될 가능성이 크며, 동아시아에서 차기 지역패권을 놓고 혼전 양상이 벌어질 공산이 크다. 그러나 이 경우 한반도와 동아시아의 미래가 매우 불확실해질 뿐만 아니라 북한이 중국·일본·러시아를 상대로 예측불허의 대결을 벌일 것이라는 점에서 한반도의 평화를 위해서는 결코 바람직하지 않다고 볼 수 있다.

제2시나리오-평화에 의한 해결

　무력에 의한 해결로 나아가는 제1시나리오와 달리 제2시나리오는 평화적 방법에 의한 해결을 지향한다. 이 시나리오는 2가지로 세분된다. 하나는 북한이 공식적으로 핵을 포기하는 경우(제2-1시나리오)이고, 또 하나는 북한이 공식적인 핵보유국이 되는 경우(제2-2시나리오)다.

　제2-1시나리오가 실현되려면 북한이 공개 핵시설에서만 핵포기를 진행한다는 점에 대해 미국이 양해를 해야 한다는 전제가 따른다. 왜냐하면 향후 어떤 경우에도 북한이 핵을 실제로 포기하지는 않을 것이기 때문이다. 1956년 이후 국력의 상당 부분을 핵개발에 투자한 북한이 이를 포기한다는 것은 상상할 수 없는 일일 뿐만 아니라, 핵을 덜컥 폐기해버리면 미국이 하루아침에 태도를 바꿀 수도 있기 때문이다. 또 핵개발을 주도하면서 군부를 장악한 김정일에게 핵은 그야말로 권력의 원천이다. 지금 상태에서 핵을 포기한다는 것은 김정일 스스로 권력기반을 포기하는 것과 별반 다를 바 없다. 그러므로 북한은 설령 핵시설을 폐기한다 하더라도 기존에 공개된 일부 시설에 대해서만 그렇게 할 가능성이 높다. 그리고 이 과정에서 미국과 모종의 밀약을 체결할 가능성도 배제할 수 없다. 따라서 북한의 공식적 핵포기는 실질적 핵포기와는 다른 것이다.

　북한이 핵을 공식적으로 포기할 경우 외형상으로는 미국의 승리가 될 것이다. 이 경우에는 크게 네 가지의 결과가 이어질 것이다. 첫째, 북·미 간에 전략적 제휴관계가 성립할 것이다. 북한과 미국은 평화협정을 체결할 것이고, 미국의 대북 경제제재도 해제될 것이다. 둘째, 미국은 한국과의 동맹관계를 일정 정도 약화시키면서 남·북 등거리 외교를 구사할 것이다. 제1차 탈냉전 때 미국이 중국과의 수교를 위해 대만과 단교한 데서 미국의 행동패턴을 이해할 수 있다. 셋째, 북한은 미국과의 제휴관계를 앞세워 한반도 통일을 주도하려 할 것이다. '통일의 장애물은 미국과의 적대적 관계'라는 인식을 갖고 있는 북한으로서는 대미관계만 정상화되면 신속히 통일운동에 나설 것이다. 넷째, 동아시아가 안정됨에 따라 미국은 중동문제에 더 많은 역량을 기울일 수 있게 될 것이다. 이에 따라 미국의 세계패권도 공고해질 것이다. 물론 이런 상태가 항구적으로 이어지지는 않을 것이다.

이처럼 북한이 핵을 공식적으로 포기할 경우 한반도 평화가 가장 용이하게 달성될 수 있다. 전쟁이나 대결을 거치지 않고 핵문제를 해결할 수 있는 방법은 현실적으로 제2-1시나리오뿐이다. 단, 이 경우에는 북미관계를 배경으로 북한이 통일을 주도하려 할 것이기 때문에 통일 국면에서 남북 간의 경쟁이 격화될 위험성을 배제할 수 없다.

마지막인 제2-2시나리오가 실현되려면 제1-2시나리오와 마찬가지로 중동문제의 악화로 미국이 동아시아에 더 이상 관심을 기울일 수 없는 환경이 조성되어야 한다. 미국의 힘이 여러 곳에 더욱 더 분산될 때에만 북한은 보다 더 용이하게 핵보유국의 위상을 공고히 할 수 있다. 이렇게 북한이 핵보유국의 위상을 굳힌 상태에서 북·미 핵위기가 종결되면 이는 누가 보더라도 명백히 북한의 승리가 될 것이다. 이렇게 되면 미국의 동아시아 패권은 사실상 종결되고 말 것이다. 그렇게 말할 수 있는 근거는 무엇인가? 1990년대 초반의 제2차 탈냉전 때 미국은 북한 핵문제를 빌미로 동아시아 탈냉전을 억제했다. 북한의 핵무장을 막아야 한다는 명분 하에 한국·일본을 신냉전 속에 가둔 것이다. 그런데 북한이 핵보유국의 위상을 굳히게 되면 미국이 핵우산을 앞세워 한국·일본을 단속할 명분과 권위가 더 이상 없어지게 된다. 미국의 무능도 객관적으로 드러난다. 이는 미국의 패권이 사실상 종결됨을 의미하는 것이다.

제2-2시나리오가 구체화되면 네 가지 결과가 발생할 가능성이 있다. 첫째, 미국 패권의 종결로 동아시아에 권력의 진공상태가 발생할 가능성이 높다.

둘째, 중국과 일본이 차기 패권을 향해 본격적인 도전을 벌일 가능성이 높다. 셋째, 북한이 핵보유국이 되고 미국의 역내 패권이 소멸되면 미국의 핵우산 아래에 있던 한국·일본·대만이 독자적 핵무장에 나설 가능성이 높다. 이 경우 동아시아는 경제발전에 투입할 역량을 핵무장 경쟁에 소모하게 될 것이다. 넷째, '경찰' 미국이 나가게 되면 역내 분쟁을 중재할 수 있는 힘이 사라지게 되어 한반도 주변상황이 더욱 더 악화될 가능성이 높다.

제3장

북·일 납치문제

북·일 납치문제는 그 자체가 독자적으로 기능하는 독립적 쟁점이라기보다는 북·미 핵문제와 고도의 연관성을 가지면서 이와 함께 연동하는 쟁점이다. 핵문제와 연관되지 않았다면 소수의 실종자에 관한 문제가 동아시아의 핵심 쟁점으로 부각되기는 힘들었을 것이다. 북·미 핵문제에 이어서 이 문제를 살펴보는 것은 두 사안이 상호 연관성을 갖고 있다는 판단에서다. 납치문제의 경과과정을 먼저 정리한 다음 이 문제와 핵문제의 상호 연관성을 규명하고 나아가 납치문제의 향후 전망을 예측해 보기로 하자.

1. 납치문제의 경과과정

북·일 납치문제라는 것은 1977년부터 1983년까지 일본 국내외에서 행방불명된 뒤 입북한 혹은 납북된 것으로 추정되는 일본인들의 신병인도 문제를 놓고 북·일 간에 전개되는 외교분쟁을 말한다. 일본인들이 입국한 혹은 납북된 장소는 요코다 메구미 사건(1977년 11월 15일)처럼 일본 영토인 경우가 대부분이지만 아리모토 게이코 사건(1983년 7월경)처럼 유럽인 경우도 있다.

여기서 '입북'과 '납북'이란 표현을 병용한 것은 '일본인이 북한에 들어간 원인'과 관련하여 북·일 양쪽의 주장이 서로 엇갈리기 때문이다. 북한은 "본인들이 스스로 입국한 것"이라고 주장하고, 일본은 "북한 공작원 등에 의해 강제로 납치된 것"이라고 주장하고 있다. 이하의 글에서는, 한국에서의 일반적인 용례에 따라 편의상 '납북'이란 표현을 일관되게 사용하겠다. 또 납북자의 숫자를 놓고도 양측의 주장이 서로 대립하고 있다. 일본은 17명이 납북되었다고 주장하는 데에 비해 북한에서는 그 숫자가 13명이라고 주장하고 있다. 이처럼 북·일 납치문제는 문제의 실체에서부터 양측의 인식이 아직 제대로 정립되지 않은 사안이다.

행방불명된 일본인들이 북한으로 납치되었을 가능성은 일본 당국의 수사나 탈북 공작원들의 증언에 의해 일찍부터 제기되었다. 북한이 대일 공작원들에게 일본 문화를 가르치기 위해 일본인들을 납치한다는 의혹이 제기된 것이다. 그래서 제2차 탈냉전을 계기로 북한과의 대화 채널이 열린 1991년 이후 일본정부는 기회 있을 때마다 이 문제의 해결을 북한에 촉구했다. 1993년 제1차 핵위기 이후 북일관계가 단절된 동안에도 일본에서는 끊임없이 납치문제를 쟁점으로 부각시켰다. 예컨대 1997년 일본에서는 '북한에 의한 납치 피해자 가족연락회'가 주도하는 서명운동이 전개되기도 했다. 하지만 북한은 사건의 존재 자체를 부정했다.

납치 사실 인정한 북한의 외교적 패착

문제 해결의 돌파구가 된 것은 2002년 9월 17일 고이즈미 준이치로 일본 총리의 북한 방문이었다. 납치문제를 마무리하고 북일수교의 돌파구를 뚫을 필요가 있다는 대일 외교라인의 설득을 수용한 김정일이 일본인 납북의 존재를 인정해주기로 함으로써 문제 해결을 위한 돌파구가 뚫린 것이다. 2009년

3월 북·중 국경을 넘었다가 북한에 구금된 미국 여기자들이 같은 해 8월 빌 클린턴 전 미국 대통령의 방북을 계기로 김정일의 결단에 의해 전격 석방된 사례에서도 드러나듯이, 2002년의 납치문제 시인은 사안의 진실 여하를 떠나 김정일의 '결단'에 크게 의존하는 북한의 대외관계를 반영하는 사례라고 할 수 있다.

그러나 북한이 납치 사실을 인정한 것은 외교적 패착이었다. 이것은 북일 관계를 개선하기보다는 도리어 일본의 전략에 휘말리는 결과를 초래했다. 김 정일이 납치 사실을 인정한 것은 진실 여하를 떠나 '북일관계를 재개하고 일 본과의 경제협력을 빨리 관철해야 한다'는 조급증에 따른 것이었다. 인접한 나라와의 국교파탄 상태가 오래 지속되면 경제·외교·안보적인 국익 손실이 누적되기 마련이다. 더욱이 북한처럼 국제적으로 고립되어 있는 나라의 경우 이웃나라와의 관계를 정상화하는 것이 고립으로 인한 손실을 최소화하는 길 이다. 게다가 한·미·일 동맹 때문에 바다로 나가는 데 제약을 받고 있는 북 한으로서는 어떻게든 북일관계를 정상화하지 않으면 안 된다. 북한 경제에서 큰 비중을 차지하는 재일동포들과의 교류를 위해서라도 그것은 긴요한 일이 아닐 수 없다. 이런 데서 기인한 조급증이 대일관계의 패착을 초래한 요인 중 하나였음을 부정할 수 없다.

대일관계에 관한 북한의 행동패턴을 보면 무모한 행동을 저질러 관계를 악 화시키기보다는 어떻게 해서든 관계를 개선하려는 의지를 엿볼 수 있다. 표 면상으로는 일본에게 큰소리를 내는 것 같지만 1948년 이래 북한은 대일관계 개선에 대해 상당히 적극적이다. 미국에 더해 일본마저 한국을 편드는 상황 속에서 북한은 어떻게든지 일본을 자기편으로 끌어들이지 않으면 안 되었다. 게다가 일본에는 북한의 자금줄인 조총련(재일본조선인총연합회)이 있기 때문 에 북한으로서는 대일관계를 우호적으로 이끌어나가지 않을 수 없었다. 이에 더해 해방 직후 친일청산을 끝냈다는 점도 북한이 홀가분하게 대일관계에 나설 수 있도록 만든 요인이다.

북한의 적극적 태도가 결실을 맺은 적도 있다. 1956년 3월에는 민간기구인 북일무역회가 결성되었고, 1961년 4월에는 일본정부가 북한과의 직접교역을 승인하였으며, 1963년 2월에는 일본 가루이자와에서 열린 세계 스피드 스케이팅 선수권대회에 북한 대표단이 참가했다. 북한이 대일관계를 훼손하지 않으려 한다는 점은 2002년 북일평양선언에서도 잘 드러난다. 김정일-고이즈미 정상회담 후에 채택된 북일평양선언 제2조에 다음과 같은 규정이 있다. 이해의 편의를 위해, 문화어(북한의 표준어)로 쓰인 문구를 한국 표준어로 바꾸었음을 밝힌다.

쌍방은 국교정상화를 실현하는 데에 있어서 1945년 8월 15일 이전에 발생한 이유에 기초한 두 나라 및 두 나라 국민의 모든 재산 및 청구권을 상호 포기하는 기본원칙에 따라 국교정상화회담에서 이에 대하여 구체적으로 협의하기로 하였다.

이 규정은 북한이 일본에 대한 식민지 손해배상청구권을 포기했다는 점에서 중요한 의미를 갖는다. 그만큼 북한에게는 수교가 절박했던 것이다. 관계정상화에 대한 북한의 열의를 보여주는 대목이다.

북한의 대미전략이 냉철하고 과학적인 것과 비교해보면 북한의 대일전략은 어찌 보면 '대일 짝사랑'이라고도 볼 수 있다. 수교의 실현이라는 목표에만 치중한 나머지 진실 여하에 관계없이 불리한 사실을 인정했다는 점에서 2002년 북·일 정상회담은 북한의 외교적 실패라고 평가할 수 있다. 이는 북한 외교의 역량이 주로 대미관계에 투입된 데 따른 불가피한 결과라고도 볼 수 있다. 이 같은 북한의 대일외교는 결국 일본의 외교적 역공을 초래했다.

처음부터 잘못된 전략에 기초해서 대일관계에 나섰기 때문에 납치문제에서 북한은 얻은 것보다 잃은 것이 더 많았다. 북한이 2002년 10월 15일 생존자 5명을 송환한 데 이어 2004년 5월과 7월 생존자의 가족들까지 송환했음에도 불구하고, 일본은 "나머지 납북자들도 모두 돌려보내라"고 끊임없이 요구하면서 북한의 도덕성을 깎아내렸다. "나머지 사람들은 이미 모두 사망했기 때문에 신병을 송환할 수 없다"는 북한의 답변은 일본에 의해 무시되었다. 일본의 요구에 밀린 북한이 2004년 11월 납북자 요코다 메구미의 유골을 일본에 송환했지만, 일본은 이번에는 "북한이 가짜 유골을 보냈다"면서 "살아 있는 요코다 메구미를 돌려보내라"며 대북 압박을 강화했다.

'가짜 유골' 주장 속에 깔린 일본의 의도

일본의 주장이 허위였다는 점은 영국 과학잡지 《네이처》의 보도에서 잘 확인된다. 2005년 2월 15일호 《네이처》와의 인터뷰에서, 유골 감정을 담당한 일본 데이쿄대학 요시이 도미오 강사는 "유골이 가짜라는 일본의 감정 결과는 과학적으로 확정된 것이 아니다"라며 일본의 주장이 허위일 가능성을 시사했다. 3월 17일호 《네이처》는 〈정치와 진실〉이라는 사설에서 "일본정부의 감정 결과는 과학이 정치에 의해 왜곡당한 것"이라고 규정하면서 정치논리 때문에 과학적 진실을 외면하지 말 것을 일본정부에 촉구했다.

이 과정에서 나타난 일본의 대응이 매우 흥미롭다. 《네이처》의 기사가 두 번이나 나간 뒤인 3월 25일 일본 경시청이 요시이 도미오를 과학수사연구소 법의法醫과장으로 특채한 것이다. 일본 경찰이 외부 인사를 관리직으로 초빙한 것은 극히 이례적이라는 평가 속에 이 특채는 요시이 도미오가 더 이상의 충격 발언을 쏟아내지 않도록 하기 위한 입막음용이라는 분석이 제기되었다. 이런 정황들을 보면 일본의 주장이 허위일 가능성에 무게를 싣지 않을 수 없다.

그런데 북한의 주장이 사실이라 하더라도 그것을 입증할 수 있는 방법이 현실적으로 없다. "유골이 가짜라면 도로 돌려보내라"고 북한이 요구했지만 일본이 그런 요구에 응할 가능성은 거의 없다. 유골이 이미 일본의 수중에 들어간 데다가 일본의 감정 결과가 거짓이라는 의혹까지 제기된 마당에, 일본이 요코다 메구미의 유골을 북한에 반환할 리가 없기 때문이다. 유골이 진짜라고 판명될 경우 자신들의 도덕성이 붕괴되어 납치문제가 일거에 종결될 것이기 때문이다. 처음부터 제3국이나 중립적 기관에 유골을 맡기지 않은 것은 북한의 실수였다.

흥미로운 것은 가짜 유골 사건에서도 북한의 대일 외교라인이 조급증을 표출했다는 점이다. 사전에 양해된 내용에 따라 김정일이 납북 사실을 인정하고 5명의 생존자들을 송환한 뒤에도 일본이 생존자 송환 요구를 되풀이하고 그런 상황에서 북한이 요코다 메구미의 유골을 제공했다가 '뒤통수'를 얻어맞은 것은, 북일수교에 집착한 대일 외교라인의 조급증이 빚어낸 실수인 것이다.

이를 계기로 북한 지도부가 확신한 것은 일본이 납치문제 해결에 대해 진정성이 없을 뿐만 아니라 북미관계를 해결하기 전에는 북일관계도 해결할 수 없다는 점이다. 미국과의 관계가 개선되지 않은 상태에서 미국의 영향력 하에 있는 일본과의 관계를 개선하는 것은 현실적으로 불가능한 일이라는 판단에 도달한 것이다. 그래서 그 이후로 북한은 북일관계를 성급하게 해결하려 하기보다는 북일관계를 북미관계에 맞추면서 숨을 조절하는 전략을 취하기 시작했다.

그렇다고 유골의 진위 여부를 둘러싼 논쟁이 완전히 끝난 것은 아니다. 북한의 기본 입장은 2007년 7월 20일자 〈외무성 비망록〉에 언급된 바와 같이 '납치문제는 이미 해결되었다'는 것이고, 일본의 기본 입장은 같은 해 7월 25일자 외무성 보도발표문에 나타난 바와 같이 '납치문제는 아직 해결되지 않았다'는 것이다. 이런 가운데 일본은 계속해서 "생존자를 돌려보내라"고 하고 북한은 "생존자는 없으며, 유골이 가짜라면 도로 돌려달라"고 했다. 2007년 3월과 9월에 각각 베트남 하노이와 몽골 울란바토르에서 열린 제1차, 제2차 '북일국교 정상화를 위한 실무협의'도 양측의 입장차만 드러낸 채 별다른 성과를 거두지 못했다.

팽팽한 입장차이 때문에 좀처럼 해결의 실마리가 생기지 않을 것만 같았던 납치문제에 새로운 돌파구가 생긴 것은 2008년 6월 11~12일 북경에서 열린 북·일 실무자협의에서였다. 이 협의에서 북한은 '납치문제는 이미 해결되었다'는 종래의 입장을 선회하여 납치문제의 재조사를 실시하겠다고 밝혔다. 북한 스스로 종래의 입장을 번복한 셈이다.

이 대목에서 우리는 북미관계가 우호적인 시점에 납치문제에 관한 북한의 입장이 바뀌었다는 점을 주목할 필요가 있다. 전년도인 2007년 10월에 9·19 공동성명 이행을 위한 10·3 합의가 체결되어 북한이 핵불능화 조치에 착수하고 미국이 테러지원국 명단에서 북한을 삭제하기 위한 조치를 준비하고 있던 때, 북한이 납치문제에 관한 종래의 태도를 전향적으로 바꾼 것이다. 이는 북한이 대일관계를 대미관계에 맞추고 있음을 보여주는 것이다. 대일관계의 일관성을 훼손하는 일이 있더라도 대일관계를 대미관계의 추이에 맞춤으로써 두 관계를 동시에 해결하겠다는 전략을 갖고 있는 것이다.

납치문제를 단순한 납치문제로만 인식하지 않고 대외관계 틀 속에서 파악하는 것은 북한뿐만 아니라 일본도 마찬가지다. 납치문제에 관한 북·일 간의 직접적 대화채널이 있는데도 일본이 계속해서 이 문제를 제3자들에게 홍보하는 데서 이 점이 잘 드러난다. 몇 가지의 사례를 들면 다음과 같다.

평양선언이 있은 이듬해인 2003년부터 일본은 납치문제를 인정한 김정일의 태도를 명분으로 〈북한 인권상황 결의서〉가 유엔 인권위원회에서 채택되도록 하는 데 성공했다. 이 결의서는 북한의 외국인 납치문제를 다루는 내용을 담고 있다. 또 일본은 2005년부터 2007년까지 해마다 유엔총회 본회의에서 이 결의서가 채택되도록 하는 데도 성공했다. 유엔총회 결의서에는 납북자들을 즉시 송환하라는 요구가 담겨 있다. 일본은 2006년 4월 조지 부시(아들 부시) 미국 대통령과 요코다 사키에(요코다 메구미의 어머니)의 면담을 성사시켜 세계 여론의 주목을 끌었다. 같은 해 5월에는 요코다 메구미가 북한에서 만난 남편이 한국인 납북자일 수 있다는 주장을 제기하여 일본인 납치문제에 관한 한국인 납북자 가족들의 지원을 얻어냈다. 이후 이 문제는 한·일 혹은 미·일 정상회담의 단골 의제가 되었고, 2008년 7월 홋카이도 도야코에서 열린 G8(선진 8개국) 정상회담 때처럼 세계 외교무대에서 의제가 되기도 했다. 이러한 태도는 일본이 납치문제를 북·일 양자 사이에서 해결할 의사가 없음을 보여주는 것인 동시에 일본이 이 문제를 대외관계의 큰 틀 속에서 파악하고 있음을 보여주는 것이다.

일본이 이 문제를 전방위적으로 확대해서 대북압박 카드로 활용하려 한다는 점은 자국인과 관계가 없더라도 북한에 의해 저질러졌을 가능성이 있는 피랍사건이면 모두 다 자국이 다루겠다는 입장을 피력한 데서도 잘 나타난다. 예컨대 일본은 1978년에 실종된 아노차 판초이라는 태국인이 북한에 의해 납치되었을 것이라는 주장을 하는가 하면, 같은 해 이탈리아 로마에서 실종된 도이나 붐베아라는 루마니아인도 그렇게 되었을 것이라는 주장을 펴면서 이들의 가족과 일본인 납북자 가족의 연대를 추진했다. 2009년 3월 11일에는 대한항공 폭파범 김현희와 납북자 다구치 야에코의 가족이 부산에서 만날 수 있도록 주선했다. 북한에서 김현희에게 일본문화를 가르쳐준 리은혜라는 여성이 다구치 야에코일 것이라는 가정 하에 그렇게 한 것이다. 이와 같이 북 · 일 간의 납치문제는 이미 북일관계의 차원을 뛰어넘어 세계적 차원으로까지 확산되었다.

2. 납치문제와 핵문제의 상호연동

납치문제에 관한 일본의 기본전략은 이 문제를 발판으로 일본의 외교적 영향력을 제고하겠다는 것이다. 일본의 영향력을 제고하는 데 이 문제가 좋은 소재가 되는 이유가 있다. 그것은 납치문제를 통해 '피해자 일본'의 이미지를 만듦으로써 일본의 도덕성을 회복할 수 있기 때문이다.

1937년 전쟁 및 제2차 대전 이후 줄곧 '가해자' 혹은 전범의 이미지에 얽매여 있는 일본은 이런 이미지로는 경제력에 걸맞은 국제정치적 지위를 확보할 수 없었다. 일본이 경제에서는 일류국가면서도 정치에서는 이류 국가에 머물러 있는 것은 일본의 원죄 때문이다. 그런데 북한에 의한 일본인 납치문제를 제기하고 또 이를 북한에 의한 모든 외국인 납치문제로 확대하는 과정에서 일본은 자국이 아닌 타국의 도덕성을 문제 삼을 수 있게 되었다. 이제는 피해자의 입장에서 다른 나라의 도덕성을 비판할 수 있게 된 것이다. 일본이 납치문제를 조속히 해결하기보다는 계속해서 문젯거리를 만들어내는 것은 그 같은 국제정치적 전략 때문이다.

납치문제가 일본의 전범 이미지를 일정 정도 희석시키는 데 기여한 것은 사실이지만 그것만으로는 일본의 죄과를 씻어내기에 부족하다. 일본의 주장을 그대로 수용한다 해도, 북한에 의한 일본인 납치자의 숫자는 17명에 지나지 않는다. 그리고 일본이 모든 외국인 납북자를 다 찾아낸다 해도 그 숫자에는 한계가 있을 수밖에 없다. 어떤 경우에도 그 숫자가 군국주의 일본으로 인한 아시아 피해자의 숫자를 넘지는 못할 것이다. 그렇기 때문에 일본은 납치문제만으로는 북한을 계속해서 공략할 수 없을 뿐만 아니라 그것을 통해 일본의 이미지를 제고하는 데에도 한계가 있을 수밖에 없다는 점을 잘 알고 있다.

납치문제의 위력이 그리 크지 않기에 그것을 보완할 수 있는 방법은 납치문제를 좀 더 강력한 문제와 연관시키는 것이다. 그래서 일본이 선택한 것은 핵문제와의 연동이다. 핵문제로 불량국가니 악의 축이니 하는 이미지를 갖고 있는 북한에게 납치범의 이미지까지 덧씌움으로써 납치문제를 보다 더 지속적으로 유지할 수 있다는 것이 일본의 계산이다. 이러한 판단에 기초하여 일본은 납치문제를 핵문제와 연관시키고 지속적으로 이슈를 창출·유지함으로써 일본의 도덕적 원죄를 불식하고 나아가 일본의 정치적 지위를 제고하기 위한 행보를 걷고 있다.

이러한 전략에 따라 일본은 6자회담 테이블에서 의제와 상관없는 납치문제를 끊임없이 제기했다. 예를 들어, 제4차 6자회담 1단계 회의(2005년 7월 26일~8월 7일)가 열리기 직전 사사에 겐이치로 6자회담 수석대표나 호소다 히로유키 내각관방장관 등이 나서서 "6자회담에서 납치문제를 다루겠다"고 사전에 국제적으로 예고했다. 이에 대해 북한이 "6자회담을 방해하지 말라"며 반발함에 따라 양국 간에 신경전이 벌어지기도 했다.

미국과 손잡고 '도덕적 패륜아' 응징 나선 '피해자' 일본

납치문제를 핵문제와 연계시키는 일본의 전략은 일정한 성공을 거두었다. '납치문제가 아직 해결되지 않았으며 이의 해결을 계속 추진해야 한다'는 취지의 메시지를 담은 문구가 2007년 제6차 6자회담 2단계 회의 당시 10·3합의에 들어간 것이다. 이 합의의 제2장 제2조는 다음과 같다.

조선민주주의인민공화국과 일본은 불행한 과거 및 미결 관심사안의 해결을 기반으로, 평양선언에 따라 양국관계를 신속하게 정상화하기 위해 진지한 노력을 할 것이다. 조선민주주의인민공화국과 일본은 양측 간의 집중적인 협의를 통해, 이러한 목적 달성을 위한 구체적인 조치를 취해 나갈 것을 공약했다.

'미결 관심사안'이란 다름 아닌 납치문제를 의미한다. '납치문제는 이미 해결되었다'는 종래의 주장을 북한이 스스로 뒤엎고 '납치문제는 아직 해결되지 않았다'는 일본의 주장을 공식적으로 수용한 것이다.

6자회담 합의문에 납치문제가 언급된 것은 중대한 의미를 갖는다. 이는 납치문제가 핵문제의 틀 속에 정식으로 편입되었음을 의미한다. 이는 납치문제가 동아시아 국제사회의 공식 쟁점으로 부각되었음을 의미하는 것이다. 공식적인 국제쟁점에서 일본이 피해자의 지위에 있다는 것은 일본을 가해자로 삼던 종래의 분위기에 변동이 생기고 있음을 의미한다. 일본의 국제정치적 지위가 납치문제를 매개로 그만큼 제고된 것이다.

핵문제를 희석시킬 수 있는 납치문제가 6자회담 직전과 회의 도중에 제기되는 것을 보면서 우리는 그것이 미국의 묵인 하에 이루어지고 있음을 간파할 수 있다. 자국의 뜻에 배치되는 일이었다면 미국은 진작 일본을 제지했을 것이다. 그러나 미국은 그렇게 하지 않았다. 이는 일본이 6자회담 석상에서 납치문제를 제기하여 북한을 불쾌하게 하거나 회담 분위기를 망가뜨리는 것에 대해 미국이 사전에 양해했음을 의미하는 것인 동시에 일본이 그렇게 하는 것이 미국의 전략에 기여하는 측면이 있음을 의미하는 것이다. 미국이 일본의 행동을 양해하고 있다는 점은 2005년 7월의 사례에서도 잘 드러난다. 제4차 6자회담 1단계 회의가 열리기 12일 전인 2005년 7월 14일 서울에서 한ㆍ

미·일 6자회담 수석대표가 사전 접촉을 가진 적이 있다. 이때 "6자회담에서 납치문제를 제기할 필요성이 있다"는 일본측 수석대표 사사에 겐이치로의 요청에 대해 미국측 수석대표 크리스토퍼 힐은 동의를 표시했다.

주의제인 핵문제에 대한 집중력을 분산시킬 수 있는 납치문제 제기를 미국이 용인하는 것과 관련하여 우리는 세 가지 점을 생각해볼 수 있다. 첫째, 미국이 6자회담을 여는 본질적 목적이 한반도 비핵화에 있지 않음을 알 수 있다. 둘째, 미국 역시 일본과 마찬가지로 북한의 도덕성에 흠집을 내는 데에 관심을 갖고 있음을 알 수 있다. 이는 6자회담을 여는 미국의 주된 의도가 '도덕적 패륜아' 북한을 응징함으로써 역내 패권을 강화하는 데 있음을 의미하는 것이다. 셋째, 납치문제가 부각되면 될수록 일본의 위상이 두드러질 수밖에 없는데도 미국이 그것을 용인하는 것은 동아시아 정책의 수행과 관련하여 일본과 협력하지 않으면 안 될 정도로 미국의 역량이 상당히 약해졌음을 보여주는 것이다.

납치문제와 핵문제를 상호 연관시키는 일본의 태도를 보면서 우리는 서세동점기 일본의 외교전략과 현대의 외교전략 사이에 상당한 유사성이 있음을 발견하게 된다. 서세동점기에 일본은 서양의 동아시아 전략에 편승하는 방식으로 영향력을 강화했으며, 1905년 이후에는 서양열강과 함께 역내 패권을 분점했다. 그러던 일본이 1931년 만주사변 이후 서양과의 협력관계를 버리고 단독으로 대외정책을 수행하다가 결국 1945년 패망하고 말았다. 서세동점 이후의 일본은 서양과 협력할 때에는 동아시아정책에서 성공을 거두었지만, 서양과 등을 돌릴 때에는 화를 당했다. 일본이 자국 주도의 사안인 납치문제를 미국 주도의 사안인 핵문제와 연관시키는 것은 서세동점기의 일본-서양 협력관계를 연상시키는 것이다.

북핵문제 종결 없인 납치문제도 해결 힘들어

납치문제는 단순히 납치문제의 차원에만 머물지 않고 핵문제와 함께 얽혀 복합적 차원의 문제로 바뀌었다. 그러므로 납치문제의 미래를 예측할 때에는 핵문제와의 상호 연관성을 반드시 고려하지 않을 수 없다.

납치문제가 핵문제에 붙어 있다는 것은 핵문제와 납치문제 사이에 일종의 주종主從관계가 형성되어 있음을 의미하는 것이다. 핵문제가 주이고 납치문제가 종의 위치에 있기 때문에 핵문제의 진척 여부에 따라 납치문제의 진척 여부도 결정되기 마련이다. 그렇기 때문에 북한이나 일본이 납치문제를 빨리 종결짓고 싶어 해도 핵문제가 종결되지 않는 한 납치문제가 종결되지는 않을 것이다. 북한과 일본이 문제를 종결지으려 할 경우 그러한 시도는 미국의 방해에 직면하게 될 것이다. 국제적 연대를 만들어 북한을 포위하려는 것이 미국의 전략인지라 납치문제가 종결되어 북·일 사이에 우호적인 관계가 형성되어 버리면 미국의 대북 압박이 지장을 받을 수밖에 없기 때문이다.

그러므로 핵문제가 해결될 때에 즈음하여 납치문제도 함께 해결될 것이라고 보는 게 타당하다. 전 세계 어디서 발생한 피랍사건이든 간에 그것이 북한에 의해 저질러졌다고 의심될 경우 이를 납치문제에 포함시키겠다고 일본이 이미 공언했기 때문에 핵문제가 해결되기 전까지는 일본도 납치문제와 관련하여 끊임없이 이슈를 만들어 내리라고 보는 게 이치적이다.

납치문제가 핵문제에 붙어 있다는 말은 다른 말로 하면 북일관계가 북미관계에 붙어 있다는 말이 된다. 다시 말해 북미관계의 진척 여부에 따라 북일관계도 진척될 수 있다는 뜻이다. 이 점은 2010년 11월 연평도 해전 이후의 상황에서도 확인할 수 있다. 연평도 해전 이후, 치킨게임[34]도 불사할 듯한 한국 정부의 태도로 인해 한때 동아시아에 전운이 감돌았다. 하지만 북한이 한국과의 추가적 충돌을 피하고 12월 16일 빌 리처드슨 미국 뉴멕시코 주지사를 불러들여 회담을 갖고 대화 분위기를 조성하자, 일본도 마에하라 세이지 외무장관의 2011년 1월 12일자 기자회견 등을 통해 '납치문제를 포함한 북·일간 현안을 무조건 논의할 용의가 있다'는 입장을 밝혔다. 북미관계가 개선될 조짐이 보이면 북일관계에 변화를 가하는 일본의 행동패턴을 보여주는 대목이다.

위에서 핵문제가 해결될 때에 즈음하여 납치문제도 함께 해결될 것이라고 했다. 이제는 이렇게 말할 수 있다. 북미관계가 해결될 때에 즈음하여 납치문제를 포함한 북일관계도 함께 해결될 것이라고.

---

34 어느 한쪽이 양보하지 않을 경우 양쪽이 모두 파국으로 치닫게 되는 극단적인 게임. 이 게임은 한밤중에 도로의 양쪽에서 두 명의 경쟁자가 자동차를 몰고 정면으로 돌진하다가 충돌 직전에 핸들을 꺾는 사람이 지는 게임이다. 연평도 해전에서 북한에게 당한 한국정부가 '북한의 추가 도발이 예상된다'는 우려에도 불구하고 체면 회복을 위해 연평도에서 추가적 군사훈련을 강행한 것은 일종의 치킨게임으로 볼 수 있다.

제4장

중화패권주의

이 책에서 우리는 패권구도의 시각에서 동아시아 쟁점들을 살펴보고 있다. 제2장에서 다룬 핵문제는 미국의 현존 패권에 대한 현재적 도전의 의미를 띠고, 제3장에서 다룬 납치문제는 도전자 북한의 행보에 대한 제동의 성격을 갖는다. 이에 비해 제4장에서 다루게 될 중화패권주의는 차기 패권에 대한 잠재적 도전의 의미를 갖는 것이다. 제5장~제7장은 제4장의 논의를 한층 더 구체화시킨 것이다.

'잠재적'이란 표현에서 알 수 있듯이, 이 문제의 당사자인 중국은 아직까지는 미국의 현존 패권에 도전하고 있지 않다. 중국의 태도는 북한과 명확히 다르다. 이 점은 제8장 이후에 다루어질 일본군국주의의 당사자인 일본의 경우도 마찬가지다. 중국과 일본은 모두 다 차기 패권을 꿈꾸고 있지만 지금 당장에는 어떤 명확한 행동을 개시하지 않고 있다.

그러나 두 나라 모두 예전에 지역 패권을 행사한 적이 있는 나라들이기 때문에 양국에 대한 동아시아인들의 눈초리는 항상 의혹으로 가득 차 있을 수밖에 없다. '저들이 언제 또다시 동아시아 패권국으로 등장할지 모른다'는 의구심을 늘 갖고 있는 것이다. 아직까지 두 나라가 패권에 대한 도전을 개시하지 않았는데도 중국위협론·일본위협론이 신문 기사에 자주 나오는 것은 두 나라의 그런 전력前歷 때문이라고 볼 수 있다.

1. 중화패권주의란 무엇인가

중화패권주의(팍스 시니카)란 중심부인 중화中華의 입장에 있는 중국이 주변부인 이적夷狄의 입장에 있는 이민족을 교화하여 천하天下라는 하나의 울타리 안에서 공존해야 한다는 사고체계를 가리킨다. '중국적 세계질서' 혹은 '중화적 세계질서'라는 표현도 동일한 의미를 담고 있다. 이는 한국이나 이스라엘 등에서 나타나는 선민의식의 일종이라고 볼 수 있다.

중화와 이적을 가르는 일차적 기준은 문화적 측면이다. 중국문명의 혜택을 누리고 있느냐 아니냐를 기준으로 중화 여부를 판가름하는 것이다. 이는 유목민족들의 숱한 침략에 시달리던 한족이 '문화에서만큼은 우리가 우수하다'는 내면적 저항감을 축적하는 과정에서 생긴 것이다. 유목민과의 대결에서 생긴 콤플렉스가 거꾸로 문화적 우월감을 낳은 것이다.

이러한 특성은 현대 중국인들에게서도 쉽게 발견된다. 현대 중국인들이 자기 조국에 대해 강한 자부심을 갖고 있는 것은 사실이지만 그들 역시 중국이 한국이나 일본보다 가난하다는 것을 잘 알고 있다. 또 그들은 중국의 군사력이 미국보다 뒤진다는 것도 잘 알고 있다. 그럼에도 불구하고 중국인들이 자국에 대해 강한 자신감을 갖는 것은 중국이 세계 최고의 문화를 갖고 있다는 생각 때문이다. 이처럼 중화패권주의의 심리적 저변을 흐르는 것은 문화적 우월감이다.

중화냐 아니냐의 기준이 문화에 있기 때문에 중화패권주의 하에서는 혈통이나 종족이 부차적 지위로 밀릴 수밖에 없다. 혈통이나 종족을 기준으로 '우리 혈통 혹은 우리 종족만이 세상의 중심'이라고 생각하는 식의 중화관념은 원칙상 존재하지 않는다. 누구든지 중국문명을 수용하면 중화민족이 될 수 있다는 관념이 중화패권주의 속에 내재되어 있다. 그러므로 중화와 이적의 구분은 고정불변적인 게 아니라 상당히 유동적인 것이다. 이는 중화패권주의가 갖고 있는 개방성을 보여준다. 한족이 지난 수천 년간 수많은 이민족과 융합하고 나아가 하나의 공동체를 형성할 수 있었던 것은 중화패권주의의 개방적 특성이 작용한 결과라고 볼 수 있다.

이러한 개방적 특성 때문에 중화패권주의는 동시에 공격적 특성도 갖게 된다. 남에게 나의 문을 열어둔다는 의미의 개방은, 남이 나에게 다가올 수 있는 기회를 제공하는 것인 동시에 내가 남에게 다가갈 수 있는 기회를 만드는 것이기도 하다. 중국문명을 받아들이기만 하면 그 어떤 이민족도 중화민족이 될 수 있다는 사고방식은, 한나라·당나라의 사례에서 잘 나타나는 바와 같이 주변 국가들에 대한 중국의 팽창주의를 정당화하는 요인이 되었다. 중국문명을 널리 전파하고 세상을 구제하기 위해 주변 국가들을 공격한다는 중화패권주의의 사고방식은 지배층의 대외침략에 대해 중국 백성들의 동의와 지원을 얻어내는 수단이 되었다.

2. 중화패권주의의 고전적 모델

중화패권주의의 고전적 모델은 진·한 제국에서 찾을 수 있다. 진나라의 중국통일 이전은 봉건적이고 지역할거적인 춘추전국시대였다. 강력한 제국이 부재했던 춘추전국시대에는 동아시아적 범위에서 중국의 패권이 형성되기 힘들었다. 그것이 시도된 것은 진시황제 때였다.

기원전 221년 춘추전국시대를 종결한 진시황제는 중앙집권적인 군현제 실시와 도량형·화폐·문자 등의 통일을 통해 내부 단속을 꾀한 다음, 외부를 향해 적극적인 대외정책을 개시했다. 남쪽의 월족을 상대로 전쟁을 벌여 4개 군을 증설하는가 하면 대장군 몽염을 보내 북쪽의 흉노족을 정벌하여 내몽골 일부를 차지했다. 또 동쪽의 고조선을 압박하여 압록강 하류 부근에까지 영토를 넓혔다.

하지만 진나라의 팽창정책은 중화패권주의라고 할 만한 단계까지는 도달하지 못했다. 무리한 중앙집권화가 화근이 되어 통일 후 15년을 견디지 못하고 206년에 멸망했기 때문이다. 이 시기에는 농경민족인 한족이 서북방 유목민족들에게 밀리던 시기였기 때문에 진나라가 내부 혼란을 극복했다 해도 대외관계에서 큰 성과를 거두기는 힘들었다. 다만 중국이라는 거대 영역을 통일함으로써 훗날 대외팽창에 나설 수 있는 기초를 닦았다는 점에서 진나라의 역사적 의의를 평가할 수 있다.

중화패권주의라고 할 만한 단계에 들어선 것은 진나라에 뒤이은 한나라 때부터였다. 광대한 제국을 기초로 한나라가 농경지대의 패권을 장악한 뒤부터 중화패권주의의 단계에 접어든 것이다. 한나라가 북쪽인 흉노 지역과 남쪽인 남월 지역과 동쪽인 고조선 지역을 상대로 정복사업을 벌이고 각각의 지역에 중국식 행정단위를 설치한 때부터 중화패권주의의 모델이 갖추어지기 시작했다. 한나라가 농경지대의 패권을 장악한 과정에 관해서는 1부 제2장에서 설명했기 때문에 여기서는 제7대 황제인 한무제(재위 기원전 141~87년) 이후 중화패권주의를 목표로 구축한 시스템이 어떤 것이었는지에 초점을 맞추기로 하자.

한무제 시대에 중화패권주의를 목표로 구축한 시스템은 군현제적 중화질서였다. 군현제적 중화질서란 국내통치체제인 군국제 중에서 중앙집권주의적인 군현제를 대외정책에 응용한 것이다. 진나라 때에 실시된 군현제는 전국을 군郡으로 나눈 뒤에 이를 현縣으로 세분하여 지방에 대한 중앙의 직접지배를 도모하는 것이었다. 이는 지방에 거점을 둔 봉건제후의 영향력을 제거하고 중앙의 지배력을 강화하기 위한 것이었다. 현縣이라는 글자가 '매달다'라는 의미를 갖고 있는 것에서 알 수 있듯이, 군현제란 '전국 각 지역을 중앙에 매다는 것', 즉 중앙의 통치에 복속시키는 제도였다. 군현제를 무리하게 시도하다가 멸망한 진나라의 전철을 밟지 않기 위해 한나라 초대 황제인 한 고조 유방(재위 기원전 202~195년)은 수도권 지역에만 군현제를 실시하고 여타 지역에는 춘추전국시대의 봉건제를 그대로 유지했다. 전통적인 봉건제와 새로운 군현제를 절충한 이 시스템은 군국제郡國制라고 불렸다. 군국제 중에서 군현제 요소가 한나라의 대외정책에 응용되어 중화패권주의의 구축에 기여한 것이다.

팍스 시니카의 뿌리가 된 군현제적 중화질서

군현제를 대외관계에 응용한다는 것은 정복한 나라들을 한나라의 군·현으로 편입시키는 것을 말한다. 그런데 대내적으로 적용될 때와 대외적으로 적용될 때 군현제의 모습은 각각 다르게 나타났다. 대내적으로 적용될 때는 중앙정부의 파워가 군·현까지 미쳤지만, 대외적으로 적용될 때는 중국의 파워가 이민족 지역까지 미치지 않았다. 피정복의 과정을 거쳐 군郡으로 편입된 이민족 지역들은 변군邊郡 혹은 외군外郡이라고 불렸다. 이들 지역은 중국 국내에 설치된 군郡인 내군內郡과 성격을 달리했다. 변군에는 이민족의 기존 지배체제가 유지되었기 때문에 이런 지역에는 중국의 지배권이 미칠 여지가 없었다. 형식적으로만 중국에 편입되었을 뿐 실질적으로는 외국이나 마찬가지였다. 다시 말해 한나라는 정복한 이민족 땅에 군현제를 실시하면서도 실제로는 해당 지역에 정치적 자율성을 부여한 것이다. 한무제 때에 남월(지금의 광둥·광서·베트남) 지역에 설치된 9개의 군, 서남쪽 지역에 설치된 5개의 군, 고조선 고토에 설치된 4개의 군, 흉노 일부 지역에 설치된 군들에는 이와 같은 형식적 의미의 군현제가 적용되었다.

이렇게 한나라는 중국과 세계를 하나의 군현제 하에 묶겠다는 목표를 제한적이나마 실현시킬 수 있었다. 내부적으로는 기존 이민족의 자율성이 그대로 유지되었지만 외부적으로는 한나라의 통치권이 통일적으로 미치는 것처럼 보였다. 이것이 고전적인 중화패권주의의 실상이었다.

군현제적 중화질서는 완전하지 못했다. 점령지를 완전히 굴복시킬 수 없었던 한나라로서는 점령지의 기존 체제를 그대로 인정할 수밖에 없었다. 군현제적 중화질서의 한계는 크게 두 가지로 압축된다.

첫째, 군현제적 중화질서는 형식과 실질이 불일치하는 시스템이었다. 한나라는 점령지에 군수(태수)와 현령을 파견했지만 군수·현령의 지배력은 치소治所(사무소 소재지) 바깥을 벗어나지 못했다. 오늘날로 치면 군수의 지배력이 군청 소재지 밖을 벗어나지 못하는 것과 같았다. 치소 바깥에서는 이민족 군장들의 전통적인 지배체제가 유지되었다. 한나라의 군수·현령들은 현지에서 징세·징병권을 행사하지 못했다. 한나라의 법률 역시 시행하지 못했다. 이처럼 점령지에 대한 한나라의 지배력은 점령지의 중심부에만 미쳤을 뿐이다. 면面에 대한 지배가 아니라 점點에 대한 지배에 불과했던 것이다. 그래서 한나라는 이민족 군장들의 권위를 승인해주는 수밖에 없었다. 형식적으로는 한나라의 군수·현령이 지배권을 행사하는 것 같았지만 실제적으로는 토착세력이 지배권을 고수했다는 점에서 군현제적 중화질서는 형식과 실질이 불일치하는 시스템이었다고 평가할 수 있다.

둘째, 군현제적 중화질서는 수입보다 지출이 많은 비경제적 시스템이었다. 변군을 새로 설치하려면 한나라의 본토와 점령지를 연결해야 했다. 두 지역을 잇자면 치소에 관리와 군대를 파견하고 도로도 뚫어야 했다. 치소의 방어를 위해 성곽도 쌓지 않으면 안 되었다. 이 모든 것은 금전의 지출을 필요로 하는 일이었다. 점령지에서 조세를 징수하지 못했기 때문에 여기에 필요한 재원은 한나라 백성들의 세금으로 충당할 수밖에 없었다. 이 뿐만이 아니었다. 한나라의 군수나 현령은 토착세력의 수장으로부터 정기적으로 조공을 받는 대신에 그에 대한 답례로 회사回賜를 해야 했다. 일반적으로 조공보다 회사의 수량이 더 많았기 때문에 이 역시 재정적자의 원인이 되었다. 군현제적 중화질서는 팍스 아메리카나가 그러했던 것처럼 막대한 재정적 출혈을 감내하지 않고서는 유지될 수 없는 것이었다.

이러한 한계 때문에 한나라 때의 팍스 시니카는 오래가기 힘들었다. 공세적인 대외정책에 힘입어 후한 시대에 들어 흉노족의 주류를 중국 주변에서 몰아내기는 했지만 그것으로써 골칫거리가 사라진 것은 아니었다. 흉노의 자리를 또 다른 유목민족인 선비족·오환 등이 채웠기 때문이다. 또 후한 시대에는 고구려 등이 급속히 성장하며 세력을 팽창해 나갔다. 흉노를 대신하여 또 다른 민족들이 한나라를 압박하고 나선 것은 한나라가 구축한 군현제적 중화질서가 붕괴되고 있었음을 의미하는 것이다. 한무제가 꿈꾼 군현제적 중화질서는 천하를 중국문명 아래에 묶겠다던 원래의 계획을 달성하지 못한 채 후한의 멸망과 함께 종식되고 말았다.

군현제적 중화질서는 훗날 중국 왕조들의 대외정책에 모본이 되었다. 사방의 이민족들 때문에 항상 안보의 위협을 느낄 수밖에 없었던 중국 왕조들은 가급적이면 이민족을 완전히 굴복시켜 중국에 동화시키되 그것이 여의치 않을 경우에는 이민족의 기존 체제를 존중하면서 중국의 행정체제 안으로 흡수하려고 시도했다. 당나라 시기에 이민족 점령지에 도호부都護府를 설치한 것은 군현제적 중화질서를 당시의 현실에 맞게 응용한 것이었다. 당나라가 동아시아 패권을 추구할 때 고구려가 끝까지 저항한 것은 당나라의 의도가 군현제적 중화질서의 부활에 있다고 판단했기 때문이다. 수·당 제국이 중국을 통일하기 이전인 위진남북조 시대에만 해도 중국 왕조들의 힘이 약했기 때문에 주변 이민족들에게 중국의 책봉을 받도록 권유했을 뿐 중국의 행정체제 안으로 흡수하려고 시도하지는 않았다. 그러던 중국이 수·당의 통일 이후로 한무제 때의 중화질서를 복원하려 하자 고구려로서는 위협을 느끼지 않을 수 없었던 것이다.

당나라의 멸망 이후에도 중국 역대 왕조들에게는 군현제적 중화질서가 가장 이상적인 것으로 인식되었지만 송나라·명나라·청나라 때는 그 같은 고전적 팍스 시니카를 시도할 만한 여유가 없었다. 당나라 이후에는 외국 군주를 책봉하는 선에서 그치고 군현제적 중화질서를 부활하려는 시도를 하지 못했다.

3. 중화패권주의의 현황과 전망

중국처럼 거대 영토와 거대 인구를 가진 나라는 어느 시대건 간에 세계의 주목을 받을 수밖에 없다. 중국이 대외팽창을 추구할지 모른다는 우려는 과거나 현재나 항상 존재했다. 현대판 중국위협론의 출발점은 1990년대 초반이다. 중국의 위험성을 전 세계에 각인시켜 준 것은 1992년 가을호《폴리시 리뷰》Policy Review에 실린 미국 학자 로스 먼로Ross Munro의 글이다. 이 글에서 로스 먼로는 '중국으로부터 아시아의 위협이 나올 것'이라고 경고했다.

1990년대 이후에 중국위협론이 등장한 배경에는 구소련의 붕괴라는 사건이 있었다. 구소련이 사라진 뒤 대결구도의 한 축이 필요했던 미국이 새로운 적을 물색하는 과정에서 중국위협론이 대두된 것이다. 그러므로 중국위협론은 중국 내부의 대외팽창 기운으로부터 자연스레 표출된 게 아니라 중국의 위협을 강조함으로써 신냉전 구도를 만들려는 미국의 필요에 의해서 생긴 것이다.

중국위협론은 경제·군사·환경 등의 방면에서 중국의 위협을 강조하는 데 활용되었다. 1997년 9월 〈세계은행보고서〉에서는 2020년 정도가 되면 중국이 미국에 이어 세계 제2의 수출대국이 될 것이라고 예측하여 주목을 끌었다. 2004년 7월 31일 도쿄에서 열린 미국·일본·대만 공동 심포지엄에서 외교전문가인 오카자키 히사키코 전 태국주재 일본대사는 "중국으로 인해 아시아 군사력의 균형이 파괴될지 모른다"며 중국의 군사적 팽창에 대한 위기감을 표출했다. 중국의 군사적 위협을 강조하는 데는 일본보다 미국이 더 적극적이다. 미국 쪽에서는 해마다 중국 군사력에 관한 보고서를 발표하여 중국의 군사적 위험을 세계적으로 환기시키고 있다. 또 해마다 중국에서 불어오는 황사로 피해를 입는 동아시아 국가들에서는 환경재해와 중국위협론을 연결시키는 분위기도 존재한다.

이 같은 중국위협론은 일정 정도는 사실적 근거를 갖고 있다. 군사적 측면과 경제적 측면에서 나타나는 중국의 비약적 성장이 중국위협론을 부채질하고 있는 게 사실이다. 중국이 급성장하는 가운데 나오는 중국위협론인지라 우리는 그것이 아주 근거 없는 것이라고는 말할 수 없다. 중국위협론은 상당 정도로 중국의 국력 혹은 중국의 위험성을 반영하고 있는 것이다.

과장된 중국위협론

그러나 우리는 현재 떠돌아다니고 있는 중국위협론의 발원지가 미국·일본 등이라는 점에 주목할 필요가 있다. 이런 나라들은 기본적으로 중국을 견제하는 국가들이다. 또 이런 나라들은 결코 중국에 뒤지지 않는 국가들이다.

이런 나라들에서 중국위협론이 나오고 있는 것은 중국위협론이 강대국들의 대외전략에서 나온 것임을 보여주는 것이다. 해마다 미국 의회에서 중국의 군사적 위협을 강조하는 보고서가 나온 뒤 어김없이 국방비 예산의 증액을 요구하는 목소리가 나오는 것도 중국위협론이 미국의 대외팽창을 정당화하는 데 이용되고 있음을 보여주는 것이다. 중국의 위협을 강조하는 목소리의 또 다른 진원지가 일본인 이유도 동일한 맥락에서 파악될 수 있다. 전범국가라는 굴레 때문에 정치·군사적 행보에 제동이 걸려 있는 일본의 입장에서는 이 방면의 행보에 명분을 부여하자면 중국의 위협을 강조할 수밖에 없다. 이처럼 주로 미국·일본 등에서 흘러나오는 중국위협론은 중화패권주의의 진짜 위험성을 보여주는 것이라기보다는 중국위협론을 통해 자국의 영향력 확장을 정당화하려는 강대국들의 전략을 반영하는 것이다.

중국의 위협을 강조하여 자국의 팽창을 정당화하려는 욕심에 빠지다 보니 미국·일본 등은 중화패권주의가 실제로 이루어지는 현장을 제대로 포착하지 못하고 있다. 중화패권주의는 외부로 팽창하는 데만 주안점을 두는 사고방식이 아니다. 중화패권주의는 중화문명으로 이적을 교화시켜 하나의 천하 속에 끌어들이는 것을 지향한다. 여기서 천하의 범위 즉 중국의 범위를 점차적으로 넓혀 가는 데 중화패권주의의 본령이 있다. 역대 중국이 한무제 때의 군현제적 중화패권주의를 이상적 모델로 삼은 데서 잘 드러나듯이 중국 한족은 수많은 민족들이 중국이라는 하나의 통치체제 아래 자치의 이념을 실현하는 것을 이상으로 삼아 왔다. 이민족을 완전히 융합할 수만 있다면 그런 것조차 불필요하겠지만 그만한 역량을 갖추지 못한 한족으로서는 자치권 인정이라는 차선책을 택할 수밖에 없다. 그들은 중국의 지방행정구역 안에서 이민족이 자치를 누리는 것이 중화패권주의의 이상에 그나마 가장 잘 부합한다고 생각해 왔다.

흥미로운 것은 이러한 형태의 중화패권주의가 오늘날 운영되고 있다는 점이다. 현대 중국의 지방행정구역에서 그에 관한 힌트를 얻을 수 있다. 한족과 55개 소수민족을 관할하고 있는 현대 중국의 지방행정구역은 총 4단계로 나뉜다. 최상위의 성급省級을 중심으로 지급地級·현급縣級·향진급鄕鎭級의 순으로 되어 있다. 여기서 '지급'이란 것은 자치주·지구·맹盟·대도시를 가리킨다. 연변조선족자치주도 지급에 해당한다. 향진급을 제외한 3개의 단계에는 자치 행정구역들이 있다. 성급의 경우에는 자치구, 지급의 경우에는 자치주, 현급의 경우에는 기旗·자치현·자치기가 있다. 성급에 해당하는 자치구의 예로는 내몽골자치구·신장위구르자치구·영하회족자치구·광서장족자치구·티베트자치구를 들 수 있다. 자치행정구역 안에서는 이민족 즉 소수민족의 자치가 인정되고 있다. 자치행정구역의 수장이 각급 인민대표대회에서 선출된다는 점에서는 자치행정구역이나 일반행정구역이나 다를 게 없지만 자치행정구역의 경우에는 입법이나 재정 등에서 고도의 자치권을 행사할 수 있다는 점에서 양자는 구별된다.

소수민족 자치제도를 군현제적 중화패권주의와 비교해 보면 소수민족의 자치권이 훨씬 더 축소되기는 했지만 이민족의 자치를 인정하면서 그들을 중국의 행정구역 안에 포섭하고 있다는 점에서는 일정 정도 유사하다고 볼 수 있다. 군현제적 중화질서에 비해 중국정부의 장악력이 훨씬 더 높아진 것이다. 그러므로 한무제가 원래 의도했던 중화패권주의의 이상에 한 걸음 더 다가선 것이 현재의 상태라고 할 수 있다. 왜냐하면 한무제 당시 이민족들에게 자치권을 인정한 것은 그렇게 하고 싶어서가 아니라 역량의 부족으로 그렇게 할 수밖에 없었기 때문이다. 이런 점들을 본다면 이민족들을 중국이라는 하나의 천하 안에서 교화시키겠다는 고전적 중화패권주의는 오늘날에도 여전히 유지되고 있다고 볼 수 있다.

내몽골자치구의 농업을 장려하는 중국정부. 사진은 영농자금 지원에 관한 문구.

'중화와 이적이 하나의 천하를 이룬다'는 목표

55개 소수민족을 고대의 군현제와 유사한 자치구·자치주·자치현 등에 편입시킨 중국은 이들이 중국의 통치권을 벗어나지 않도록 하기 위해 채찍과 당근을 활용하고 있다. 채찍은 2009년 7월의 신장위구르 사태에서 나타났듯이 중앙정부에 도전하는 소수민족에 대해서는 탄압을 가하는 것이고, 당근은 소수민족의 경제개발을 적극 지원하는 한편 소수민족의 문화를 널리 포용하는 것이다.

'당근 정책'에 해당하는 경제개발 지원의 예로 들 수 있는 것이 서부대개발사업이다. 2000년 3월 전국인민대표대회(전인대, 한국의 국회)에서 채택된 서부대개발사업은 상해(상하이)로 대표되는 동부 연해지구 중심의 경제개발에서 벗어나 소수민족 지역인 서부지역의 경제개발을 추진하는 사업이다. 내몽골자치구 거리 곳곳에 나붙은 농업권장 표어에서 드러나듯이 중국정부는 본

래 유목지역이었던 내몽골을 농경지역으로 바꾸기 위해 대대적인 권농 캠페인을 벌이고 있다. 이러한 사업들은 단순히 소수민족 지역을 개발하는 차원에만 머물지 않고 소수민족과 한족의 경제적 일체성을 강화시켜 민족 갈등을 완화하려는 데 본질적 목적이 있다. 예컨대 서기동수西氣東輸라 하여 서부西의 천연가스氣를 동부東로 보낸다輸든가, 남수북조南水北調라 하여 남부南의 수자원水을 북부北로 보내는調 등의 사업이 그런 목적을 반영하고 있다.

당근정책의 또 다른 예로 들 수 있는 것은 문화적 포용정책이다. 북경 시내에 있는 티베트계 불교사원인 옹화궁(융허궁)이 북경의 대표적 관광지 중 하나가 된 데서 알 수 있듯이 중국은 자국 내 소수민족의 문화를 파괴하기보다는 중국문명의 커다란 틀 속에서 포용함으로써 소수민족의 심리적 이탈을 방지하려고 노력하고 있다. 중국어 문장을 한문이라 하지 않고 굳이 '중문'이라 하는 데에서도 드러나듯이 중국은 중국문명이 한족의 문화가 아닌 56개 전체

민족의 문화라는 느낌을 주기 위해 부단히 노력하고 있다.

중국 역사상 가장 넓은 판도를 보유하고 있는 현재의 중화인민공화국이 경제개발을 제대로 끝내지 않은 현재 혹은 가까운 미래에 대외팽창을 무리하게 시도할 가능성은 현재로서는 매우 낮다. 그래서 미국·일본 등의 우려는 기우라고 할 수 있다. 다시 말해 앞으로 한동안은 중국이 대외팽창의 방법으로 중화패권주의를 추진할 가능성이 별로 없다. 중국정부의 권위를 부정하는 티베트나 신장·위구르 독립운동세력 등의 반발을 억누르기도 벅찬 중국이 지금 단계에서 외부를 향해 팽창을 시도하는 것은 무모한 행동이라고 하지 않을 수 없다.

그 대신 중국은 이미 자국의 행정체계 안에 포섭된 55개 소수민족에게 한편으로는 자치권을 인정하고 경제·문화적 혜택을 베풀면서, 다른 한편으로는 독립운동에 강경하게 대처하는 등의 방법으로 '중화와 이적이 하나의 천하를 이룬다'는 중화패권주의 이상을 추구할 것이다. 향후 일정 기간 동안에는 중화패권주의가 내부 단속의 양상으로 전개될 것이다. 다시 말해 새로운 것을 확보하기보다는 기존의 것을 다지는 쪽으로 나아가게 될 것이다.

그러나 훗날 추진될 대외팽창의 여지를 중국이 완전히 배제한 것은 아니다. 지금 당장에는 대외팽창을 추구하지 않겠지만 중국은 훗날 경제성장과 내부단속에서 일정한 성과를 거둔 다음 과거에 그러했던 것처럼 또다시 대외팽창에 나설 가능성이 있다. 그 같은 중국의 내심을 보여주는 단적인 실례가 한미연합 군사훈련에 대한 중국의 태도 변화다. 예전에는 한미연합 군사훈련에 대해 이렇다 할 반응을 보이지 않던 중국이 최근에는 꽤 적극적인 반응을 보이고 있다. 일례로 2010년 11월 29일 한·미 양국이 서해에서 연합훈련을 벌이자 다음날인 30일 중국은 발해만에서 실전을 방불케 하는 대규모 군사훈련을 실시했다. 이는 중국에 위협이 될 수 있는 행위를 응징할 수 있다는 의

지를 보여주는 동시에 장래에 중국이 외부를 향해 힘을 팽창할 준비가 되어 있음을 과시하는 군사행동으로 장래의 중화패권주의를 염두에 둔 포석이라 할 수 있다.

장래의 중화패권주의에 대비해 중국이 역점을 기울이는 부문들이 또 있다. 훗날의 대외팽창을 위한 사전 포석인 역사 프로젝트와 양안관계가 바로 그것들이다. 이에 관해서는 제5장과 제6장에서 상세하게 살펴보겠다.

제5장

중국의 역사 프로젝트

한국인들은 1992년 한중수교 이래 중국에 대해 막연한 관심 내지는 호감 같은 것을 갖고 있었다. 그러던 한국인들은 중국이 고구려사를 중국사로 조작하기 위해 동북공정을 준비해왔다는 뉴스를 듣고 격분을 참지 못했다. 일본만 역사를 왜곡하는 게 아니라 중국 역시 마찬가지라는 인식이 확산되는 가운데 한국사회에서는 반중감정이 급격히 퍼져나갔다. 중국이 고구려사뿐만 아니라 아예 한국사 전체를 자국 역사에 포함시키려 한다는 데까지 생각이 도달하자 한국인들 사이에는 중국에 대한 무조건적인 불신 감정도 나타났다.

격분한 한국인들의 여론을 달래는 한편 중국의 역사공정에 대응하기 위해 한국정부에서는 고구려재단(동북아역사재단)을 설립하고 맞대응에 나섰다. 중앙정부뿐만 아니라 지방자치단체 차원에서도 고구려사 문제를 이슈화하는 경향이 나타났다. 학계나 사회단체 등의 민간 차원도 예외는 아니었다.

이렇게 문제가 점차 확산됨에 따라 한국과 중국 간에는 역사분쟁 혹은 역사전쟁이라고 지칭할 만한 양상이 나타났다. 고구려사 등의 역사적 귀속을 놓고 양국 간에 논쟁 형태의 분쟁이 생긴 것이다. 2004년 8월 한·중 양국의 합의 이후 극단적인 대립은 일단 잠복했지만 양국 간의 역사분쟁은 외교관계를 파국으로 몰아넣고도 남을 만큼의 파괴력을 간직하고 있다.

이 같은 역사분쟁을 지켜보면서 일각에서는 이미 지나간 과거사를 갖고 논쟁을 벌이는 것은 무의미한 일이라며 회의적인 시각을 피력하는 사람들도 있다. 역사는 이미 지나가고 없는 것인데 그런 역사를 갖고 왈가왈부하는 것이 미래를 위해 무슨 도움이 되겠느냐는 인식이다. 얼핏 들으면 그럴싸한 것 같지만 역사분쟁 무의미론은 역사분쟁이 갖는 실리적 측면을 간과하고 역사분쟁을 일으키는 쪽의 의도를 제대로 파악하지 못한 데에서 나온 것이다.

1. 역사분쟁의 배경과 의미

정치적 목적을 달성하기 위해 대규모의 무력을 동원하고자 하는 정치권력은 그것을 추진하기 전에 국민들에게 적절한 명분을 반드시 제시하지 않으면 안 된다. 왜냐하면 무력을 이루는 인적·물적 자원은 일반 국민들로부터 동원되는 것이기 때문이다. 국민들로부터 각종 자원을 획득해 내려면 국민들을 설득할 수 있는 명분을 마련하지 않으면 안 되는 것이다.

이 점은 국내를 상대로 무력을 동원할 때뿐만 아니라 국외를 상대로 무력을 동원할 때도 마찬가지다. 외국에 대한 침략전쟁을 통해 영토를 획득할 수 있다는 기대감이 있다고 해도 그것만으로는 개전에 대한 국민적 동의를 확보하기 어렵다. 왜냐하면 국민은 국민이기 이전에 인간이기 때문이다. 어느 나라 사람이든지 자기 나라의 개전이 인류의 보편적 가치에 위반된다고 판단되면 자신의 조국에 대한 충성을 철회할 가능성이 있다. 자기 나라가 벌이는 전쟁을 막기 위해 반전운동을 벌이는 사람들 속에서 그런 보편적인 정서를 발견할 수 있다. 그렇기 때문에 어떤 정치권력이든 외국을 상대로 전쟁을 일으키고자 할 때는 인류의 보편적 가치를 위반하지 않는 범위 내에서 전쟁의 명

경기도 구리시 교문동의 경관광장에 있는 광개토대왕비. 동북공정에 대한 대응의 차원에서 세워진 비석이다. 만주에 있는 광개토대왕비와 똑같은 크기로 제작되었다.

분을 만들지 않으면 안 된다.

정치권력이 자기 행위의 명분을 구축하는 데 가장 효과적인 소재는 과거에 존재했던 사실관계다. '과거에 이러했다'라거나 '선례가 있다'는 논리만큼 대중을 설득하는 데 효과적인 방법은 없다. 그 어떤 이론보다 강한 것은 팩트 fact, 즉 사실이기 때문이다. 매스컴이 힘을 갖는 것도 팩트의 힘 때문이라고 할 수 있다. 이런 이유 때문에 정치권력은 전쟁이나 대외팽창 같은 중대사에 앞서서 과거의 사실 즉 역사 속에서 자기 행위의 명분을 찾게 된다.

침략전쟁을 도발하기 전에 과거 역사 속에서 명분을 도출해내는 정치권력의 속성을 가장 극명하게 보여주는 사례 중의 하나로 일본군국주의를 들 수 있다. 제8장에서 설명되는 바와 같이 일본군국주의는 대외침략에 대한 사회적 공감대를 형성하기 위해 팔굉일우八紘一宇라는 명분을 도출했다. 《일본서기》에 나오는 '온 세상을 하나의 집으로 한다'는 진무천황(재위 기원전

660~585년)의 발언에서 대외팽창의 명분을 찾은 것이다. 이러한 점을 보면 정치권력이 역사를 중시하는 이유를 이해할 수 있다. 정치적 행위를 합리화하고 국민적 지지를 획득하기 위해서 그렇게 하는 것이다.

'미래'의 목표를 둘러싼 '현재'의 대립

우리가 역사분쟁에 주목하지 않으면 안 되는 이유가 바로 거기에 있다. 역사분쟁이 지금 당장에는 별로 생산적이지 않은 것처럼 보일지라도 미래의 목표를 위해 국민적 명분을 조성하는 데 기여할 수 있기 때문이다. 우리가 주변국과의 역사분쟁에 항상 관심을 기울여야 하는 것도 바로 그 때문이다. 역사문제와 관련하여 주변국 국민들의 인식이 특정 방향으로 집중되고 있다면 향후 그 나라의 국가정책이 그런 방향으로 현실화될 가능성이 있기 때문이다. 예컨대 A의 이웃인 B가 자신의 어린 아들에게 "A의 땅은 본래 우리의 땅이었다"고 가르친다면 훗날 두 집안 간에 토지분쟁이 일어날 가능성이 높다. 이처럼 어떤 국민들의 머릿속에 특정한 역사지식이 지속적으로 주입되면 향후 그 국민들의 힘이 특정한 방향으로 결집될 가능성도 높아진다. 그러므로 역사분쟁은 미래의 정세를 예고하는 단서가 되는 것이다.

국가의 미래와 관련하여 역사가 갖는 의미가 이와 같기 때문에 정치권력은 과거의 역사를 밝혀내고 이를 유리하게 해석하는 데 관심을 갖고 있다. 사마천의 《사기》가 나온 것도 그런 맥락에서였다. 한나라 때 역사서들이 그 이전에 나온 여러 갈래의 신화와 역사를 중국이라는 큰 틀 속에서 통일적으로 해석한 것은 당시 정치권력의 필요에 부응한 것이었다. 통일 이후 얼마 되지 않아 멸망한 진나라와 달리, 중국을 실질적으로 통일한 한나라의 입장에서는 과거 중국 땅에서 존재했던 여러 갈래의 신화와 역사를 중국의 신화와 역사로 수렴할 필요가 있었던 것이다.

역사에 접근하는 목적 자체가 정치적이기 때문에 정치권력은 역사를 사실 그대로 규명하기보다는 역사를 유리하게 해석하는 데 관심을 가질 수밖에 없다. 그래서 정치권력이 주도하는 역사 프로젝트는 일정 정도의 역사왜곡을 낳을 수밖에 없다. 불리한 사실관계를 숨기거나 왜곡하고, 유리한 사실관계를 부풀리는 등의 방법으로 역사왜곡이 이루어지는 것이다. 이러한 역사왜곡이 경쟁국의 역사해석과 충돌할 때는 역사분쟁으로 비화되는 것이다.

그러나 모든 나라의 역사왜곡이 반드시 역사분쟁을 낳는 것은 아니다. 약소국의 역사왜곡은 강대국의 그것에 비해 외교적 마찰을 일으킬 가능성이 상대적으로 낮다. 이런 경우는 대개 사소한 사실관계와 관련된 것이거나 패권주의적 목표와 무관한 것이기 때문에 큰 이슈로 발전하는 경우가 별로 없다. 하지만 현재 패권을 보유하고 있거나 앞으로 패권에 도전할 가능성이 있는 나라들이 진행하는 역사왜곡의 경우 사정이 달라진다. 국력이 강한 나라들은 주변의 약소국들을 별로 의식하지 않고 역사왜곡을 감행하는 경우가 많다. 또 미래의 국가목표를 위해 의식적이고도 대규모적으로 역사왜곡을 감행하기도 한다. 그래서 패권에 근접한 나라들이 벌이는 역사왜곡은 역사분쟁으로 발전될 소지가 크다.

우리가 중국과 일본의 역사왜곡에 관심을 갖지 않을 수 없는 이유도 바로 그 때문이다. 역사왜곡으로 중국·일본의 과거가 화려하게 포장되는 게 싫어서가 아니다. 그런 나라들의 역사왜곡에 관심을 갖지 않을 수 없는 것은 차기 동아시아 패권을 추구하는 나라들에서 그런 왜곡이 이루어지고 있기 때문이다. 그런 나라들의 역사왜곡이 가까운 장래의 동아시아 패권경쟁과 연결될 가능성이 높기 때문에 관심을 갖거나 경계하지 않을 수 없는 것이다.

이어지는 항목에서 중국이 전개하는 역사 프로젝트 가운데 만주 지역의 역사와 관련된 동북공정과 그것에 내재된 중국의 동북전략을 살펴본 뒤, 티베트·신장 지역의 역사와 관련된 티베트·신장 프로젝트와 서부전략을 살펴보기로 하자.

2. 동북공정과 동북전략

2002년 2월 28일부터 중국사회과학원 변강사지연구중심邊疆史地研究中心의 주도 하에 전개된 동북공정은 2003년 7월 16일자《중앙일보》보도를 통해 한국에 알려진 이래 2004년과 2006년 한국과 중국 사이에서 첨예한 역사분쟁 혹은 역사전쟁을 일으킨 만주지역의 역사 및 지리에 관한 연구 프로젝트다. 동북공정으로 발생한 한·중 양국의 첨예한 마찰을 진화하기 위해 2004년 8월 23일 한·중 양국의 외무차관급이 역사문제를 정치쟁점화하지 않기로 합의했지만 그에도 불구하고 양국 간에는 계속해서 문제가 불거졌다.

양국 간에 뜨거운 논쟁을 불러일으킨 동북공정의 연구영역에는 강역이론, 동북지방사, 동북민족사, 고조선·고구려·발해사, 한중관계사, 중국 동북 국경지역과 러시아 극동지역의 관계사, 한반도 정세변화와 중국 동북 국경지역의 상관관계 등이 있다. 이러한 연구영역을 보면 동북공정이 만주지역의 역사를 규명하는 작업일 뿐만 아니라 한중관계·한러관계까지도 포괄하는 폭넓은 작업임을 알 수 있다. 무엇보다도 이 연구의 최대 의의는 중국 동북지역과 한족의 역사적 연계를 규명하는 데 있다.

중국이 동북공정을 진행하는 표면적인 목적은 동북 지역의 역사를 규명하겠다는 데 있지만 이 연구는 크게 2가지 방면에서 미래의 팍스 시니카와 관련을 갖고 있다. 훗날의 중화패권주의와 관련하여 동북공정이 갖는 정치적 함의는 크게 2가지다.

첫째, 동북공정은 중국 동북지역을 한족의 통치권 하에 묶어두려는 의도를 담고 있다. 이러한 작업을 시도하는 것은 동북지역과 한족의 역사적 연계가 그만큼 취약함을 역설적으로 보여주는 것이다. 동북지역이 전통적으로 또 안정적으로 한족의 지배권 하에 있었다면 처음부터 이런 프로젝트 자체가 불필요했을 것이다.

동북지역이 한족의 지배범위 안에 안정적으로 들어온 것은 1949년 이후다. 그 이전까지만 해도 한족이 동북지역을 통치한 적은 없었다고 보아도 무방하다. 고구려가 멸망한 후 발해가 들어섰고, 발해가 멸망한 후에는 요나라와 금나라가 들어섰다. 그 이후에는 몽골제국의 지배력이 미쳤다. 명나라 때는 만주지역에 요동도사遼東都司와 노아간도사奴兒干都司라는 광역 지방기구가 세워졌지만 명나라의 통치권이 미친 곳은 만주의 서쪽인 요동도사 지역에 불과했다. 동쪽의 광범위한 노아간도사 지역은 여전히 여진족의 지배 하에 있었다. 청나라 때에 동북지역과 중원지역이 통일됐지만 이 시기 동북지역을 지배한 주체는 한족이 아니라 만주족(여진족의 후예)이었다. 또 20세기 초반의 군벌시대에는 동북지역에 대한 통일적 지배권이 확립되지 못했다. 그렇기 때문에 한족의 입장에서는 동북지역에 대한 통치가 매우 낯설고 새로울 수밖에 없다.

이처럼 동북지역에 대한 한족의 지배가 역사적으로 최근의 일이기 때문에 이러한 불안정성을 없애기 위해서라도 한족정권은 만주와 중원의 역사적 연계를 찾아내기 위한 역사 프로젝트를 벌일 수밖에 없었다. 역사 프로젝트는 만주에 대한 중국의 지배를 역사적으로 합리화하기 위한 것이다. 청사공정淸史工程 역시 동북공정과 무관하지 않다. 청사공정의 주된 목표는 아직 《청사고》라는 원고 형태로 정리되어 있는 청나라의 역사를 《청사》의 형태로 끌어올림과 동시에 이를 중국의 역사에 포함시키는 것이다. 이 작업은 청나라의 주역인 만주족을 긍정적으로 평가한다는 점에서 동북공정과 일정한 관련성을 갖고 있다. 종래에는 청나라의 멸망 원인이 함풍제의 후궁이자 청나라 말기의 실권자인 서태후를 비롯한 만주족의 무능에 있다고 가르쳤지만,《청사》에서는 만주족의 긍정적인 측면들을 부각시키고 청나라 멸망의 주요 원인이 한족 관료들의 무능에 있었다는 점을 부각시킬 것으로 관측되고 있다. 이는 동북지역에 있는 만주족을 적극적으로 포용하기 위한 시도라고 볼 수 있다.

둘째, 동북공정은 향후 중국이 한반도를 향해 세력팽창을 도모할 수 있도록 적절한 명분을 조성하는 데 기여할 것이다. 동북공정의 논리 중 하나는 '고구려는 중국의 지방정권'이라는 것이다. 오늘날 중요한 것은 고구려가 정말로 중국의 지방정권이었느냐 아니냐가 아니다. 중국이 오늘날 그렇게 주장하고 있다는 점이 중요한 것이다. 그런 주장을 근거로 중국이 세력팽창의 명분을 세울 가능성이 높기 때문이다.

패권국들이 역사적 연고를 근거로 대외침략을 정당화하는 경향이 있듯이 경제적·군사적으로 일정 궤도에 접어든 뒤에는 중국 역시 그런 논리를 내세워 한반도 북부에 대한 팽창을 시도할 가능성이 있다. 물론 지금 당장은 경제성장이 시급하기 때문에 그런 시도를 벌일 가능성이 낮지만, 향후 중국이 안정궤도에 들어서고 또 한반도 주변에서 예측불허의 사태가 발생할 때는 중국 역시 과거의 일본군국주의가 그러했던 것처럼 역사책 속에서 대외침략의 명분을 끄집어낼 가능성이 얼마든지 존재하는 것이다.

이보다 더 우려스러운 것은 중국의 연고권 주장이 한반도 북부에 그치지 않고 한반도 전역으로 확대될 가능성도 있다는 점이다. 중국 학자들은 "고구려는 몰라도 조선만큼은 중국의 지방정권이 아닌 외국이었다"고 인정하면서도, 또 한편으로는 조선이 명·청 제국의 책봉을 받은 사실을 부각시키는 방법으로 한반도와 중국을 역사적으로 연계하고 있다. 지금 당장에는 한국의 국력이 안정적이기 때문에 조선과 명·청의 책봉관계를 명분으로 한반도 전체에 대한 역사적 연고를 주장하기 힘들지만 향후 동아시아에서 예측불허의 사태가 전개될 때는 그런 역사적 사실관계를 대외팽창의 명분으로 만들 가능성이 얼마든지 존재한다는 점을 간과해서는 안 된다.

3. 티베트 · 신장 프로젝트와 서부전략

현재 중국에서 가장 위험한 지역은 서쪽에 있는 티베트자치구西藏自治區와 신장위구르자치구新疆維吳爾自治區로 중국정부에 대한 저항운동이 자주 발생하는 곳이다. 이곳은 소수민족 자치지역 가운데 이탈 가능성이 가장 높은 지역이다. 1부에서 살펴본 바와 같이 이곳은 동아시아 국제질서 제2-1기에 중국에 가장 큰 위협을 준 지역이다. 티베트의 경우에는 당나라 때부터 중국을 위협했다.

몽골과 맞닿은 내몽골자치구도 마찬가지가 아니겠냐고 할 수 있지만 위의 두 자치구와 내몽골은 상황이 다르다. 티베트의 경우 주민 대부분이 티베트족인 데에다가 인도에 티베트망명정부까지 두고 있다. 신장위구르자치구의 경우에는 2000년 현재 인구의 45.2%가 위구르족이다. 이에 비해 내몽골자치구는 2000년 현재 몽골족은 17.1%에 불과하고 한족이 79.2%를 차지하고 있다. 명목상으로는 내몽골인들의 자치구이지만 실제로는 한족이 압도적 다수를 차지하고 있는 지역이다. 소수민족 거주지에 끊임없이 한족을 이주시킨 현대판 사민정책徙民政策이 낳은 성과물이라고 할 수 있다. 이와 같이 내몽골자치구는 이미 한화漢化가 이루어진 지역이기 때문에 티베트자치구나 신장위구르자치구에 비해 위험성이 낮다고 할 수 있다.

티베트나 신장위구르는 중국정부에 대해 저항적인 소수민족이 주로 거주하고 있을 뿐만 아니라 전통적으로 중국을 위협하던 곳 중 하나이기 때문에 중국정부로서는 특히 신경을 쓰지 않을 수 없다. 중국으로부터 이탈할 가능성이 높기에 중국정부로서도 이 지역의 분리운동 가능성을 늘 염두에 두지 않을 수 없는 것이다. 이 지역들을 상대로 역사 프로젝트를 전개하는 것도 그러한 맥락에서 이해될 수 있다.

티베트자치구와 신장위구르자치구의 분리 위험성을 방지하는 한편 중국과의 통합을 촉진하기 위해 중국은 이 지역들과 관련된 역사공정을 전개하고 있다. 두 지역과 관련된 역사공정을 각각 살펴보자.

먼저 티베트자치구와 관련해서는 개혁개방 초기인 1986년 5월 20일 북경에 중국장학연구중심中國藏學硏究中心을 설립하여 티베트학(장학) 연구 즉 티베트 프로젝트에 착수했다. 이 연구소를 중심으로 수행되는 티베트학 연구 주제에는 티베트자치구를 포함해서 사천성·감숙성·청해성 같은 티베트족 거주지역의 역사뿐만 아니라 정치·경제·문화·종교·사회·언어 등이 광범위하게 포함되어 있다.

다음으로 신장위구르자치구와 관련해서는 2005년 5월 '신장 역사 및 현상 종합연구' 제1차 전문가위원회 회의가 열린 이래 신장 프로젝트가 진행되고 있다. 신장 프로젝트 주제에는 신장 역사 연구, 신장 민족 연구, 신장 문화·종교 연구, 신장의 안정 및 발전에 관한 연구, 신장과 주변국의 관계사 등이 포함되어 있다.

티베트 프로젝트와 신장 프로젝트는 다음과 같은 2가지 목표 하에 진행되고 있다.

첫째는 티베트자치구나 신장위구르자치구에 거주하는 소수민족을 단속하기 위한 것이다. 두 지역과 중원 지역의 전통적인 유대를 강조함으로써 분리운동의 명분을 차단하려는 것이다. 두 지역이 전통적으로 중국 왕조의 지방정권이었다는 논리를 수립하여 중원과의 역사적 연계를 합리화하려는 것이다.

둘째는 두 지역과 외국 혹은 인접국의 연계를 차단하기 위한 것이다. 티베트의 경우 달라이라마를 중심으로 해외에서 임시정부가 활동하고 있을 뿐만 아니라, 이미 세계 곳곳으로부터 독립운동에 관한 지원과 관심을 받고 있다. 비단길의 루트였던 신장위구르의 경우에는 흉노족·돌궐족·몽골족 등 여러 민족이 번갈아가면서 지배한 적이 있는 데다가 18세기에는 야꿉벡이 이끄는 현지인 정권이 출범하여 영국과 러시아의 승인을 받기도 했다.

위와 같이 중국을 위협하는 세력들의 거점이 된 적이 있는 데다가 제3국들과의 연대 가능성이 높은 지역이기에 중국으로서도 이 지역들과 중원의 역사적 연계를 강조함으로써 제3국이 이 지역들에 접근하지 못하도록 막을 수밖에 없는 것이다. 이 지역들과 중원의 역사적 인연을 강조하여 이 지역들을 '하나의 중국' 범주에 묶음으로써 훗날 이 지역들에 접근하거나 이 지역들을 후원하는 외국에 대해 '국내문제'를 이유로 항의를 제기할 수 있는 것이다. 티베트·신장 문제가 중국의 국내문제라는 역사적 근거가 갖추어질 경우 티베트·신장 독립운동에 대한 제3국의 지원은 국제법상의 내정간섭금지에 저촉될 가능성이 높아진다.

한편 티베트나 신장 지역이 독립을 쟁취할 경우 중국으로서는 중동이나 중앙아시아로 나아갈 수 있는 통로를 상실하게 된다. 이렇게 되면 여타 지역에 대한 중국의 관심이 줄어들 수밖에 없다. 이는 중국의 안보에 적신호가 될 것이다. 중국이 두 지역과 관련된 역사 프로젝트를 전개하는 데는 이처럼 복합적인 계산이 깔려 있다.

지금까지 살펴본 바와 같이 중국이 동북공정이나 티베트·신장 프로젝트 등을 전개하는 본질적 목적은 소수민족 또는 이민족의 영향력이 강할 뿐만 아니라 제3국과의 연계가 높은 지역에 대한 중국정부의 영향력을 강화하고, 나아가 훗날 발생할지 모르는 분쟁에 대비해서 행동의 명분을 만들어두기 위한 것이다. 한마디로 말해 중국의 역사 프로젝트는 중화의 기치 아래에 이적들을 교화한다는 중화패권주의의 이념에 입각한 것이다.

4. 새로운 해석인가, 새로운 침략인가

중국이 추진하는 역사 프로젝트에는 중화패권주의가 내재되어 있다. 중국의 역사 프로젝트에 관심을 갖지 않으면 안 되는 것도 그 때문이다. 그러나 우리는 중국의 역사 프로젝트에 대한 한국인들의 경계심이 다소 지나친 데가 있을 뿐만 아니라 그러한 지나침이 도리어 불필요한 오해와 분쟁을 낳을 수 있다는 점도 고려해야 한다. 이 점과 관련하여 중국이 본래부터 역사학이 발달한 나라였다는 점과, 중국의 역사공정에 대한 한국인들의 인식 속에 과장된 측면이 있다는 점을 지적하지 않을 수 없다.

중국은 세계적으로 역사학이 가장 발달한 나라다. 수천 년 전에 벌어진 사건들이 그처럼 상세하게 기록으로 남아 있는 나라는 드물다. 전국시대(기원전 8~3세기)의 무덤에서 발견된 어느 죽간(대나무 문서)에 담긴 살인사건 수사 기록을 그 예로 들 수 있다. 수사관이 관노비와 함께 현장에 출동해 보니 피살자의 왼쪽 목에 칼날에 베인 상처가 있고 피살자의 비단 신발 한 짝은 시신으로부터 여섯 발자국 떨어져 있고 다른 한 짝은 열 발자국 떨어져 있었다는 내용까지 들어 있을 정도로 기록이 매우 구체적이고 상세하다. 이 사례에서 단적으로 드러나는 바와 같이 중국인들은 오래 전부터 기록문화의 일가견을 이루어왔다. 철학이 꽃핀 인도에서도 역사학은 그리 발달하지 않았다. 꼼꼼하기로 유명한 일본에도 고대에 관한 역사기록은 얼마 되지 않는다. 한국도 마찬가지다.

중국의 역사학이 발달했다는 점은 25사史의 존재에서 압축적으로 드러난다. 25사란 사마천의 《사기》로부터 시작해서 기전체(본기·열전 등을 갖춘 역사 서술방식)에 입각해서 역대 왕조의 역사를 정리한 정사(正史)들을 말한다. 《한서》, 《후한서》, 《삼국지》, 《구당서》, 《신당서》, 《송사》, 《요사》, 《금사》, 《원사》, 《명사》, 《청사고》 등이 이에 해당한다. 각 왕조의 정사는 이후의 왕조 하에서 편찬되는 게 관행이다. 후한(25~220년)의 역사를 기록한 《후한서》는 남북조 시대인 유송(420~479년) 때, 송나라(960~1279년)의 역사를 기록한 《송사》는 몽골족 원나라(1271~1368년) 때, 원제국의 역사를 기록한 《원사》는 명나라(1368~1644년) 때 편찬되었다. 실질적인 상호 계승관계가 있다고 보기 힘든 한족 왕조의 역사(《한서》 등), 거란족 왕조의 역사(《요사》), 여진족 혹은 만주족 왕조의 역사(《금사》, 《청사고》), 몽골족 왕조의 역사(《원사》) 등을 이처럼 하나의 체계로 묶은 것을 보면 중국의 역사학이 기술적으로 상당한 수준을 갖고 있음을 알 수 있다.

이전 왕조의 정사를 편찬함으로써 해당 왕조는 크게 2가지의 정치적 효과를 거둘 수 있었다. 첫째, 자기 왕조가 역대 중국 왕조의 명맥을 계승하는 정통성 있는 왕조임을 천명할 수 있었다. 둘째, 자기 왕조가 새로운 영토와 백성의 합당한 지배자임을 과시할 수 있었다. 여기서 특히 두 번째 효과에 주목할 필요가 있다. 어느 나라나 다 마찬가지겠지만 중국의 경우에는 왕조가 바뀔 때마다 영토나 백성이 크게 바뀌었다. 통시적으로 보면 중국의 영토는 점점 확대되고 인구구성은 차차 복잡해졌다. 이전 왕조를 멸망시키고 새로 들어선 왕조는 이런 현실에 맞춰 왕조의 정체성을 재정립하지 않으면 안 되었다. 새로운 왕조의 새로운 정체성을 만천하에 알릴 수 있는 가장 좋은 방법은 정사 편찬이었다. 새로운 영토와 새로운 인구구성에 걸맞은 새로운 역사를 구축함으로써 새로운 왕조의 기반을 굳건히 하고자 했던 것이다.

동북공정 빌미로 퍼진 한미동맹 강화론

그런데 이 점과 관련하여 1949년에 중화민국을 대륙에서 몰아내고 지배권을 획득한 현재의 중화인민공화국은 한 가지 고민을 안고 있다. 중국대륙 전체를 석권한 왕조들의 기존 관행을 따르자면 중화인민공화국도 정사 편찬을 통해 이전 국가의 역사를 기록하고 평가할 필요가 있다. 그런데 중화인민공화국이 몰아낸 대만의 중화민국이 아직 건재하다. '하나의 중국' 원칙을 견지하는 중화인민공화국 입장에서는 중화민국이란 존재를 인정할 수 없다. 그렇기 때문에 중화민국을 계승하여 중화인민공화국이 수립되었다는 논리를 펼수 없는 것이다. 그래서 중화인민공화국은 청나라로부터 역사적 정통성을 계승했다는 논리를 세우지 않을 수 없는 것이다. 아직 원고 형태로 남아 있는 《청사고》를 대신할 《청사》를 편찬하기 위한 작업이 중화인민공화국에서 진행되는 것도 바로 그 때문이다.

이와 같이 중화인민공화국은 1912년에 멸망한 청나라의 정사를 편찬해야 할 뿐만 아니라 청나라와 중화인민공화국의 영토와 인구구성을 기준으로 중국사를 새롭게 구성해야 할 과제를 안고 있다. 그런데 건국 이후 한동안 중화인민공화국은 이전 왕조의 정사를 편찬할 만한 여유를 갖지 못했다. 1966년에 이상적인 사회주의 건설을 목표로 문화대혁명이 시작된 것에서 알 수 있듯이 마오쩌둥(모택동) 시대의 중국은 민족주의적 색채가 상대적으로 약했던 반면 사회주의적 색채가 상대적으로 강했다. 그러나 마오쩌둥 사망(1976년) 이후 개혁개방이 진행되고 사회주의적 색채가 완화됨에 따라 중국에서는 새로운 상황에 걸맞게 자국의 민족사를 재정립해야 한다는 분위기가 고조되었다. 이런 배경 하에서 중국에서 추진된 혹은 추진되고 있는 대표적인 역사 프로젝트로는 티베트 프로젝트, 신장 프로젝트, 하·은·주 단대공정(고대 왕조의 연대를 확정하는 사업), 중국고대문명 탐원공정, 동북강역 역사 및 현상체계 연구공정(동북공정), 청사공정 등이 있다. 이처럼 중국의 역사 프로젝트는 한편으로는 중화패권주의의 명분을 만들기 위한 것이기도 하지만, 또 한편으로는 이전 왕조의 역사를 이후 왕조가 정리하는 중국의 오랜 관행에 부응하는 것이기도 하다.

중국이 본래 역사학이 발달한 나라라는 점을 간과한 탓에 중국의 역사공정과 관련하여 한국사회에 상당히 과장된 인식이 널리 퍼져 있다. 중국 역사학의 전통을 고려하지 않은 채 중국이 벌이는 모든 역사 프로젝트에 대해 무조건 색안경을 끼고 바라보려는 경향이 있는 것이다. 예컨대, 하나라·은나라·주나라나 염제[35]·황제[36] 시대의 연대를 밝히는 작업인 단대공정이나 탐원공정을 두고도 한국의 언론에서는 좋지 못한 의도가 깔려 있다고 경계하는 목소리가 나왔다. 물론 역사시대라기보다는 신화시대에 가까운 시기의 연대를 밝히는 작업에 일정 정도의 왜곡이 따를 수는 있지만 자신들의 역사에 나오는 특정 사건들과 관련된 연대를 탐구하는 작업에 대해서까지 색안경을 끼고 바라볼 필요는 없을 것이다.

필자를 포함한 네 명의 역사 연구자가 공동으로 집필한 논문에서도 중국의 역사공정에 관한 한국 사회의 반응에서 부정적 측면들이 많이 나왔다는 점을 논증한 바 있다. 〈동북공정에 관한 한·중 언론의 보도태도〉[37]라는 글에서 저자들은 한국 언론이 동북공정 문제를 빌미로 중국위협론뿐만 아니라 한미동맹 유지론까지 퍼뜨렸다는 점을 지적했다.

이런 점을 감안할 때, 중국이 추진하는 모든 역사공정을 색안경을 끼고 바

---

35 불을 관장했다고 알려진 중국 고대의 전설적인 임금.
36 황제黃帝는 중국문명의 창시자로 추앙받는 고대의 전설적인 임금.
37 김종성·권택규·이현주·강성봉, 〈동북공정에 관한 한·중 언론의 보도태도〉, 《사림》 제30호, 수선사학회, 2008.

라볼 게 아니라 중화패권주의와 관련된 부분에 대해서만 집중적인 주의를 기울여야 한다. 중국이 하는 모든 일에 대해 무조건 문제를 제기한다면 한국의 역량이 불필요하게 소모될 뿐만 아니라 중국의 계산된 전략에 휘말릴 수도 있다. 이런 위험성을 방지하려면 장래의 동아시아 패권경쟁으로 연결될 소지가 있는 역사공정에 대해서만 주의를 집중하지 않으면 안 될 것이다.

제6장

양안관계

중화인민공화국과 중화민국(대만)의 관계, 즉 양안관계에 대한 한국인들의 관심은 비교적 높다. 하지만 관심도에 비해 인식은 상대적으로 얕은 편이다. 남북관계를 보는 시각으로 양안관계를 보는 데서 그 점이 드러난다. 한국사회가 이 문제와 관련된 지난날의 팩트에 대한 인식 없이 당장의 현상만을 쫓은 데서 나온 결과라고 할 수 있다. 이에, 이 글에서는 대만의 역사로부터 시작해서 어떻게 오늘의 현상에까지 이르게 되었는지를 살펴보기로 하겠다.

1. 대만의 선사先史

17세기 이전의 대만 역사를 보여주는 사료는 현재로서는 거의 없다. 그렇기 때문에 17세기 이전은 대만의 선사시대라고 해도 과언이 아니다. 알려진 바에 따르면 대만 최초의 원주민은 말레이 폴리네시아계 사람들이다. 이들은 부족 단위의 생활을 했으며 국가의 단계까지는 발전하지 못했다. 16세기 중엽 일부 부족들이 연합하여 대두왕국大肚王國이라는 부족연맹체를 세우기는 했지만 이 왕국은 대만 전체에 대한 지배력을 확보하지 못했다.

현재의 대만인들은 최초의 원주민들과 어떤 관계를 갖고 있을까? 초기 원주민들의 혈통을 이어받은 고산족은 2008년 현재 약 50만 명에 불과하다. 2008년 현재의 대만 인구가 약 2292만 명이므로 고산족 인구가 차지하는 비율은 약 2%에 지나지 않는다. 대만 인구의 85%를 차지하는 본성인(本省人, 대만인)과 13%를 차지하는 외성인外省人은 기본적으로 중국대륙에서 건너온 사람들이다. 본성인과 외성인을 구분하는 기준은 '언제 중국대륙에서 대만으로 건너갔는가'다. 본성인은 17세기 이후에, 외성인은 1949년 이후에 건너갔다. 대륙에서 건너간 본성인과 외성인이 대만 인구의 98%인 점을 볼 때, 17세기 이전의 대만과 현재의 대만 사이에는 별다른 연속성이 없다고 보아야 한다. 역사적으로 보나 인구구성으로 보나 다 마찬가지다. 인디언들이 지배하던 과거의 아메리카와 백인들이 지배하는 현재의 아메리카 사이에 연속성이 없는 것과 별반 다를 바 없다.

17세기 이전에는 대만과 중국이 서로 달랐을 뿐만 아니라 상호 간에 교류도 거의 없었다. 17세기 이전 중국대륙에서 팽호열도(팽호군도)까지만 관심을 갖고 그 옆에 있는 대만에 대해서는 별다른 관심을 가지지 않은 사실로부터 이 점을 알 수 있다. 대만해협의 동쪽에 위치한 팽호열도는 중국대륙으로부터는 140킬로미터, 대만으로부터는 50킬로미터 떨어진 곳이다. 지리상으로는 대만에 훨씬 더 가까운 섬으로 대만의 부속도서라고 해도 과언이 아니다. 대만 고고학자인 쨩전화(장진화)가 쓴 〈지하에서 출토된 팽호 고사古史〉란 논문에 따르면 이미 4500년 전부터 팽호열도에 사람이 거주했으며, 한족은 9~10세기부터 거주했다.[38] 당나라 후기나 송나라 초기부터 한족이 진출

---

38 자세한 내용은 臧振華, 〈地下出土的澎湖古史〉, 《澎湖開拓史學術研討會實錄》, 대만 澎湖縣 文化中心, 1989, 63~102쪽 참조

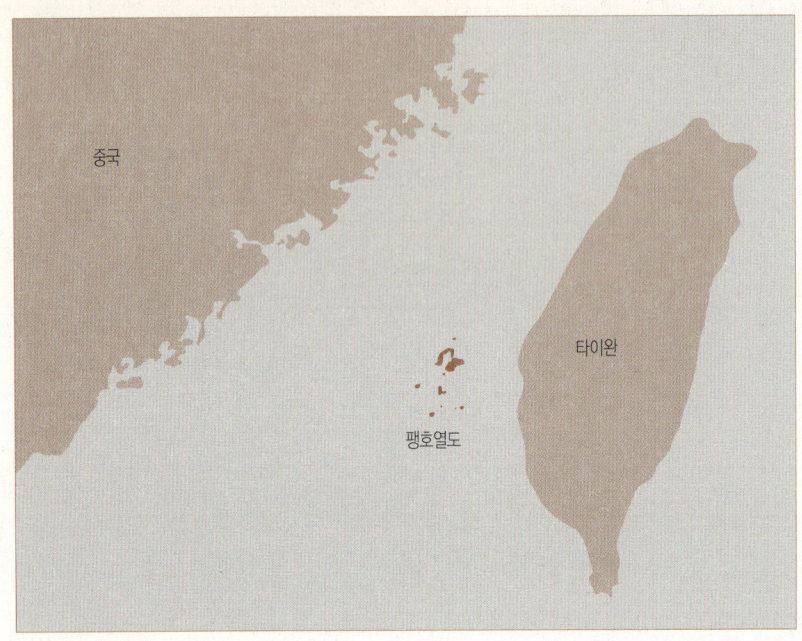

중국

타이완

팽호열도

팽호열도의 위치.

한 것이다. 대만섬과 비교할 때 꽤 일찍부터 한족이 진출한 곳이다.

그처럼 팽호열도와 대륙 사이에는 오래 전부터 교류가 이루어졌다. 그렇기 때문에 대륙의 정치권력도 오래 전부터 관심을 갖지 않을 수 없었다. 남송 때 시인인 루약樓鑰의 《공괴집》에는 남송의 천주지부 왕대유汪大猷가 평호平湖섬의 한족 거주자들이 대만섬 원주민으로부터 약탈을 당하지 않도록 군대를 파견했다는 기록이 있다. 천주지부泉州知府란 천주부泉州府의 수령을 가리킨다. 그리고 평호는 팽호와 같은 곳이다. 팽호열도에 대한 대륙인들의 관심은 몽골제국 시대에도 이어졌다. 몽골제국 시대에도 이곳에 순검사巡檢司라는 관청을 설치했다. 순검사란 인구가 희소한 지역에 설치된 관청으로서 현급 행정단위의 하부조직이었다. 명나라 역시 관행에 따라 팽호열도에 관청을 설치했다.

　대륙에서 팽호열도에 관심을 가진 핵심적 이유는 자국 어민들을 보호하기 위해서였다. 자국인들이 이곳을 거점으로 수산자원을 안정적으로 확보할 수 있도록 지원하기 위해 관리를 파견했던 것이다. 그렇다면 팽호열도에는 관심을 가지면서도 바로 옆에 있는 대만에는 관심을 갖지 않은 것은 왜일까? 이는 대만섬을 공략할 정도의 역량을 확보하지 못한 데도 원인이 있겠지만 대만해협의 오른쪽에 치우쳐 있는 팽호열도에 대한 지배권을 행사하는 것만으로도 대만해협의 해양자원에 대한 영향력을 확보할 수 있었기 때문인 것으로 판단된다. 팽호열도에 대한 동아시아 국가들의 전통적 관심은 청일전쟁 이후 일본의 태도에서도 잘 드러난다. 청일전쟁의 전후戰後처리조약인 시모노세키조약 체결 당시, 일본은 "대만과 함께 팽호열도를 할양해 달라"고 중국에 요구한 바 있다.

2. 외부세력의 대만 점령

　대만의 역사는 대만과 외부가 관계를 가진 17세기부터 기록되었다. 대만에 처음 진출한 외부 세력은 중국이 아니었다. 그것은 네덜란드와 스페인이었다. 유라시아대륙의 서쪽 끝부분에 있는 네덜란드·스페인이 유라시아대륙의 동쪽 끝부분에 있는 대만에 진출할 수 있었던 것은 15세기 말엽부터 동서양을 연결하는 바닷길이 열렸기 때문이다. 1부에서 바닷길 개척이 일본과 서유럽을 이어주는 역할을 했다고 설명한 바 있다. 대만과 서양의 접촉도 바다를 통한 동·서양 교류의 일환으로 이루어진 일이다. 또 17세기 초반에 동아시아가 임진왜란의 여파에 시달리고 있었다는 점도 이 시기에 서양세력이 비교적 수월하게 대만을 점령할 수 있었던 이유를 설명해준다.

중국의 대만 진출 촉진한 서양의 대만 점령

그런데 일본의 경우 서양과의 접촉이 국력 강화의 계기가 된 데 비해 대만의 경우에는 그것이 시련의 서곡이 되었다. 이미 오래 전에 국가를 이룬 일본과 달리 대만은 그때까지도 국가를 이루지 못했기 때문에 서양과의 접촉을 제대로 활용할 수 없었다. 서양과의 접촉을 통해 대만이 얻은 것은 네덜란드와 스페인의 위협이었다. 17세기에 대만 남부는 네덜란드 동인도회사의 영향권에 들어가고, 대만 북부는 스페인의 수중에 들어갔다. 이후 대만을 점거한 네덜란드와 스페인 사이에 경합이 벌어졌고, 이는 1642년에 네덜란드인들이 스페인인들을 추방함으로써 종결되었다. 이로써 대만의 많은 지역이 네덜란드의 식민지로 전락했다.

서양인들의 대만 진출은 중국인들의 대만 진출을 촉진하는 계기로 작용했다. 네덜란드 동인도회사가 중국의 복건성·광동성 사람들을 모집해서 대만에서 농업을 경영했기 때문이다. 이 과정에서 중국인 남자와 대만인 여자의 결혼이 많이 이루어졌다. 이렇게 해서 17세기 이후 대만에 진출한 중국인들은 이후 대만 사회의 주류로 성장했다. 대만 인구의 85%를 차지하는 본성인이 바로 그들이다.

네덜란드인들이 대만에 진출했을 때 대륙에서는 임진왜란의 여파로 동아시아 패권이 명나라에서 청나라로 이동하는 정치적 변화가 발생했다. 이때 명나라 부흥운동의 중심에 서서 청나라에 대항했던 인물이 정성공(1624~1662년)이다. 중국인 아버지와 일본인 어머니 사이에서 태어난 정성공은 출생지인 일본을 떠나 일곱 살 때부터 명나라에서 교육을 받았다. 해적인 동시에 상인인 아버지 정지룡이 중국 동남부 연해지역에서 실력을 행사하고 있었기 때문에 정성공은 명나라가 멸망(1644년)한 이후 손쉽게 부흥운동의 중심에 설 수 있었다. 1650년 아버지의 해상권을 이어받아 복건성 연해지역에 거점을 갖게 된 정성공은 1658년 남경 공략을 단행했지만 실패했다.

1661년 명나라가 정성공과 연해 주민들의 접촉을 막을 목적으로 복건·광동·절강·강소·산동 5개 성省의 연해 주민을 육지 쪽으로 20킬로미터 이동시키는 천계령遷界令을 단행하자, 정성공은 활로를 모색하기 위해 새로운 거점을 찾아 대만 남쪽으로 이동했다. 그는 대만 남부를 장악하기 위해 1661년부터 네덜란드 세력과 싸워 1662년에 그들을 축출하는 데 성공했다. 이로써 대만섬에 사상 최초로 한족 정권이 세워지게 되었다. 1664년부터 동녕왕국東寧王國이라 불린 이 나라를, 영국 동인도회사에서는 대만왕국 혹은 명경왕국明京王國이라 불렀다.

정성공의 자손들에 의해 왕위가 계승된 동녕왕국은 청나라에 대항한 삼번三藩의 난(1673~1681년)을 지원하는 등 한때 기세를 올렸다. 하지만 삼번의 난을 진압하고 지배권을 공고히 한 청나라가 1683년 대만을 공격하면서 동녕왕국은 무너지고 말았다. 이후 대만은 청나라 복건성의 관할을 받게 되었다. 중국대륙과 대만이 하나의 통치권에 묶인 것은 이때가 처음이다. 이 시기는 청나라가 전성기에 접어들던 강희제(재위 1661~1722년) 때였다. 청나라는 삼번의 반란세력과 정씨 세력을 물리친 뒤 안정기로 접어들 수 있었다. '대륙과 대만은 하나의 중국'이라는 중국의 주장은 1683년 이후의 사실관계에 역사적 근거를 둔 것이다.

1683년에 군사력을 동원해서 대만을 점령하기는 했지만 청나라가 그렇게 한 것은 결코 대만의 전략적 위치가 중요하기 때문이 아니었다. 가장 본질적인 이유는 대만에 거점을 둔 반청세력을 제거하기 위해서였다. 이때까지만 해도 대만이란 곳은 국제정치적으로 그리 중요하지 않았다. 유라시아대륙의 동쪽 끝에 있는 대만은 동아시아의 변방에 불과했다.

그런데 서세동점 시기가 되면서 대만의 전략적 위상이 급변하기 시작했다.

종래에 미얀마-베트남-대만-오키나와-조선 라인의 한 축을 이룬 대만은 중국을 빙 둘러싸고 있던 지역의 하나였다. 서세동점 시기에 이 라인의 위상이 달라졌다고 한 것은 서양세력과 일본이 이 라인 밖에서 중국을 위협해 들어갔기 때문이다. 그래서 서세동점 시기에는 이 라인이 중국과 서양의 중간에 놓이게 되었다. 중국 입장에서는 이 라인이 서양의 공세에 대항하는 전진 기지인 동시에 서양의 공격으로부터 자국을 지켜주는 보호막이었다. 대만이 서세동점 시기에 갖게 된 위상은 바로 그러했다.

영국·프랑스 등 서양열강은 제1차·제2차 아편전쟁 때만 해도 중국을 직접 공략하는 전략을 취했다. 하지만 1860년대 이후 서양열강의 전략은 중국 본토가 아닌 중국 주변을 먼저 공략하는 쪽으로 선회했다. 그래서 위의 라인에 속한 국가나 지역이 이 시기부터 집중적인 공략을 받게 된 것이다.

일본제국주의의 첫 식민지가 된 대만

중국을 공략하는 루트 중 하나로서 대만의 전략적 위상을 포착하고 이곳에 접근한 나라는 메이지유신 직후의 일본이었다. 그 구실이 된 것은 1871년 대만에서 발생한 유구인(오키나와인) 피살 사건이었다. 69명이 탑승한 유구 선박이 풍랑을 맞아 대만 동해안에 표류한 것이 사건의 발단이었다. 3명의 익사자를 제외한 66명이 해안에 상륙했다. 그중 54명은 대만 목단사牧丹社에 사는 원주민들에게 살해되었다. 목단사라는 지역은 중국의 지배권이 미치지 않는 곳이었다. 대만 원주민들, 즉 생번生蕃이 직접 지배하던 곳이었다. 생존자 12명은 한족의 도움으로 현청에 인계된 뒤 이듬해 유구로 귀환했다.

이때 자국민 보호를 주장하면서 사태에 개입한 것이 바로 일본이었다. 유구왕국이 중국뿐만 아니라 일본과도 사대관계(책봉·조공관계)를 맺고 있다는 점이 그 근거였다. 유구와 일본이 사대관계를 맺고 있다 하여 유구인이 일본인이 되는 것은 아니었지만 일본은 이 문제에 개입하기 위하여 억지 주장을 들고 나왔다. 자국민 보호의 논리를 내세운 일본은 1873년에 외무대신 소에지마 다네오미副島種臣를 청나라에 파견하여 배상을 요구했다.

유구인 피살사건을 활용하여 대만을 점령하기 위해 사전에 치밀한 준비작업을 거친 일본과 비교할 때, 청나라는 꽤 안이한 태도를 갖고 이 문제에 접근했다. 청나라의 최대 실수는 외교부서인 총리각국사무아문(총서)이 "대만 원주민 즉 생번은 청나라의 통치권 밖에 있다"고 공언해버린 것이다. 일본정부의 배상 요구를 물리치기 위한 발언이었지만 이것은 일본이 대만을 상대로 무력공격을 단행하는 데 좋은 명분이 되었다. 대만 원주민들에 대해 청나라의 통치권이 미치지 않는다면 유구인들이 입은 피해를 구실로 일본이 대만 원주민들을 공격해도 청나라가 이에 대응할 명분이 없기 때문이다.

"생번은 청나라와 무관하다"는 총서의 발언을 확보한 뒤인 1874년에 일본은 대만에 군대를 파견했다. 막상 일본군이 출병하자 "생번은 우리와 무관하다"던 청나라에서도 8천 명의 병력을 파견했지만 일본의 해군력을 두려워한 나머지 전투에 나서지는 않았다. 결국 양국은 대화와 협상으로 문제를 해결하기로 했다. 자국민 보호를 위한 일본군의 출병은 정당하며, 일본군은 50만 냥의 배상금을 받고 철수한다는 내용의 조약인 북경전약北京專約을 맺고 양국은 문제를 마무리했다. 피살된 54명의 유구인들은 이로써 국제적으로 일본의 '자국민'이 되고 말았다. 1879년까지 유구왕국이 엄연히 존재했는데도 말이다.

1874년의 사건은 대만에 대한 청나라의 지배력에 대해 의문을 제기했다. 청불전쟁(1884~1885년) 때 프랑스가 대만 북부를 공격한 것도 그러한 분위기를 반영하는 것이다. 결국 대만은 일본의 지배 하에 들어가고 말았다. 1894년 청일전쟁의 전후처리를 위해 시모노세키조약을 체결할 당시 일본은 팽호열도와 함께 대만의 할양을 요구했다. 이후 대만은 일본제국주의의 첫 식민지가 되었다. 네덜란드인들의 지배 하에 있다가 1683년에 청나라의 수중에 들어간 대만은 이렇게 2백여 년 만에 일본의 지배를 받게 되었다.

대만인들도 조선인들과 마찬가지로 일본제국주의에 항거했다. 일본이 대만 지배방식을 식민지배 방식에서 동화정책同化政策으로 바꾼 1920년대부터 대만에서는 항일운동이 섬 전체로 확산되었고, 대만의 일본화를 꾀하는 정책은 대만인들의 저항에 직면하지 않을 수 없었다.

환영받지 못한 중화민국

일본에 뒤이어 1945년부터 대만을 통치하게 된 중화민국국민정부[39] 역시 대만인들의 환영을 못 받기는 마찬가지였다. 국민정부 관리와 병사들의 부정부패가 대만 주민들의 반감을 초래한 것이다. 일본이나 중국이나 다를 게 없다는 정서를 초래한 것이다.

국민정부에 대한 반감이 폭발한 것은 1947년 2·28사건 때였다. 담배를 밀매했다는 이유로 노파를 폭행한 정부 단속반이 이에 항의하는 시민들에게 총을 쏴 1명의 사상자를 낸 일이 발단이 되었다. 이 사건은 처음에는 단속반에 대한 항의운동으로 불거졌다가 나중에는 대만의 자치를 요구하는 정치운동으로 발전했다. 중국본토에서 파견된 사단급 병력이 사태진압에 나선 다음에야 2·28사건은 비로소 진정되었다. 사건 발생 근 반세기 만인 1992년 대만정부가 공식적으로 발표한 수치에 따르면 당시 무력진압 과정에서 목숨을 잃은 사람들은 지식인·지도자들을 포함해서 3만 명가량의 본성인들이었다. 이 사건은 일본이 물러간 뒤 1년 반 동안의 국민정부의 성적표를 보여주었다. 또

---

39 대한민국 헌법에서 대한민국 국가의사의 집행기관은 '정부'다. 이에 비해 1925년 7월 1일부터 1948년 5월 20일까지의 중화민국 국가의사의 집행기관은 '중화민국국민정부'였다. 이를 줄여서 '국민정부' 혹은 '국부'라고 했다.

이 사건은 1949년 이후 들어올 외성인들과 기존부터 살고 있던 본성인들 사이에 감정의 골을 깊게 만드는 사건이기도 했다. 이때 발포된 계엄령이 40년 만인 1987년 7월 15일에 해제된 것만 봐도 이 사건이 얼마나 큰 상처를 남겼는지 짐작할 수 있다.

아이러니컬한 것은 이처럼 국민정부에 대한 원성이 깊은 지역이 얼마 있다가 국민정부의 본거지가 되었다는 점이다. 제2차 국공내전에서 패배한 장제스의 국민정부는 대륙에서 쫓겨나 1949년 12월 대만으로 정부를 옮겼다. 1912년 수립된 중화민국의 실질적 통치권은 이 시점을 계기로 대만섬 한 군데로만 축소되었고, 1949년 이후 중화민국의 역사는 대만의 역사와 등치되었다.

이후 중화민국이 작은 섬 대만을 거점으로 중화인민공화국이라는 거대한 국가에 맞설 수 있었던 것은 앞서 살펴본 바와 같이 대만이 미국의 핵우산으로부터 보호를 받았기 때문이다. 동아시아 대륙세력을 겨냥한 미국 주도의 해양세력 연대에 한국·일본과 함께 대만도 편입되었던 것이다.

3. 양안관계의 쟁점과 전망

양안관계의 세부쟁점 중에서 가장 중요한 것은 '하나의 중국' 원칙이다. 이는 대륙과 대만은 하나의 중국이라는 원칙이다. 이 원칙과 관련하여 중국은 항상 똑같은 입장을 고수했다. 다만 이 원칙을 관철하는 방법론에 있어서는 그동안 변화가 있었다.

미국과 수교하기 이전 중국은 대만을 '해방'시키겠다는 입장을 취했다. 그러나 1979년 1월 1일 중미수교와 동시에 전국인민대표대회(전인대) 상무위원회가 발표한 〈대만동포에게 고하는 글〉을 통해 중국정부는 해방노선을 공식적으로 포기했다. 이후 중국이 취한 정책은 평화통일노선이었다. 대만을 해방의 대상에서 통일의 대상으로 바꾼 것이다. 대만을 하나의 독립된 주체로 인정했다는 점에서 이것은 진일보한 것이었다. 이때 세운 평화통일의 수단이 일국양제一國兩制다. 하나의 국가 안에서 사회주의와 자본주의가 공존할 수 있다는 입장을 천명한 것이다. 그런데 2005년 중국은 〈반국가분열법〉을 제정하여 경우에 따라서는 대만에 대해 무력행사가 가능하도록 법적 장치를 만들어 두었다. 평화통일노선의 예외를 인정한 것이다. 이는 당시 천수이볜(진수편, 재임 2000~2008년) 대만총통의 급진적 독립노선에 대한 경고의 의미를 띠는 것이었다. 그렇기 때문에 무력공격이 실제로 현실화될 가능성은 별로 없다. 위와 같이 중국은 항상 '하나의 중국' 원칙을 견지해 왔지만 그 방법론에서는 시기에 따라 차별성을 보였다.

대만 역시 처음에는 '하나의 중국'을 천명했다. 장제스와 그의 아들인 장징궈(장경국)가 총통직에 있었을 때 대만도 '하나의 중국' 원칙을 고수했다. 장제스 부자의 차이점은 장제스는 본토에 대해 무력노선을 견지한 데 비해, 장징궈는 평화노선을 천명했다는 점이다. 그런데 리덩후이(이등휘, 재임 1988~2000년) 총통이 등장한 후 '하나의 중국' 원칙이 약해지다가, 민진당 출신의 천수이볜 총통이 등장한 후 이 원칙은 폐기되었다. 천수이볜 총통 시기에는 대만이 '중국과 대만은 별개'라는 원칙 하에 독립노선을 추구하는 바람에 중국과 마찰을 빚지 않을 수 없었다. 2008년 국민당 출신의 마잉주(마영구)가 총통에 취임한 후 대만은 다시 '하나의 중국 원칙'으로 회귀했다. 단, 마잉주는 '하나의 중국'을 견지하되 통일도 독립도 모두 지지하지 않는다는 모호한 입장을 취했다. 대륙과 마찰을 일으키지 않고 대만의 현상을 유지하는 동시에 대만 내의 독립운동세력도 자극하지 않겠다는 전략을 취하고 있는 것이다. 그러므로 현재로서는 중국이나 대만이나 모두 다 '하나의 중국'이라는 대원칙에는 합의를 이루고 있는 셈이다.

'하나의 중국'이라는 대원칙과 삼통三通 정책

1949년 이래 양안 교류에 더 적극적인 쪽은 중국이다. 그동안 중국이 대만에 지속적으로 요구한 것은 이른바 삼통通, 즉 통우通郵, 통항通航, 통상通商이었다. 서신교환·항해·교역을 허용하자는 것이다. 이에 반해 공산당에게 쫓겨 대륙을 빼앗긴 탓에 중국에게 감정의 골이 깊을 수밖에 없는 대만은 삼통에 대해 삼불三不로 응수했다. 불不담판·불不접촉·불不타협을 견지하겠다는 것이었다. 대륙과는 일체의 교섭을 하지 않겠다고 천명한 것이다.

삼통과 삼불의 충돌이 완화되기 시작한 계기는 1985년 5월 대만 중화항공 CAL 소속의 보잉747 화물기가 중국으로 망명한 사건이었다. 이를 계기로 중국정부는 대만을 협상 테이블로 끌어내는 데 성공했다. 이것은 결국 1987년 대만정부가 자국민의 중국 방문을 허용하도록 하는 데 밑바탕이 되었다. 삼불이 무너지면서 삼통이 관철되기 시작한 것이다. 그러나 1980년대 후반에 시작된 삼통은 소小삼통에 불과했다. 전면적이 아닌 제한적인 삼통이었던 것이다. 대大삼통 즉 완전한 의미의 삼통이 실현된 것은 2008년이다. 이 해 7월부터 주말마다 대륙과 대만을 오가는 직항 전세기가 운항되고, 같은 해 12월 중국의 63개 항구와 대만의 11개 항구 사이에 해운 직항로가 열림에 따라 진정한 의미의 대삼통이 열리게 되었다. 중국 복건성과 대만의 경제적 이해관계가 큰 데다가 동아시아에 일상적으로 불어 닥치는 금융위기에 대처하려면 양안이 협력해야 한다는 공감대가 형성되어 있기 때문에 현재의 협력 기조는 앞으로도 계속해서 유지될 것으로 보인다.

양안관계의 쟁점으로는 동시승인 문제도 있다. 동시승인의 문제란 양안의 한쪽이 '양안의 다른 쪽과 국교를 맺는 나라'와 국교를 체결할 것인가 하는 문제를 말한다. 이에 관한 중국의 입장은 확고하다. '하나의 중국'이라는 대전제 하에 중국과 수교한 나라는 대만과 수교할 수 없고 대만과 수교한 나라는 중국이 수교하지 않겠다는 것이 중국의 일관된 입장이다. 이에 비해 대만에서는 리덩후이 총통 취임 이후 동시승인을 인정하려는 움직임이 나타났다. 중국에 비해 대만의 입장은 유연한 편이다.

동시승인이 특히 문제가 된 때는 1989년이었다. 중국과 국교를 맺고 있던 그레나다가 중국과의 관계를 유지한 채 대만과 수교하려 한 것이다. 이때 중국이 그레나다와 단교함에 따라 동시승인은 이루어지지 않았다. '하나의 중국' 원칙을 훼손하는 나라와는 관계를 갖지 않겠다는 중국의 단호한 입장이 천명된, 일종의 본보기라 할 수 있는 조치였다. 한국이 1992년 중국과 수교하면서 대만과 단교한 것은 이 문제에 관한 중국의 입장을 존중한 것이다. 동시승인 문제는 다음에 거론할 국제기구 가입문제와 더불어 대만의 외교적 입지를 위협하는 요인으로 작용하고 있다.

1971년 10월 25일 유엔결의 제2758호에 의해 대만은 종래 유엔에서 갖고 있던 중국 대표권과 안보리 상임이사국 지위를 동시에 상실했다. 제2758호에서는 "국제연합에서 중국의 합법적인 대표는 오직 중화인민공화국 정부의 대표임을 인정하며, 국제연합과 그 안의 관련 조직을 불법적으로 차지하고 있는 장제스의 대표를 추방함을 결정한다"고 선언했다. 이로써 대만이 갖고 있던 종래의 지위는 그대로 중국에 이전되었다.

중국 대표권을 상실한 후 국제무대에서 대만의 입지는 현저히 축소되었다. 중국 대표권을 상실했기 때문에 국제무대에서 중국이라는 명칭을 사용할 수도 없고, 또 국제적으로는 대만 역시 중국의 일부로 인정되고 있으므로 대만이란 명칭을 사용할 수도 없게 된 것이다. 이런 난점을 해결하기 위해 대만정부는 절충적 방법을 사용하고 있다. 중국과 대만의 명칭을 결합하여 국제기구 등에서 활동하고 있는 것이다. 예컨대 세계무역기구WTO나 아시아·태평양 경제협력체APEC에는 중화대북Chinese Taipei이라는 명칭으로 참여하고, 아시아개발은행에는 중국대북Taipei, China이라는 이름으로 참여하고 있다. 국가가 아닌 '특별 지방'의 자격으로 국제무대에서 활동하고 있는 것이다. 홍콩·마카오도 이러한 방법으로 국제무대에서 활동하고 있다.

국민당 출신의 마잉주 총통이 취임한 2008년 이후 중국과 대만 양쪽이 '하나의 중국' 원칙에 인식을 같이할 뿐만 아니라 양안 간에 대삼통까지 열렸기 때문에 앞으로 당분간은 양안관계가 현재와 같은 안정적 기조를 유지할 것이다. 그러나 '하나의 중국' 원칙이 대만의 대외관계를 근본적으로 제약하고 있기 때문에 향후 제2의 천수이볜이 다시 등장할 가능성을 완전히 배제할 수는 없다.

앞으로 양안관계가 구체적으로 어떻게 전개될지는 정확히 예측할 수 없겠지만 지금 단계에서 명확히 말할 수 있는 것은 있다. 그것은 적어도 미국의 동아시아 패권이 작동하는 동안에는 중국이 무력을 앞세워 대만을 점령하려 하지는 못할 것이라는 점이다. 왜냐하면 대만에 대한 침공은 대륙세력 대 해양세력의 기존 균형을 파괴하는 것이기에 필연적으로 미·일과의 충돌을 초래할 수밖에 없기 때문이다. 게다가 중국이 대만을 점령할 경우 대만 인근에 있는 오키나와에 대한 일본의 지배권까지 동시에 위협을 받지 않을 수 없게 된다. 이는 오키나와에 대한 미국의 이해관계까지 위협하는 것이기에 대만에 대한 중국의 군사적 위협은 필연적으로 동아시아 차원의 전쟁을 초래할 수밖에 없다.

그러므로 미국·일본의 견제 때문에 중국의 대만정책에는 한계가 있을 수밖에 없다. 그럼에도 불구하고 중국이 대만을 결코 포기할 수 없는 것은 대만과 관련하여 '하나의 중국' 원칙이 무너질 경우 티베트·신장 같은 여타 지역까지 동요할 가능성이 있기 때문이다. 소수민족에게 자치권을 인정하면서 그들을 중국이라는 하나의 울타리 안에 묶어둔다는 중화패권주의의 이상을 지키기 위해서라도 중국은 대만과 관련하여 '하나의 중국' 원칙을 사수하지 않으면 안 된다.

한편 대만이 중국을 상대로 도발을 가할 경우에도 미·일은 대만의 행동을 어떻게든 억제하려 할 것이다. 중국이 도발을 가하는 경우와 마찬가지로 이 경우에도 동아시아 차원의 전쟁으로 비화될 가능성이 높기 때문이다. 이렇기 때문에 동아시아에서 팍스 아메리카나가 유지되는 동안에는 양안관계의 현상이 크게 변화하지 않을 것이다.

제7장

티베트 문제

'티베트' 하면 떠오르는 것은 중국과 달라이라마다. 중국이 티베트를 점령하고 있고 달라이라마가 티베트 독립운동을 하고 있다는 점은 널리 알려져 있다. 그런데 티베트에 관한 소식을 접할 때마다 우리에게는 이러저러한 궁금증들이 떠오른다. 달라이라마는 고유명사가 아니라 보통명사라고 하지 않는가? 어린아이를 달라이라마의 화신 혹은 환생으로 인정한다지 않는가? 한편 TV 뉴스에서 중국-티베트 문제에 관한 소식이 나올 때마다 우리의 머릿속에서는 한 가닥 희망이 떠오르기도 한다. 티베트 쪽이 시끄러워지면 여기에 발목 잡힌 중국이 한반도 문제에 신경을 쓸 겨를이 없어지니 한민족이 통일되기도 쉬울 것이라 기대하는 사람들도 많다.

이러저러한 이유 때문에 동아시아 문제에 관심을 가진 한국인들이라면 티베트 문제가 대체 어떤 것인지 한번쯤 살펴보지 않으면 안 된다. 티베트 문제를 체계적으로 이해하기 위해서는 우선 티베트의 역사부터 이해할 필요가 있고, 이를 바탕으로 중국과 티베트의 갈등 및 역사분쟁, 한반도 문제와의 관련성을 순차적으로 살펴봐야 할 것이다.

1. 티베트의 역사

티베트고원에는 주로 저족氐族이 살았다. 이들은 오랫동안 부족상태에 머물렀다. 그런 그들이 하나로 통일된 때는 7세기 초반이었다. 토번왕국의 제33대 첸포(국왕)인 송첸캄포(재위 629~650년)가 통일의 주역이었다. 송첸캄포가 통일한 지역은 오늘날의 티베트자치구에 해당한다. 당시 한반도에서는 고구려·백제·신라의 최후 대결이 한창 열기를 띠고 있었다. 중국과 한반도에서 통일의 기운이 일던 시기에 티베트에서도 동일한 흐름이 전개된 것이다. 이 시기에 당나라는 토번의 위협을 제거하기 위해 2차례에 걸쳐 공주를 토번에 시집보내는 한편, 8차례에 걸쳐 토번과 화맹和盟을 체결했다. 고구려를 멸망시킨 당나라가 토번에게는 쩔쩔매는 태도를 보일 정도였으니 토번이 얼마나 강력한 왕국이었는지 짐작할 수 있다.

그러나 강력했던 토번왕국도 당나라의 쇠약과 함께 약해져갔다. 토번왕국과 당나라는 일종의 적대적 공존관계에 있었던 것이다. 불교를 추종하는 세력과 뵌포(전통무속)를 추종하는 세력 간의 내분이 격화되던 끝에 뵌포 추종자로서 멸불滅佛운동을 주도한 '최후의 첸포' 랑다르마가 842년, 승려에 의해 암살됨으로써 토번왕국은 붕괴했다. 이로부터 티베트는 분열의 시대에 돌입했다. 같은 시기 중국에서도 강력한 국가가 출현하지 못했다. 당나라에 이어 5대10국의 분열기가 이어진 뒤 송나라가 세워졌지만, 송나라 역시 요나라 및 금나라에게 중원의 상당부분을 내주지 않을 수 없었다. 중국의 분열과 티베트의 분열이 상호 연동되었던 것이다.

티베트 통일 이룬 몽골제국의 '시주施主정치'

티베트의 분열을 종식한 계기는 몽골제국의 출현이었다. 티베트의 통일을 가져온 원동력은 티베트 내부에서 생성되지 않았다. 일차적으로는 몽골제국의 필요에 의해 그 힘이 생겨났다. 그 과정을 살펴보기로 하자.

1206년 건국한 대大몽골국이 티베트에 관심을 표명한 것은 1240년부터였다. 한반도에서 삼별초 부대가 강화도를 거점으로 몽골 군대에 저항하던 때였다. 칭기즈칸의 제3왕자인 제2대 우구데이칸(재위 1229~1241년) 치하에서 감숙·청해·서하 땅을 받은 고덴(우구데이칸의 제3왕자)이 오늘날의 티베트 지역에 원정대를 파견한 것은 1240년이었다. 그런데 몽골군은 초반에만 승세를 잡았을 뿐 그 기세를 이어가지 못했다. 왜냐하면 몽골 군인들이 티베트의 자연환경에 적응하지 못했을 뿐만 아니라 행군·작전수행·보급 등에서 차질이 빚어졌기 때문이다.

몽골군이 티베트 장악에 실패한 가장 큰 이유는 자연환경에 있었다고 보아야 한다. 지면의 높낮이가 표시된 세계 지형도를 보면 히말라야산맥을 낀 티베트 지역이 눈에 가장 잘 띈다. 지대가 가장 높기 때문이다. 해발 4000~5000미터의 티베트 고원에 처음 간 사람이라면 호흡이 곤란하고 목이 조이고 심장이 쿵쾅쿵쾅 하는 증상을 피할 수 없다. 그런 증상을 고산병이라고 한다. 그런 자연환경 속에 있는 티베트를 점령한다는 것은 결코 쉬운 일이 아니다. 이런 자연환경 못지않게 티베트 점령을 어렵게 만든 요인으로 티베트인들의 기질을 들지 않을 수 없다. 거친 자연환경 속에서 살기 때문에 그들은 다혈질적 성격을 갖고 있다. 게다가 이미 7세기에 자기들만의 문자를 만들고, 불교문화를 꽃피웠기 때문에 그들은 강한 자기정체성을 가질 수밖에 없었다.

티베트에 대한 직접 지배가 여의치 않다고 판단한 고덴은 자신의 생각을 수정했다. 그렇다고 티베트를 포기한 것은 아니었다. 방식을 바꾸기로 한 것이다. 그는 종교를 이용해서 티베트에 접근하기로 결심했다. 토번왕조의 붕괴 이래 티베트불교(라마불교)가 여러 종파로 분열되어 있기는 했지만 정교합

일 혹은 제정일치의 티베트 사회에서 가장 영향력 있는 집단이 불교라는 점에 착안한 것이다. 몽골의 필요에 부응할 만한 집단은 사캬파라는 라마불교의 일파였다. 고덴은 사캬파에게 힘을 실어주어 티베트에 대한 간접지배를 관철시키고자 했다. 사캬파 역시 라마불교 내에서 주도적 지위를 차지하고 티베트에 대한 정치적 지배권을 획득함과 동시에 몽골제국 차원으로 선교무대를 넓히려는 의도에서 몽골의 요구에 적극 부응했다. 이렇게 해서 사캬파를 통한 간접적인 티베트 지배방식이 나타났다.

그런데 티베트에 대한 몽골의 간접지배 방식은 좀 특이한 형태를 띠었다. 몽골 측은 사캬파의 최고 승려(라마)인 사캬라마에게 티베트 지배권을 승인했다. 그것은 중국 왕조가 주변 국가들에게 책봉을 하는 것과 유사한 것처럼 보였다. 하지만 그것은 엄밀히 말하면 책봉과는 다른 것이었다. 책봉제도 하에서는 책봉을 주는 쪽의 위상이 더 높았다. 그런데 몽골과 티베트의 관계는 특이했다. 몽골 칸(황제)이 사캬라마에게 티베트 지배권을 '봉정奉呈'하는 형식을 취한 것이다. 불교 신도가 승려에게 공손하게 시주를 하듯이 몽골 칸은 티베트 사캬라마에게 티베트 지배권을 공손하게 '시주施主'했다. 이런 관계를 시주관계라고 한다. 이렇게 티베트 지배권을 시주받은 사캬라마는 몽골의 간섭 없이 자율적 혹은 독자적으로 티베트를 지배했다. 한편 티베트불교의 보호자라는 위상을 확보한 몽골제국은 이를 통해 정치적 정통성을 보다 더 공고히 할 수 있다. 로마가톨릭교회의 보호자라는 위상을 바탕으로 정치적 지배권을 공고히 한 중세 프랑크왕국의 사례를 연상케 하는 대목이다.

사캬파의 티베트 지배는 이와 같이 몽골제국과의 제휴에 의한 것이었다. 그렇기 때문에 그것은 몽골제국과 운명을 함께할 수밖에 없었다. 실제로 몽골제국의 약화와 함께 사캬파의 권위도 약해졌다. 이런 상황에서 카큐파나 게루파 같은 티베트불교의 분파들이 새로 출현했다. 게루파의 지도자는 훗날 달라이라마라고 불렸다. 몽골제국 이후 명나라가 중국을 지배하는 동안 티베트는 다시 분열기로 돌입했다.

청나라를 등에 업고 티베트를 지배한 달라이라마

임진왜란을 계기로 동아시아 전역에서는 대대적인 질서개편이 이루어졌다. 중원에서는 청나라가 일어서고, 일본에서는 도쿠가와막부가 들어섰다. 조선의 경우 왕조는 바뀌지는 않았지만 임진왜란 이후로 사회 성격이 본질적으로 바뀌었다.

이러한 과도기를 이용해서 17세기 초반 티베트에서도 통일의 바람이 불기 시작했다. 이때 티베트 내의 각 세력을 평정하고 최후의 승리를 거둔 쪽은 제5세 달라이라마가 이끄는 게루파였다. 사캬파가 그러했던 것처럼 게루파 역시 몽골족의 도움을 받아 티베트를 통일했다. 제5세 달라이라마인 롭상 가쵸(1617~1682년)는 서몽골 국가인 호쇼트칸국의 구쉬리칸(재위 1642~1656년)의 군사적 지원을 받아 내부 통일에 성공했다. 뒤이어 제5세 달라이라마는 구쉬리칸의 제안에 따라 청나라의 순치제(재위 1643~1661년)와 시주관계를 체결했다. 사캬파와 몽골의 시주관계가 게루파와 청나라의 시주관계로 부활한 것이다.

시주관계는 기본적으로 상호 자율적인 관계였지만 게루파와 청나라의 시주관계 속에는 강압적인 요소가 나타났다. 청나라 황제들은 매년 정기적으로 공물을 시주할 뿐만 아니라 '군사적 지원'도 함께 시주했다. 티베트에 일이 있을 때마다 군대를 보내 티베트를 보호해준 것이다. 이러한 파병은 티베트에 대한 청나라의 간섭을 강화시켜주었다. 청나라는 주장대신駐藏大臣 즉 티베트주재 대신을 파견해서 내정에 개입하는 한편, 달라이라마의 전세영동轉世靈童을 확인하는 과정에도 개입했다. 전세영동이란 달라이라마가 입적, 즉

옹화궁에서 의식을 올리는 참배객들.

사망한 후에 환생한 인물로 여겨지는 어린아이를 가리킨다. 그러한 전세영동
을 찾아내는 것을 전세영동의 확인이라 한다. 달라이라마의 전세영동을 확인
한다는 것은 달라이라마의 선출에 개입한다는 것을 말한다. 어떤 방식으로
전세영동의 확인에 개입했을까? 전세영동 후보자 몇 명의 이름을 금병 속에
넣은 다음 청나라 황제가 그중 한 명을 추첨하는 것이었다. 이런 제도를 금병
체첨金瓶掣簽이라 했다.

몽골-티베트 관계에 비해 청나라-티베트 관계에서 티베트의 자율성이 상
대적으로 위축된 것은 사실이지만 시주관계 속에서 티베트는 기본적으로 정
치적 독립성을 유지했다. 이 관계 속에서 달라이라마는 청나라의 군사력을
빌려 티베트 지배권을 공고히 할 수 있었고, 청나라 황제는 티베트불교의 권
위를 빌려 티베트는 물론 몽골의 위협을 방지할 수 있었다. 중원을 지배한 왕
조들은 전통적으로 몽골초원을 경계했다. 몽골제국이 멸망한 후에도 몽골초

원은 여전히 공포의 대상이었다. 그런데 그 몽골초원이 13세기 이후로 티베트불교를 신봉하게 되었다. 이런 점을 이용하여 청나라 황제는 달라이라마를 자기편으로 끌어들임으로써 몽골족을 회유하고자 했던 것이다. 그러므로 청나라 황제와 티베트 달라이라마의 시주관계는 결과적으로 청나라의 동아시아 패권을 공고히 하는 데 기여했다. 청나라와 티베트 불교의 밀월을 보여주는 유적으로 라마불교 사원인 북경 옹화궁(융허궁)을 들 수 있다. 그런데 이런 전통적 관계는 19세기 후반의 제13세 달라이라마 시대에 들어 파괴되기 시작했다.

2. 중국과 티베트의 갈등

전통적인 시주관계 속에서 중국과 티베트의 관계는 비교적 안정적이었다. 왜냐하면 이 관계 속에서는 중국과 티베트가 상호 의존적이었기 때문이다. 그런데 19세기 후반에 접어들면서 이러한 관계에 금이 가기 시작했다. 티베트인들이 이 관계에서 탈피하고자 했기 때문이다. 티베트인들에게 그런 기회를 제공한 것은 당시의 동아시아 정세였다.

제2차 아편전쟁 이후로 영국과 러시아가 동아시아에서 대결을 자제하던 때에 이 틈을 놓치지 않고 2진급 국가들이 영향력을 강화해 나가기 시작했다. 1874년 일본의 대만 침공, 1875년 일본의 운양호사건 도발, 1879년 일본의 오키나와 합병 등이 그 같은 분위기를 반영한다. 이와 같이 동아시아 동쪽에서 긴장이 고조되자 티베트인들은 이 틈을 놓치지 않고 중국과의 관계를 청산하고자 했다. 1878년 티베트인들은 중국의 간섭을 배제한 상태에서 독자적으로 제12세 달라이라마의 전세영동 즉 제13세 달라이라마를 확인했다. 그 전세영동은 툽덴 가쵸(1876~1933년)로서 당시 세 살이었다.

청나라와 티베트의 틈을 비집고 들어온 영국

중국과 티베트의 관계에 균열이 생기자 이 틈을 놓치지 않은 나라가 있었다. 바로 영국이었다. 티베트 옆의 인도를 식민지화한 영국은 인도를 안정적으로 지배하기 위해 인도 주변에 대한 영향력을 강화해 나갔다. 이런 의도에서 티베트에 눈독을 들인 것이다. 영국은 1888년에 티베트를 공격하여 남부의 요충지인 야퉁을 점령했다. 이렇게 확보한 영국의 권리는 1890년 중국-영국 티베트조약 및 1893년 중국-영국 티베트부약附約에 의해 국제적으로 공인됐다. 영국은 1890년 조약의 제2조에서 티베트의 전통적 번속국이었던 시킴 왕국(인도·네팔·부탄·티베트 사이에 있었음)을 티베트로부터 분리한 데 이어, 1893년 조약의 제1조에서는 야퉁에서 통상권을 획득하는 데 성공했다. 영국이 중국과 조약을 맺은 것은 티베트에 대해 권리를 주장하는 중국이 딴소리를 하지 않도록 만들기 위해서였다.

티베트에 대한 영국의 공세는 여기서 그치지 않았다. 청일전쟁(1894년) 및 의화단운동(1900년, 중국에서의 반외세 농민투쟁) 등으로 인해 중국의 영향력이 한층 더 약해진 1903년, 영국은 티베트를 다시 공격하여 티베트의 중심도시인 라싸를 점령했다. 이 여세를 몰아 1904년에는 '티베트를 영국의 세력범위로 한다'는 내용의 라싸조약을 티베트와 체결했다.

그런데 라싸조약은 제13세 달라이라마의 비준을 받지 못했다. 왜냐하면 당시 달라이라마가 해외망명 중이었기 때문이다(제1차 망명). 절차상의 하자를 없애기 위해 영국은 1906년 중국과 체결한 중국-영국 티베트조약의 부록에 라싸조약을 편입시켰다. 달라이라마의 비준을 얻지 못한 흠결을 덮기 위해 중국의 승인을 얻은 것이다. 이렇게 해서 영국은 티베트 무대에서 우위를 점하게 되었다.

그런 영국이 2년 만인 1908년부터 중국에 역전을 당했다. 그동안 영국에 밀리던 청나라가 티베트에 대한 영향력 행사의 일환으로 티베트의 내정개혁에 착수한 것이다. 하지만 중국의 간섭은 곧바로 티베트인들의 거센 반발에 직면했다. 전통적인 중국-티베트 관계는 티베트인들의 자율성을 인정하는 것이었다. 그랬기 때문에 중국의 내정간섭이 티베트인들의 환영을 받을 리 만무했다. 게다가 중국이 티베트의 정치와 종교를 분리하려 했기 때문에 티베트인들로서는 더욱 더 반발하지 않을 수 없었다. 정교분리를 시행한다는 것은 달라이라마의 통치권을 박탈하겠다는 뜻이었다. 이것도 모자라 중국은 티베트 어린이들에게 한문 수업까지 강요했다. 중국의 내정개혁은 티베트인들이 도저히 수용할 수 없는 것이었다. 여기에다가 청나라는 1910년 티베트에 군대를 파견했다. 이에 따라 제13세 달라이라마는 또다시 망명을 떠나지 않을 수 없었다(제2차 망명).

그러나 티베트에 대한 청나라의 간섭은 오래가지 못했다. 신해혁명(1911년)으로 청나라가 멸망(1912년)했기 때문이다. 이 틈을 놓치지 않고 티베트인들은 청나라 군대를 추방하고 중국과의 전통적 관계를 청산했다. 이후 내우외환으로 중국이 어수선한 시기를 활용하여 제13세 달라이라마는 티베트의 독립자주를 추진했다. 역대 달라이라마 중에서 제13세 달라이라마 때의 티베트가 가장 독립적인 나라였다는 평가를 받는 것은 바로 이 때문이다.

한반도 전쟁 와중에 티베트 점령한 중국공산당

1912년 이후 중국과 티베트 간의 대립 국면은 1949년에 들어 파국으로 접어들었다. 국민당과의 국공내전에서 공산당의 승리가 굳어진 상태에서 1949년 7월 티베트인들이 다시 한번 중국인들을 추방하는 사태가 벌어졌다. 중국과 티베트의 긴장국면이 한층 더 고조된 것이다. 공산당 치하의 중국을 티베트가 특히 무서워했던 것은 공산당이 들어설 경우 불교를 포함한 종교 자체가 탄압을 받을 것이란 우려 때문이었다.

　티베트인들의 중국인 추방사건으로 긴장이 고조된 상태에서 1949년 10월 1일 공산당 주도의 중화인민공화국이 수립되었다. 건국 직후 중국은 〈라디오 북경〉을 통해 티베트 점령의 의지를 시사했다. "인민해방군은 티베트·신장·해남·대만을 포함한 중국 전역을 해방해야 한다"는 것이 방송의 요점이었다. 중국이 무력공격의 가능성을 시사하자 티베트 외교부는 1949년 11월 2일 마오쩌둥에게 협상을 제의했다. 이에 따라 인도 델리에서 인도주재 중국 대사와 티베트 대표단 사이에 제1차 협상이 벌어졌다. 하지만 '티베트의 국방은 중국에 의해 취급되어야 하며, 티베트는 중국의 일부로 간주되어야 한다'는 중국 입장을 티베트가 거부함에 따라 협상은 결렬되고 말았다. 이로써 중국-티베트 문제는 무력 해결을 기다리는 수밖에 없게 되었다.

　동아시아 서쪽에서 긴장이 고조되는 동안 동아시아 동쪽에서는 정세변화가 신속히 이루어졌다. 공산당 군대에게 쫓긴 중화민국이 1949년 12월 대만으로 이동했고, 같은 해 12월 미국 국가안전보장회의가 〈아시아에 대한 미국의 입장〉이라는 정책문서를 통해 패전국 일본을 미국의 군사적 전초기지로 설정했으며, 1950년 6월에는 제2차 대전 혹은 1937년 전쟁의 승자들이 양편으로 갈린 가운데 한반도에서 싸움이 벌어졌다. 이 때문에 동아시아 서쪽보다는 동아시아 동쪽이 상대적으로 더 부각되지 않을 수 없었다.

　국제사회의 이목이 동아시아 동쪽에 쏠리고 있을 때인 1950년 10월 7일, 4만 명의 중국군이 티베트의 주요 지역을 공격하여 8천 명의 티베트군을 사실상 무력화시켰다. 인도·미국·영국 등이 중국의 군사행동을 비판하는 가운데 티베트 국회는 1950년 11월 제14세 달라이라마 텐진 가쵸(1935년~)에게 국가수반의 전권을 부여했다. 뒤이어 티베트 정부가 유엔 사무총장 등에게 개입을 요청하고 엘살바도르 정부가 "티베트 문제를 유엔총회 의제로 상정해야 한다"고 공식적으로 제안했다. 하지만 "티베트·인도·중국에게 상호 유익한 평화적 해법이 관계 당사자들 사이에서 도출될 가능성이 있다"는 인도 대표단의 주장이 설득력을 얻어 티베트 문제의 유엔총회 상정은 좌절되고 말았다. 당사자 사이에서 문제를 해결하도록 한 것이다.

이에 따라 티베트의 요청에 의해 1951년 4월 29일부터 북경에서 중국-티베트 간에 제2차 협상이 열렸다. 그런데 통신이 두절되어 티베트 대표단이 본국 정부의 훈령을 받을 수 없는 상태에서 1951년 5월 23일 〈중앙인민정부와 티베트 지방정부 사이의 티베트의 평화적 해방 방안에 관한 협의〉가 체결되었다. 중국 내부의 문제라는 인상을 주기 위해 '중앙인민정부'니 '티베트 지방정부'니 하는 표현이 사용된 것이다. 중국의 의중을 그대로 반영한 것이다. 협의 과정에서의 강제성 등을 이유로 티베트 대표단이 중국에 항의하고 제14세 달라이라마가 재협상을 요구하는 가운데 1951년 9월 9일 라싸를 점령한 중국군은 티베트에 대한 군사적 점령을 완료했다.

이후 티베트인들은 무장봉기나 시위운동을 통해 중국의 지배에 대한 거부를 표시했다. 1959년 3월 10일의 무장봉기, 1989년의 독립시위, 2008년 3월 10일의 시위운동 등이 그 같은 티베트인들의 의지를 보여주었다. 특히 1959년 무장봉기 이후에는 제14세 달라이라마의 주도 하에 인도에 티베트망명정부가 세워졌다. 또 1989년에는 티베트의 저항운동을 이끈 제14세 달라이라마가 노벨평화상을 받았다. 하지만 티베트인들의 저항운동은 번번이 진압되었고 오늘날 티베트에는 중국의 지배권이 확립되어 있다. 이러한 중국의 지배에 저항하여 티베트인들은 외교무대 혹은 학술무대를 통해 그것의 부당성을 국제사회에 호소하고 있다.

3. 팍스 시니카와 중국의 전략

중국이 직면한 제반 과제 중에서 티베트 문제만큼 불안정한 것도 없을 것이다. 왜냐하면 티베트 문제는 중국에게 '비교적 새로운 것'이기 때문이다. 중국인들은 이미 당나라 때부터 티베트가 중국의 영향을 받다가 원나라 때 정식으로 중국에 편입되었다고 말하지만, 실제로 티베트가 중국의 수중에 들어간 것은 1951년이었다. 중국과 티베트의 전통적인 시주관계는 국제관계의 일종이었다. 한국이 중국과의 사대관계 속에서 독립성을 유지한 것과 마찬가지로 티베트 역시 중국과의 시주관계 속에서 독립성을 유지했다. 티베트가 독립성을 상실한 때는 1951년이다.

1951년 티베트가 사상 최초로 중국의 일부가 되었다는 것은 이 문제가 중국의 팽창과 관련된 문제임을 보여준다. 처음에 황하유역에서 시작한 중국의 영역은 이후 계속해서 확장되었다. 위진남북조 시대(3~6세기)에는 양자강 이남으로 확대되었고, 임진왜란 이후에는 만주 지역으로 확대되었다. 이렇게 확장일로를 걸어온 중국은 1951년에 처음으로 티베트를 수중에 넣었다. 그러므로 티베트에 대한 중국의 지배는 '비교적 새로운 것'이다. 티베트는 중국이 가장 최근에 확보한 영토다.

상황이 이러하기 때문에 티베트에 대한 중국의 지배는 불안정할 수밖에 없다. 오랫동안 고도의 불교문화를 발달시켜온 티베트인들 스스로가 중국의 지배를 거부하고 있을 뿐만 아니라 중국을 견제하는 서방세계도 중국의 티베트 지배를 견제하고 있다. 서방세계가 달라이라마를 지지하는 근본적인 동기는 중국 견제에 있다고 할 수 있다. 그럼에도 불구하고 중국이 티베트를 쉽사리 포기할 수 없는 데는 몇 가지 이유가 있다. 티베트에 막대한 지하자원이 묻혀 있기 때문이라는 경제적 이유도 있지만 여기서는 주로 중국의 국가전략에 초점을 맞추어 살펴보기로 하자.

중국의 팽창과 안보의 키를 쥔 티베트

첫째, 티베트 문제는 중국의 소수민족정책과 맞물려 있다. 티베트가 독립을 쟁취하거나 티베트에 무정부상태가 초래될 경우, 여타 소수민족들도 중국의 지배에 저항할 가능성이 있다. 신장·위구르 쪽이 가장 큰 자극을 받을 것이다.

둘째, 티베트 문제는 동남아·중앙아·중동 전략과 맞물려 있다. 티베트는 중국과 중앙아·중동을 연결하는 지역이다. 그렇기 때문에 지금 티베트에 대한 지배권을 확고히 해두면 훗날 중국경제가 안정된 뒤 티베트를 발판으로 중앙아 및 중동을 상대로 영향력 확장을 도모할 수 있다. 또 티베트는 중국이 동남아를 견제하는 데도 유리한 발판이 된다. 오늘날 동남아는 아세안ASEAN 이라는 단결 기구를 통해 영향력 확장을 도모하고 있다. 그래서 중국이 민감한 관심을 보이지 않을 수 없는 지역이다. 중국이 티베트를 확고히 지배한다면 훗날 이를 발판으로 동남아를 견제하는 한편, 동남아와의 경제적 유대를 더욱 공고히 할 수 있다.

셋째, 티베트 문제는 중국과 서양의 관계와 맞물려 있다. 19세기 사례에서 잘 드러나듯이 서양열강은 해로를 통해서뿐만 아니라 육로를 통해서도 중국을 압박할 수 있다. 중동에 대한 미국의 지배권이 공고해지고 티베트에 대한 중국의 지배권이 약화될 경우 미국 등 서양열강이 티베트를 매개로 중국을 압박할 가능성이 커진다. 앞에서 티베트의 역사를 개괄할 때 살펴본 바와 같이 티베트에 대한 중국의 영향력이 약해진 틈을 타서 영국이 티베트를 공격한 적이 있다. 그러므로 중국 입장에서는 서양열강의 중국침투 경로 중 하나인 티베트에 대한 단속에 신경을 쓰지 않을 수 없는 것이다.

위와 같이 티베트는 중국의 팽창 및 안보에 꼭 필요한 존재다. 그렇다면 중국은 어떤 방법으로 티베트 문제에 대처하고 있을까? 중국의 기본 방침은 크게 2가지다.

첫째, 저항은 무력으로 진압하는 것이다. 비교적 온건한 이미지를 풍기는 후진타오 중국 국가주석도 공산당 티베트지부 서기 시절이던 1989년 티베트인들의 저항을 무력으로 진압한 적이 있다. 그렇듯 중국은 티베트인들이 독립을 시도할 경우 무력을 동원해서라도 이를 진압하려고 할 것이다.

둘째, 중국과 티베트의 일치성을 강화하는 것이다. 이러한 노력은 여러 가지 방법으로 진행되고 있다. 티베트 문화를 수용하여 이를 중국 내 소수민족의 문화로 포용한다든가, 학술활동을 통해 중국과 티베트의 역사적 연계를 강조한다든가 하는 방법들이 구사되고 있다. 무엇보다 중요한 방법은 경제적 통합을 강화하는 것이다. 같은 밥상에서 밥을 먹는 '한 식구'가 되는 것만큼 가장 확실한 통합의 노하우는 없다. 경제적 통합은 정치적 통합으로 연결될 것이다. 서부대개발사업은 그런 의도에서 진행되는 것이다. 해발 4천 미터의 고지에 건설된 칭짱철도(티베트와 청해성 연결)는 서부 대개발 사업의 주요 성과 중 하나다. 이 사업은 티베트를 포함한 서부지역의 경제를 개발하는 한편 서부와 여타 지역의 경제적 연계성을 강화함으로써 티베트를 포함한 서부가 중국을 벗어나려는 생각을 품지 못하도록 하려는 것이다. 경제적 접근법의 효용성은 중국 역사 속에서도 쉽게 발견된다. 중국이 그처럼 광대한 영역을 통치할 수 있었던 것은 지역 간의 경제적 연계성을 강화한 데 기인하는 것이다. 마크 엘빈은 《과거 중국의 패턴―사회·경제적 해석》이란 책에서 송나라 이후의 경제성장이 중국사회의 통합에 크게 기여했다고 평가했다.

이처럼 중국이 채찍과 당근을 번갈아 구사하면서 티베트를 지배하고 있지만 티베트 문제의 미래는 현재로서는 쉽게 장담할 수 없는 일이다. 티베트에 대한 중국의 지배가 비교적 새로운 것인 데다가 중국에 대한 서양열강의 견제 역시 만만치 않기 때문이다. 만약 중국이 티베트를 안정적으로 지배하는 단계에 이른다면 차기 동아시아 패권경쟁에서 중국은 여타 경쟁자들보다 훨씬 더 유리한 고지를 차지함은 물론, 티베트를 발판으로 동남아·중앙아·중동까지 진출할 수 있는 가능성을 갖게 된다. 이렇게 되면 중국은 동아시아 차원을 훌쩍 넘어 세계적 차원의 대제국으로 도약할 수 있다. 그러므로 중국의 입장에서 티베트 문제는 동아시아 패권뿐만 아니라 세계패권과도 직결되는 사안이다. 하지만 중국이 티베트의 독립 욕구를 제어하지 못할 경우, 티베트를 상실함은 물론이고 여타 소수민족 자치구까지 덩달아 잃게 될 가능성이 있다. 이렇게 되면 대국을 향한 중국의 꿈도 수포로 돌아가게 될 것이다.

티베트가 시끄러우면 한반도는 유리할까?

많은 한국인들은 티베트 문제를 대對중국 견제와 연관시키고 있다. 중국 서쪽에 있는 티베트가 시끄러워지면 중국 동쪽에 있는 한반도로서는 그만큼 유리할 것이라는 게 많은 한국인들의 생각이다. 실제로도 한반도 문제와 티베트 문제는 밀접한 상호연관성을 갖고 있다. 과거의 역사가 이를 잘 증명한다.

독립정권을 유지하면서도 청나라의 간섭을 받던 티베트가 중국에 대항하기 시작한 것은 1878년이었다. 1878년에 티베트인들은 중국의 간섭을 배제한 상태에서 제12세 달라이라마의 전세영동인 제13세 달라이라마를 찾아냈다. 티베트인들이 그렇게 할 수 있었던 것은 당시 중국이 동아시아 동쪽에서 곤란을 겪고 있었기 때문이다. 1874년에는 일본이 대만을 침공했고, 1875년에는 일본이 운양호 사건을 일으켰으며, 1879년에는 일본이 오키나와를 합병했다. 전통적으로 중국의 지배 혹은 영향 하에 있던 대만·조선·오키나와에 문제가 발생하자 중국의 전략적 관심은 동쪽으로 쏠릴 수밖에 없었다. 이 틈을 놓치지 않고 티베트인들은 중국에 대항했다. 1870년대의 티베트인들은 동아시아 동쪽의 혼란을 이용했던 것이다. 당시 조선이 겪은 불행이 티베트인들에게는 행복이 된 셈이다.

그 뒤에는 동아시아 동쪽 사람들이 티베트의 혼란을 이용할 기회가 있었다. 1888년 이래로 티베트는 영국과 중국의 침공 및 압박에 시달렸고, 1912년 이후에는 중국과 오랫동안 대결을 벌였다. 이때 동아시아 서쪽의 혼란을 잘 활용한 것은 일본이었다. 일본은 이 시기에 동아시아 동쪽에서 영향력 확대에 성공했다. 한민족이 그런 기회를 활용하지 못한 것은 국제문제를 보는 안목이 없었기 때문이 아니다. 티베트 문제를 활용하면 한반도에 이롭다는 사실을 몰랐을 리가 없다. 당시의 한민족은 그런 호기를 이용할 만한 역량이 없었다. 티베트 문제가 혼란스러웠던 1880년대 후반 이후와 1912년 이후 한민족이 어떤 처지에 놓여 있었는지는 굳이 설명하지 않아도 될 것이다.

이러한 점들을 본다면 티베트 문제가 시끄러워지기를 기대하는 것보다는 자기 자신의 역량을 배양하는 것이 보다 더 근본적인 과제임을 알 수 있다. 동아시아 서쪽의 불행을 이용하여 중국을 견제하고 자국의 이익을 추구하는 데 관심을 쏟기보다는 하루라도 빨리 통일을 성취하여 국제정세의 변동에 신속히 대처하고 국제질서의 변화를 활용할 수 있는 능력을 키우는 것이 급선무라는 점은 굳이 강조하지 않아도 될 것이다.

한편 우리는 티베트 쪽이 시끄러워지는 것이 중국에 반드시 불리하지만은 않다는 점을 염두에 둘 필요가 있다. 1949년 사례에서 잘 드러나듯이 티베트 쪽이 시끄럽다고 하여 중국이 반드시 손해를 보는 것은 아니다. 중국은 오히려 티베트의 혼란을 적절히 활용했다. 게다가 한국전쟁 때문에 동아시아 동쪽이 혼란스러워지는 틈을 타서 중국은 티베트에 대한 점령을 완료했다. 그렇기 때문에 티베트가 혼란해지면 한국이 유리하고 중국이 불리해질 것이라는 기대는 그야말로 막연한 낙관론에 불과하다. 티베트가 혼란스러워질 경우 한국이 유리해질지 중국이 유리해질지 티베트가 유리해질지는 아무도 예상할 수 없다. 확실한 것은 미리 준비한 자만이 변화를 활용할 수 있다는 것이다.

제8장

일본군국주의

1945년 패망에도 불구하고 군국주의 일본은 제대로 심판을 받지 않았다. 군국주의 일본은 미국의 동아시아 전략 덕분에 전범이나 패전국이 아닌 미국의 동맹국으로 부활했다. 그렇기 때문에 일본군국주의는 1945년 이후 명확히 청산되지 않았다. 물론 현재의 일본은 군국주의국가는 아니다. 하지만 과거의 군국주의가 제대로 청산되지 않았을 뿐만 아니라 일본 정계나 사회세력 속에 포진한 군국주의 지지자들이 일본이란 나라를 군국주의로 이끌려고 끊임없이 노력한다는 점에서, 일본군국주의의 문제는 과거의 문제인 동시에 현재진행형의 문제라고 할 수 있다. 게다가 팍스 아메리카나 종결 이후 동아시아 패권경쟁이 격화될 경우, 일본은 과거의 경험을 바탕으로 군국주의적 재무장을 시도할 가능성이 높다. 그러므로 일본군국주의 문제는 과거의 문제이자 현재의 문제인 동시에 미래의 문제이기도 하다. 그래서 1부 말미에서 일본군국주의를 동아시아 패권에 대한 잠재적 도전의 문제로 규정했던 것이다.

이번 제8장에서는 일본군국주의에 관한 일반론을 다루고, 제9장과 제10장에서는 일본군국주의 문제의 세부 쟁점인 야스쿠니신사 참배 문제와 일본 역사교과서 문제를 각각 살펴보기로 하자.

1. 일본군국주의란 무엇인가?

일반적으로 군국주의는 대외팽창을 목표로 사회 전체를 군사적 가치로 통합하는 사유체계를 가리킨다. 여기서 대외팽창은 목표가 되고, 사회의 군사적 통합은 수단이 된다. 역사적으로 보면 근대 독일제국, 파시스트 이탈리아제국, 근대 일본제국 등을 군국주의의 사례로 들 수 있다.

군국주의는 흔히 넓은 의미의 제국주의와 혼용된다. 하지만 엄밀한 의미에서 군국주의는 제국주의와 구별되어야 한다. 근대 경제사에서 제국주의란 것은 '자본 수출'을 목표로 하는 대외팽창(예컨대, 식민지 건설)을 가리키기 때문에 여기서 말하는 군국주의와는 엄연히 다른 차원의 개념이다.

군국주의 중에서도 일본군국주의를 정의하면 천황제 이념을 바탕으로 대외팽창을 목표로 사회 전체를 군사적 가치로 통합하는 사유체계라고 할 수 있다. 일반적인 군국주의 개념에다가 천황제 이념을 덧붙이면 일본군국주의의 개념이 되는 것이다.

엄밀히 말하면 군국주의와 제국주의가 서로 다른 것이듯 역시 엄밀히 말하면 일본군국주의와 일본제국주의도 서로 다른 개념이다. 일본제국주의라는 개념 속에는 자본 수출을 위한 식민지 건설의 추구라는 뉘앙스가 담겨 있지만, 일본군국주의라는 개념 자체는 자본 수출과 관련성이 없다. 흔히 일본군국주의와 일본제국주의가 부원칙적으로 혼용되고 있지만 양자는 상호 병확히 구별되어야 한다. 대체적으로 일본이 대만과 팽호열도를 식민지로 확보한 1894년 청일전쟁 이후는 일본제국주의 시기이고, 1927년 이후는 제국주의 시기인 동시에 군국주의 시기라는 이중적 성격을 갖는다고 볼 수 있다.

대외 팽창의 명분이 된 팔굉일우八紘一宇 사상

일본군국주의는 일반적인 군국주의에다가 천황제 이념을 결합한 것이다.

일본군국주의의 바탕을 이루는 천황제 이념은 팔굉일우(八紘一宇, 일본어로는 '핫코오 이치우') 사상이다. '온 세계八紘는 하나의 집一宇'이라는 뜻인 팔굉일우는 천황제 이념의 핵심으로 일본군국주의가 추구하는 지향점이다.

일본이 천황제 이념을 결합한 군국주의 논리를 공식 천명한 시점은 1940년이다. 1930년대 후반에 일본은 초대 천황인 진무천황(재위 기원전 660~585년)이 즉위했다고 알려진 때로부터 2600주년이 되는 1940년에 '기원 2600년 제祭'를 열고 이를 계기로 세계 신질서 건설에 박차를 가하자는 목표를 세웠다. 그런데 이렇게 하자면 뭔가 논리적인 준비를 하지 않으면 안 되었다. 일본인들이 신뢰하는 고전古典으로부터 대외팽창의 명분을 만들어낼 필요가 있었다. 그런 노력의 결과로 찾아낸 것이 《일본서기》에 나오는 팔굉일우라는 사상이었다. 1940년 7월 22일 출범한 제2차 고노에 후미마로 내각이 출범 4일 만에 발표한 〈기본국책요강〉에 문제의 팔굉일우 사상이 담겨 있었다.

황국의 국시는 팔굉을 일우로 하는 건국의 대(大)정신에 기초하고 세계평화의 확립을 가져오는 것으로써 근본을 삼고, 우선적으로 황국을 핵심으로 하고 일본·만주·중국의 강고한 단결을 근간으로 하는 대동아의 신질서를 건설하는 것에 있다.

이에 따르면 일본의 국시는 팔굉일우를 기초로 세계평화를 건설하는 것이라고 했다. 그리고 세계평화를 실현하기 위한 우선적 과제로 황국, 즉 일본을 중심으로 일본·만주·중국의 단결을 꾀하고 나아가 대동아공영권을 건설할 것을 제시했다.

위와 같이 일본은 《일본서기》에 나오는 "팔굉을 일우로 한다"는 진무천황의 말을 근거로, 진무천황 즉위 2600주년인 1940년을 기점으로 팔굉일우의 구체적 실천, 즉 대동아공영권 건설에 박차를 가하려는 계획을 천명했다. 진무천황의 말을 대외팽창의 명분으로 삼은 것이다.

이와 같은 사정을 종합하여 일본군국주의를 다시 정리하면 일본군국주의란 '세계를 하나의 통치권으로 묶는다'는 팔굉일우라는 천황제 이념을 바탕으로 대동아공영권 건설이라는 구체적 목표 하에 사회 전체를 군사적 가치로 통합하는 사유체계라고 정의할 수 있다. 팔굉일우라는 천황제 이념이 대동아공영권이라는 현실적 목표의 명분이 되고, 대동아공영권이라는 국가적 목표가 군사적 가치에 의한 사회통합의 명분이 된 것이다.

팔굉일우 사상이 1940년에 일본의 〈기본국책요강〉에 수용되었다면 일본군국주의는 그때부터 시작된 것인가? 그렇지 않다. 1940년 7월은 일본군국주의의 논리가 공식 천명된 시점일 뿐이고, 일본군국주의가 실질적으로 개시된 시점은 아니다. 왜냐하면 일본은 이미 그 이전부터 사회 전체를 군사적 가치로 통합한 가운데 대외팽창을 꾀했기 때문이다. 일본군국주의가 구체적으로 어떻게 태동해서 어떻게 발달했는지에 관해 이어지는 항목에서 계속 살펴보기로 하자.

2. 일본군국주의의 전개과정

일본군국주의에는 크게 3대 요소가 담겨 있다. 천황제, 대외팽창, 군사적 사회통합이 그것이다. 일본군국주의는 이 3대 요소의 결합을 통해 이루어졌다. 그러므로 셋 중 어느 하나라도 빠질 경우 일본군국주의는 성립할 수 없었다. 예를 들어 일본이 대외팽창을 추구했다고 할지라도 그것이 군사적 사회통합을 수단으로 하지 않았다면 일본군국주의라는 개념을 사용할 수 없다.

일본군국주의가 3대 요소의 결합을 필요로 한다고 강조하는 이유는 일부 한국인들이 일본의 과거 혹은 현재와 관련하여 위의 셋 중 어느 하나만 나타나도 그것을 곧바로 일본군국주의와 연결시키는 경향이 있기 때문이다. 물론 일본으로부터 식민통치를 받은 경험 때문에 그런 과잉반응이 나타나는 것은 사실이지만 지나친 반응은 오히려 문제의 본질에 대한 이해력을 방해할 뿐이다. 일본의 과거 혹은 현재와 관련하여 군국주의를 찾아내고자 할 때는 3대 요소가 모두 구비되었는가를 반드시 살피지 않으면 안 된다.

3대 요소가 결합해야만 일본군국주의가 성립할 수 있다는 점을 고려하면 일본군국주의가 태동한 시점이 그리 오래되지 않았다는 인식에 도달하게 될 것이다. 일본의 침략 위협을 늘 의식하는 한국인들 중에는 '섬나라 일본은 아주 오랜 옛날부터 군국주의를 시도해왔다'고 막연하게 생각하는 사람들이 있다. 하지만 일본의 역사를 냉정히 살펴보면 그런 인식이 결코 옳지 않음을 알게 될 것이다. 일본군국주의의 3대 요소의 형성과정을 살펴봄으로써 그 점을 확인해 보기로 하자.

천황제, 대외팽창, 군사적 사회통합이란 3대 요소

첫째, 천황제 문제를 살펴보자. 일본인들은 초대 천황인 진무천황이 기원전 660년에 즉위했다고 믿고 있다. 그리고 가마쿠라막부(1185~1333년)가 수립되기 전까지는 천황이 일본열도에서 정치적 실권을 행사했다. 그러므로 1185년까지는 천황이 실권을 행사했다고 볼 수 있다. 하지만 1185년 이전 시기에는 천황제에 대외팽창이라든가 군사적 사회통합 같은 요소가 결합되지 않았다.

둘째, 대외팽창 문제를 보자. 일본은 전통적으로 대외팽창을 추구하기 힘든 사정이 있었다. 한반도의 견제 때문이었다. 한반도의 견제에 가로막혀 대륙과의 교류가 원활하지 않은 탓에 고대 일본은 대외팽창에 필요한 경제적

토대를 확보하기 힘들었다. 일본 내부에서 그만한 자원을 충족할 수 있는 것도 아니었다. 초원길과 비단길이 동서 간의 교류를 매개하던 시절에 한반도의 견제 때문에 이런 루트로부터 배제된 일본은 자연히 낙후될 수밖에 없었다. 그런 상황에서 대외팽창을 추구한다는 것은 그저 꿈에 불과한 일이었다.

그렇다면 일본은 언제부터 대외팽창을 추구하기 시작했을까? 왜구의 출몰 시점을 대외팽창의 기점으로 볼 수는 없을까? 그렇지는 않다. 여·몽 연합군의 일본 공격 이후로 동아시아가 왜구 때문에 몸살을 앓은 것은 사실이지만 왜구의 활동을 일본이라는 나라의 대외팽창과 연관 지을 수는 없다. 왜냐하면 왜구는 중앙정부의 통제로부터 이탈한 존재라서 왜구의 활동을 일본정부의 활동으로 볼 수는 없기 때문이다. 14세기 말부터 일본정부가 조선·명나라 정부와 함께 왜구 소탕에 나선 것에서 알 수 있듯이 왜구의 활동은 일본 자체의 대외팽창과는 무관한 것이었다.

일본이 집단적 차원에서 대외팽창을 추구한 것은 도요토미 히데요시의 등장 이후라고 보아야 한다. 주군인 오다 노부나가(1534~1582년)의 사망 이후 일련의 투쟁을 거쳐 열도의 최고권력을 장악한 그는 임진왜란이 발발하기 이전에 이미 대외팽창에 관한 의지를 피력했다. 임진왜란 발발 6년 전인 1586년 그는 자신을 방문한 서양 선교사에게 조선·명나라를 공격할 계획을 내비쳤다. 이듬해 일본에서는 도요토미 히데요시가 조선·명나라는 물론이고 동남아까지 공격할 것이라는 소문이 나돌았다. 그리고 임진왜란 발발 2개월 만에 한양을 점령한 데 고무된 그는 조선 주둔군에게 보낸 서한에서 자신의 대외팽창계획을 보다 더 구체적으로 밝혔다. 조선과 명나라를 점령한 후 '중국은 천황에게' '일본은 조카에게' '조선은 다이묘 중 한 사람에게' 맡기고 자신은 인도·동남아까지 공격하여 세계를 정복하겠다는 것이었다. 일본 최고지도자의 공식 발언을 통해 대외팽창의 의지가 천명된 것이다. 도요토미 히데요시의 세계정복 야망은 일본인들의 뇌리에 강하게 박혀 이후로도 일본인들의 의식을 강력하게 장악했다. 일본인들에게는 도요토미 히데요시가 대외팽창의 모본으로 각인되어 있다고 할 수 있다.

그런데 도요토미 히데요시 때 일본이 최초로 대외팽창을 추구하기는 했지만 이 시기에도 일본군국주의의 요소는 완전히 구비되지 않았다. 대외팽창이라는 요소는 나타났지만 천황제가 현실 권력과 연결되지 않았고 군사적 가치를 중심으로 사회가 통합되지도 않았다. 그러므로 이 시기의 일본 역시 군국주의와는 무관했다고 할 수 있다.

셋째, 군사적 사회통합의 측면을 살펴보자. 군사적 가치를 중심으로 사회가 통합되려면 군부가 사회의 중심으로 떠올라야 한다. 일본에서 군부가 사회의 중심으로 명확히 부각된 시점은 1927년이다. 이미 청일전쟁(1894년)과 러일전쟁(1904~1905년)을 통해 일본 군부는 그 위력을 과시했다. 대국들을 상대로 거둔 연전전승을 바탕으로 일본 군부는 권력의 중심을 향해 전진할 수 있었다. 그런 군부에게 결정적 기회를 준 것은 1920년대의 경제공황과 사회불안이었다. 이런 분위기 속에서 우익세력이 일본 군부의 지지세력이 되었다. 저명한 일본학 연구자이며 1961~1966년 주일 미국대사를 역임한 에드윈 라이샤워Edwin O. Reischauer는 《일본, 과거와 현재》에서, 대정민주주의(다이쇼 데모크라시)에 염증을 낸 일본 우익의 입장에서 볼 때 민주주의나 자유주의에 물들지 않은 유일한 집단이 군부였기 때문에 군부에 대한 지지를 천명할 수 있었다고 지적했다. 군부와 우익의 결합이 이루어신 때가 바로 1927년이다.

이 시기에는 일본군국주의의 3대 요소 중 2개가 이미 성취되어 있었다. 1868년 메이지유신을 계기로 일본 천황이 정치의 중심으로 돌아왔고, 1894년 청일전쟁 승리로 일본이 대외팽창을 가속화한 뒤였기 때문이다. 일본군국주의의 3대 요소 중 2개를 성취한 상태에서 1927년 군부가 정권을 장악하고 군사적 사회통합을 개시함에 따라 일본군국주의의 3대 요소가 모두 충족된 것이다. 그러므로 일본군국주의의 출발점은 1927년이라고 보아야 한다.

1927년부터 군국주의 일본은 다나카 상주문을 신호탄으로 대외팽창을 본격 추진했다. 다나카 총리가 올렸다 하여 다나카 상주문이라 불리는 이 상주문의 핵심은 이것이다. "만주와 몽골을 지배해야 중국을 정복할 수 있고, 중국을 정복해야 세계를 정복할 수 있다." 이와 같이 1927년에 태동한 일본군국주의는 천황제를 바탕으로, 대외팽창을 목표로, 사회를 군사적으로 통합해 나갔다. 이어지는 항목에서 그 양상을 구체적으로 살펴보자.

3. 일본군국주의의 구체적 양상

군국주의가 위력을 발휘하면서 일본은 군부를 중심으로 사회 전체가 군사 조직처럼 짜이게 되었다. 일종의 피라미드형 사회가 조직된 것이다. 군부가 사회의 중심이 될 수 있었던 것은 기본적으로 경제공황이나 사회불안 때문이었지만, 상당부분은 일본의 법률제도 때문이기도 했다. 당시 일본의 육군참모본부와 해군군령부(참모본부 격)는 각각 육군성 및 해군성으로부터 독립적인 지위를 갖고 있었다. 육해군은 내각의 통제에서 벗어난, 천황의 직속기관이었다. 문민의 통제 밖에 있었던 것이다. 한국식으로 말하면 군대가 국방부의 감독을 받지 않은 것이다.

일본 군부는 내각으로부터 벗어나 있기만 했던 게 아니었다. 한걸음 더 나아가 일본 군부는 내각을 통제할 수 있는 가능성까지 갖고 있었다. 어떻게 그랬을까? 당시 일본에서는 내각을 구성하지 못할 경우 총리가 사임해야 했다. 한편 내각의 구성원인 육군대신과 해군대신의 자리는 현역 장교에게만 열려 있었다. 그리고 현역 장교의 입각은 군부의 동의를 통해서만 이루어질 수 있었다. 그렇기 때문에 군부에서 현역 장교의 입각을 반대할 경우 총리로서는 내각을 구성할 길이 없었다. 이런 경우에는 총리가 사임하는 수밖에 없었다.

내각 통제권을 쥔 일본 군부

그 같은 제도적 맹점이 실제로 위력을 발휘한 사례로는 1937년 초반의 상황을 들 수 있다. 제32대 총리인 히로타 고키 내각이 붕괴된 후인 1937년 2월 후임 총리로 임명된 인물은 전임 조선총독인 우가키 가즈시게였다. 그는 "총리에 취임하여 내각을 조직하라"는 천황의 명령을 받고 정식으로 총리에 임명되었다. 하지만 그는 총리의 권한을 행사하지 못했다. 왜냐하면 육군 쪽에서 육군대신에 임명될 현역 군인을 내주지 않았기 때문이다.

일본 육사 1기 졸업생으로 러일전쟁에도 참전했고, 육군대신과 육군대장까지 역임한 우가키 가즈시게에게 육군이 이처럼 제동을 걸고 나온 데는 그럴 만한 이유가 있었다. 그로부터 13년 전인 1924년 육군대신에 임명된 그가 군의 현대화를 위해 일명 '우가키 군축'이라 불리는 군축작업을 진행한 적이 있었기 때문이다. 경력만 놓고 보면 육군의 존경을 받기에 충분한 인물이었지만 군축작업을 주도했다는 전력 때문에 육군의 미움을 받은 것이다. 육군에서 내각에 현역군인을 보내주지 않은 것은 바로 그 때문이었다. 육군대신을 채우지 못한 탓에 우가키 가즈시게는 내각을 구성할 수 없었다. 당연히 총리 역할을 수행할 수 없었다. 결국 그는 하야시 센주로에게 제33대 총리 자리를 내주어야 했다. 총리에 임명은 되었으나 취임은 하지 못한 사례였다. 군부에 밉보인 일본 정치인의 실상을 보여주는 대목이었다.

우가키 가즈시게의 사례에서 나타나는 것처럼 일본 군부는 내각으로부터 독립적이었을 뿐만 아니라 내각을 통제할 수 있는 권력까지 보유하고 있었다.

이는 군국주의 시기에는 일본 군부가 사실상 내각의 상위에 있었음을 의미하는 것이다. 천황이 임명한 총리까지 떨어뜨릴 수 있었다는 것은 일본 군부가 얼마나 막강했는지를 설명하고도 남는다. 군부를 중심으로 일본 사회가 신속히 통합될 수 있었던 것은 그와 같은 군부의 파워를 배경으로 한 것이었다.

군부를 중심으로 한 사회통합은 제1차~제3차 고노에 후미마로 내각(1937~1941년) 시절에 한층 더 강해졌다. 신체제운동이라 불리는 총동원체제 하에서 일본 사회는 전면적으로 개편되기 시작했다. 인적·물적 측면에서뿐만 아니라 정신적 측면에서까지 사회통합이 전개되었다. 사회통합을 추진할 기구로 1937년 7월 국민정신총동원중앙연맹이 결성되었다. 1940년 10월에는 대정익찬회大政翼贊會가 결성되어 이 기구를 대신했다. 고노에 후미마로 총리가 대정익찬회 총재를 겸임하고 지방장관들이 지부장을 겸임했다. 모든 정당이 해산되어 이 조직에 흡수되었다. 정당뿐만 아니라 사회단체까지 흡수되었다. 1942년 6월까지는 기존의 관제 국민운동단체들이 대정익찬회의 산하조직으로 편입되었다. 노동조합 같은 자주적 조직도 예외가 될 수는 없었다. 관·민 단체가 모두 대정익찬회라는 하나의 조직으로 통합된 것이다. 사실상 일국일당 체제가 성립한 셈이다.

이와 같은 상황 속에서 일본 국민들은 대정익찬회의 직역조직(직업별 조직)과 지역조직에 편입되었다. 직역조직의 예로는 산업보국회, 지역조직의 예로는 부락회와 마을회(초나이카이)를 들 수 있다. 부락회는 농촌 거주자들을 구성원으로, 마을회는 도시 거주자들을 구성원으로 했다. 총리가 겸직하는 총재를 정점으로 국민 전체가 대정익찬회에 편입되고, 그 대정익찬회가 천황을 떠받드는 피라미드형 시스템이 형성된 것이다.

일본군국주의는 단순히 국민적 일체감을 조성하는 데만 목적이 있었던 게 아니다. 국민적 일체감을 통해 궁극적으로 얻어내고자 한 것은 전쟁수행에 필요한 인적·물적 자원이었다. 1938년 〈물자동원계획〉과 1939년 〈생산력확충계획〉으로 경제총동원계획의 골격을 마련한 일본정부는, 1938년 공정가격제, 1940년 배급제·공출제, 1942년 식량관리제 등에서 나타나는 바와 같이 일본 내의 물적 자원을 전쟁수행이라는 목적에 맞추어 재편해 나갔다. 동시에 징병·징용·정신대 등에서 확인되듯 인적 자원 역시 그러한 목적에 맞게 추출하고 재편했다.

국가와 신도가 통합된 제정일치 사회

여느 나라 같았으면 거대한 국민적 저항을 초래했을 일들이 일본에서는 별 무리 없이 진행된 데는 메이지유신 이래 추진된 제정일치가 큰 역할을 했다고 볼 수 있다. 정치와 종교, 다시 말해 국가와 신도가 일치된 것이다. 그런 제정일치 때문에 사회통합이 수월하게 진행될 수 있었던 것이다.

고대사회에서나 있을 법한 제정일치가 근대사회에서 어떻게 가능했을까? 사실 일본제국헌법에서는 종교의 자유를 인정했다. 일본이 아무리 속마음으로는 제정일치를 하고 싶었다 해도 이미 서양적인 근대화 노선을 내세운 마당에 노골적으로 종교의 자유를 부정할 수는 없었다. 종교의 자유를 훼손한다는 논란을 피하기 위해 메이지 초기 일본정부가 만들어낸 논리가 있었다. '신사神社는 종교가 아니다'라는 것이었다. 이른바 신사 비非종교론이었다. 그런 논리를 바탕으로 일본정부는 내무성 신사국을 통해 전국의 신사들을 직접 관리했다. 그리고 중앙은 물론 지방 단위에서도 신사의 제례의식에 공금을 투입하고, 어떤 경우에는 신설 신사의 건설비용을 제공하기도 했다. 신사의 건설과 제례에 공권력이 파고듦에 따라 일본의 신도는 국가의 정치적 목적을 달성하기 위해 일본인들을 정신적으로 통합하는 기구가 되었다. 이로 인해 신앙은 종교적 목적이 아닌 정치적 목적을 위한 도구로 전락했다. 정치권력이 종교권력까지 장악함에 따라 제정일치가 출현할 수 있었던 것이다. 이처럼 메이지유신 이래 일본정부에 의해 국가적으로 통합된 신도를 국가신도라 한다. 그러한 국가신도의 상징물이 바로 야스쿠니신사다.

일찍이 메이지 초기에 제정일치를 만드는 데 성공을 거두었기 때문에 군국주의 시기의 일본은 이를 바탕으로 대외팽창에 필요한 인적·물적 자원은 물론이고 국민의 정신력까지 쉽게 동원할 수 있었다. 인간 내면에까지 국가권력의 손길이 미쳤기에 가미가제 특공대[40]와 같은 극단적 형태의 충성 표현도 나올 수 있었던 것이다.

그런데 군사적 사회통합을 향한 일본의 노력은 일본 국내에서만 진행된 게 아니었다. 그것은 일본의 점령지였던 한국·대만 및 중국 일부에서도 똑같이 행해졌다. 한국의 경우를 예로 들면, 1937년 7월 일본에서 국민정신총동원연맹이 결성된 것과 보조를 맞추어 1938년 7월 국민정신총동원조선연맹이 결성되었다. 조선총독부 및 군부의 주도 하에 각종 사회조직이 통합되면서 한국인은 정신적·물질적 생활까지 국가의 통제를 받게 되었다. 또 1940년 10월 일본에서 대정익찬회가 결성된 것과 보조를 맞추어 같은 달에 국민총력조선연맹이 결성되어 한국인들에 대한 간섭의 정도를 심화시켰다. 이 과정에서 한국인들은 신사참배, 황국신민서사(황국신민의 맹세) 암송, 창씨개명을 강요받았을 뿐만 아니라, 징병·징용·정신대 등으로 노동력은 물론 생명과 존엄성마저 빼앗기고 말았다. 이처럼 일본 본토뿐만 아니라 식민지에서까지 군사적 사회통합이 똑같이 진행되었고, 이로 인해 일본군이 존재하는 곳에서는 어디서나 인적·물적 자원은 물론이고 정신력까지 일본군국주의를 위해 희생

---

[40] 제2차 대전 때 전투기를 몰고 연합군의 군함을 향해 돌진하여 함께 폭사한 일본 공군의 자살 특공대.

되는 양상이 나타났다. 그러한 희생의 대표적 사례로 1937~1945년에 자행된 731부대[41]의 인간 생체실험을 들 수 있다.

일본은 1937년 전쟁과 태평양전쟁을 통해 인명을 대규모적으로 살상했을 뿐만 아니라 군국주의적 사회통합을 통해 본토와 식민지의 인적·물적·정신적 자원까지 추출하였다. 이 과정에서 피점령국 국민과 식민지 국민은 물론이고 본토의 일본인들까지도 군국주의에 희생되었다. 일본군국주의가 결국 패망할 수밖에 없었던 것은 인류의 보편적 가치에서 벗어난 행위들로 인해 인심을 잃었기 때문이다.

4. 일본군국주의와 팍스 아메리카나

군국주의 일본이 상대한 적은 크게 두 부류였다. 하나는 한·중으로 대표되는 동아시아 세력이고, 또 하나는 미국으로 대표되는 비非동아시아 세력이었다. 일본군국주의가 패망한 데는 두 세력의 힘이 함께 작용했다. 하지만 원폭 투하로 미국 쪽의 기여도가 더 높게 평가된 탓에 패전국 일본에 대한 전후 처리는 미국의 주도로 이루어지게 되었다. 일본군국주의로부터 별다른 피해를 입은 적이 없는 미국이 그것의 청산을 담당했기 때문에 그 과정에는 한·중 두 민족의 관점 대신 미국의 전략적 관점이 반영될 수밖에 없었다.

물론 피해자의 복수를 위해서 심판이 이루어지는 것은 아니다. 제3자의 객관적 관점에서 사건을 공정하게 처리하는 것이 심판의 본질이다. 마찬가지로 단지 아시아인들의 한을 풀어줄 목적으로 패전국 일본에 대한 심판이 이루어

---

41 일본이 중국 하얼빈에 주둔시킨 관동군 산하 세균전 부대. 3천여 명을 대상으로 각종 세균 실험과 약물시험 등을 자행했다.

겨야 했던 것은 아니다. 인류에 대한 일본의 잘못을 응징하고 동일 범죄가 재발하지 않도록 하는 것이 일본에 대한 심판의 본질이어야 했다. 그런데 일본에 대한 심판은 일본의 잘못을 응징하는 데도 초점을 맞추지 않았고, 동일 범죄의 재발을 막는 데도 초점을 맞추지 않았다. 오로지 심판자인 미국의 이익에만 초점을 맞춘 것이다. 미국이 주도한 패전국 처리가 60년이 넘는 오늘날까지도 두고두고 비판의 대상이 되고 있는 것은 바로 이 때문이다. 이는 마치 판사가 범죄자로부터 개인적인 협력을 얻어내기 위해 피해자의 입장을 무시하고 피고인의 이익을 위해 재판을 진행하는 것과 다를 바 없는 것이다.

'피고인'의 이익 앞세운 극동군사재판

원폭의 위력을 앞세워 전후처리를 주도한 미국이 얼마나 불공정했는가는 일본에 대한 극동군사재판과 독일에 대한 뉘른베르크 전범재판의 비교를 통해서 쉽게 이해할 수 있다. 전범재판은 A · B · C급 전범에 대해 각각 별도로 진행되었지만 여기서는 A급(혹은 1급) 전범에 대한 재판만 살펴보겠다.

1946년 4월 29일(기소일자)부터 1948년 11월 12일(선고일자)까지 연합군 최고사령부(SCAP 또는 GHQ)의 주관 하에 전범들을 상대로 이루어진 극동군사재판(동경재판)은 전쟁의 최고책임자인 히로히토 천황은 물론이고 남경대학살(난징대학살)[42]의 주범인 아사카노미야 야스히코와 731부대의 대장인 이시이 시로와 등을 배제한 상태에서 불과 28명의 A급 전범만을 기소한 상태에서 진행되었다. 일본군국주의의 총지휘자인 히로히토 천황이 기소를 면한 일이 얼마나 반역사적인 것인가는 굳이 강조할 필요도 없다. 인간을 상대로 생

---

42 1937년 전쟁 당시인 1937년 12월에서 1938년 1월까지 중국 수도 남경(난징)과 그 인근에서 일본군이 중국인 포로와 일반 시민들을 상대로 자행한 대규모 학살.

체실험을 지휘한 이시이 시로와 731부대장과 부대원들까지 기소를 면한 점은 극동군사재판이 아시아인들의 고통에 대해 얼마나 무감각했는가를 보여준다. 그들이 처벌을 면한 배후에는 미·일 간의 밀약이 있었다. 생체실험 결과를 소련에 넘기지 않고 미국에만 넘긴다는 조건 하에 전범들의 기소를 면제해준 것이다.

꼭 처벌해야 할 전범들을 기소조차 하지 않은 상태에서 시작된 극동군사재판은 28명의 A급 전범 중에서 25명이 실형을 받고, 그중에서 도조 히데키 전 총리 등 7명만이 사형을 선고받는 선에서 종결되었다. 수십 년간 자행된 일본 군국주의의 만행에 대한 심판치고는 너무 미약한 재판 결과였다.

이에 비해 패전국 독일 출신의 1급 전범들을 상대로 1946년 10월부터 1949년 3월까지 진행된 뉘른베르크 전범재판은 상대적으로 훨씬 더 철저한 편이었다. 2가지 점에서 그러하다. 첫째, 극동군사재판이 1차례로 끝난 데 비해 뉘른베르크 전범재판은 2차례에 걸쳐 진행되었다. 제1차 재판에서는 24명이 기소되어 12명이 사형을 받았으며, 제2차 재판에서는 185명이 기소되어 25명이 사형을 받았다. 둘째, 극동군사재판이 생체실험 같은 반인류 범죄에 대해 눈을 감은 데 비해 뉘른베르크 전범재판은 유대인 학살 같은 반인류 범죄를 별도로 다루었다. 제1차 재판은 나치독일에 대한 심판이고, 제2차 재판은 유대인 학살에 대한 전문적인 심판이었다. 미국의 여론을 움직이는 유대인들의 의지가 반영된 결과였다.

전범처리를 다룬 극동군사재판과 뉘른베르크 전범재판이 잘 반영하듯이 전범 독일이 철저한 응징을 받은 데 비해 같은 전범인 일본은 제대로 응징을 받지 않았다. 도리어 일본은 1951년 샌프란시스코강화조약을 계기로 미국의 동맹국으로 '격상'되었다. 전범과 '법관'이 동맹국이 된 셈이다. 미국의 입장에서는 전범 일본을 응징하여 동아시아인들의 한을 풀고 동아시아의 질서를 바로잡기보다는 '전도유망한' 일본을 팍스 아메리카나의 동아시아 대리인으로 삼아 소련·중국·북한을 견제하는 편이 보다 더 실속이 있다고 판단한 것이다. 이 덕분에 일본은 별다른 제재를 받지 않고 1945년 이후에도 계속해서 살아남을 수 있었다.

동아시아 부조리 양산한 미국의 대일對日 전략

오늘날까지도 일본이 과거의 잘못에 대해 진정으로 사과와 배상을 하지 않는 것은 세계 최강 미국이 일본을 비호하고 있기 때문이다. 독일인들은 국민성이 착해서 과거의 잘못을 사과하고 일본인들은 국민성이 나빠서 과거의 잘못을 부정하는 것이 결코 아니다. 독일의 잘못에 대해서는 미국이 상대적으로 엄격했던 데 비해 일본의 죄과에 대해서는 미국이 매우 관대했을 뿐만 아니라 적극적으로 비호하기까지 했다. 문제의 본질은 과거의 잘못을 단호하게 심판할 만한 세력이 있는가 여부에 있는 것이다.

미국의 비호는 비단 일제 패망 직후에만 있었던 게 아니다. 과거사 문제로 한국과 일본이 대립할 때마다 미국 국무부가 신속히 나서서 사태를 종결짓곤 하는 것에서 알 수 있듯이 미국은 자국의 대리인인 일본이 동아시아에서 정치적 고립을 당하지 않도록 늘 배려해 왔다. 미국은 부조리를 제거하기보다는 오히려 그것을 보호해 왔다.

1945년 이후의 동아시아 질서가 얼마나 부조리한 것인가는 패전국인 일본은 별다른 제재를 받지 않고 전승국인 한국과 중국이 도리어 분단된 데에서 잘 드러난다. 일본이란 나라가 과거의 잘못에 대해 얼마나 둔감한가는 한편으로는 습관적으로 사과를 하면서도 다른 한편으로는 배상을 하지 않고 군국주의를 계속 옹호하는 데서도 잘 드러난다. 일본이 배상을 하지 않았다는 말은 친일적인 박정희 시절의 한국을 빼고는 일본이 그 어떤 아시아 국가에게도 배상을 하지 않았음을 의미한다. 사실 박정희가 받은 3억 달러의 무상 배상금도 엄밀히 말하면 과거에 대한 속죄비용이 아니라 미국을 주축으로 하는 한·미·일 3각 동맹에 한국이 참여하는 것에 대한 '사례비' 성격이 더 강했다고 볼 수 있다.

오늘날 일본은 틈만 나면 군국주의 시절을 옹호하고 있다. 이는 일본의 장관들이 툭하면 군국주의를 옹호하는 망언을 한다든가, 일본 총리가 이따금씩 야스쿠니신사에 참배를 한다든가, 과거사를 미화하는 역사 교과서들이 일선 학교에서 채택된다든가 하는 사실 등에서 쉽게 확인할 수 있다. 이처럼 일본군국주의가 좀처럼 청산되지 않는 것은 1차적으로는 미국의 동아시아 전략 때문이고, 2차적으로는 일본의 무책임 때문이지만, 3차적으로는 일본군국주의의 피해자 중 하나인 한국과 대만의 태도 때문이기도 하다. 대만은 1895년부터, 한국은 1910년부터 일본제국주의 혹은 일본군국주의에게 피해를 입었다. 하지만 과거사에 대한 양국의 태도는 북한·중국의 그것과 매우 판이하다. 북한과 중국은 내부적으로 이미 친일청산을 마쳤다. 하지만 한국의 경우 국민적 차원에서는 친일청산과 일본군국주의에 대해 강경하고도 원칙적인 입장이 존재하지만, 정부 차원에서는 국민의 요구와 일본의 입장을 적절히 절충하는 태도가 나타나고 있다. 대만의 경우 정부 차원은 물론이고 국민 차원에서도 친일청산이나 일본군국주의에 대해 그다지 큰 목소리가 나오지 않고 있다.

두 나라 정부가 그렇게 할 수밖에 없는 것은 양국 모두 일본과 함께 미국의 핵우산 하에 있기 때문이다. 일본군국주의를 강도 높게 비판하고 일본의 사과·배상을 요구할 경우 미국 주도의 해양세력이 분열될 가능성이 있기 때문에 일본군국주의에 대한 두 나라 정부의 태도는 소극적이 될 수밖에 없다. 즉, 대륙세력에 대한 견제 심리가 일본군국주의에 대한 비판을 막고 있는 것이다. 이러한 점들을 보면 일본을 내세워 국익을 추구하는 미국의 전략으로 동아시아의 부조리가 양산되고 있음을 알 수 있다. 이는 팍스 아메리카나의 문제점을 해결하지 않고서는 일본군국주의의 문제점을 결코 해결할 수 없음을 의미하는 것이다.

제9장

야스쿠니신사 참배

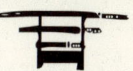

TV 뉴스나 신문 보도에서 이따금씩 일본 총리의 야스쿠니신사 참배가 문제가 되곤 한다. 일본 총리의 참배를 두고 한국·중국이 비판하는 것을 보면 일본이 뭔가 잘못하고 있는 것 같기는 한데 도대체 뭐가 문제인지 제대로 이해하지 못할 때가 많다. 일본이 또 무슨 문제를 일으키고 있는가 보다 하는 생각이 들면서도 자기 나라의 종교시설에 참배하는 것까지 문제 삼을 필요가 있을까 하는 생각도 든다. '야스쿠니신사는 단순히 전사자들의 넋을 위로하는 곳이며, 전쟁이 재발하지 않기를 기원하는 곳'이라는 일본의 주장이 일리 있게 들리는 것도 사실이다. 하지만 정말로 아무런 문제가 없다면 이 문제를 두고 해묵은 논쟁이 계속되지는 않을 것이다. 그런 점에서 야스쿠니신사 참배가 왜 문제가 되는지 꼼꼼히 살펴볼 필요가 있다.

1. 야스쿠니신사는 어떤 곳인가?

야스쿠니신사란 1869년 도쿄초혼사東京招魂社로 설립되어 1879년에 현재의 명칭을 갖게 된 신사神社로 천황을 위해 싸우다가 죽은 군인과 군무원 등을 제신祭神, 즉 제사의 대상으로 모시고 있는 곳이다. 초기에는 군사방위기구인 군무관(병부성의 전신)에 이어 내무성·육군성·해군성의 관할을 받다가 1946년 도쿄 도지사의 인증을 받아 단위종교법인인 단위신사單位神社로 독립한 곳이다.

야스쿠니신사는 단위신사이기 때문에 신사본청神社本廳과는 무관한 곳이다. 신사본청이란 이세신궁伊勢神宮을 본부로 하여 약 8만 개의 신사로 이루어진 종교법인이다. 야스쿠니신사는 이 전국 조직에 속하지 않고 독립적으로 운영되는 곳이다. 야스쿠니신사에는 수장인 구지宮司 아래에 곤구지權宮司가 있고 그 아래에 제무부祭務部 등의 각종 부서가 있다.

일본 총리가 야스쿠니신사를 참배하는 시기는 야스쿠니신사의 제례의식이 열리는 때다. 야스쿠니신사 문제를 이해하고 예측하려면 이곳에서 언제 어떤 제례의식이 벌어지는지를 파악해둘 필요가 있다. 야스쿠니신사의 제례의식은 표와 같다.

표를 보면 야스쿠니신사에서 제사의식이 꽤 자주 열림을 알 수 있다. 표에 열거된 것들은 주요 행사일 뿐이다. 이 외에도 매월 1일·11일·21일에 월차제月次祭, 즉 월례 제사가 열리고, 하루 중에도 4차례의 정례 제사가 열린다. 표에 열거된 것 중 중요한 것은 1월 1일 신년제, 4월 21~23일 춘계례대제, 10월 17~20일 추계례대제 등이다. 이중 가장 중요한 것은 봄·가을에 열리는 예대제例大祭다. 예대제 때는 천황의 칙사가 의례에 참여하고 천황이 내린 폐물이 봉헌된다. 이 같은 주요 의례 때 일본 총리의 참배 가능성이 높아진다. 표에는 없지만 8월 15일처럼 정치적으로 의미 있는 날에도 총리의 신사 참배가 전격적으로 이루어질 가능성이 높다.

월일	시각	명칭	참고
1월 1일	오전 0시	호우덴(若水奉奠)	
	오전 8시	신년제	
1월 2일	오전 8시	2일제	
1월 7일	오전 10시	히로히토천황 무장야능 요배식	
1월 30일	오전 10시	오사히토천황 후월윤동산능 요배식	오사히토천황(코메이천황, 재위 1846~1867년)은 에도시대 말기의 천황.
2월 11일	오전 10시	건국기념제	
2월 17일	오전 10시	기년제	
4월 21~23일		춘계례대제(春季例大祭)	
4월 29일	오전 10시	소화제(昭和祭)	
6월 29일	오전 10시	창립기념일제	
	오후 2시	헌영피강식(纛恁永披講式)	
6월 30일	오후 3시	오오하라에(大祓式)	
7월 13~16일		미타마마츠리	
7월 30일	오전 10시	메이지천황 복견도산능 요배식	
10월 17일	오전 10시	신궁신상제 요배식	
10월 17~20일		추계례대제(秋季例大祭)	
11월 3일	오전 10시	명치제	
11월 23일	오전 10시	신상제(新嘗祭)	
12월 23일	오전 10시	천황 탄신 봉축제	
12월 25일	오전 10시	오스스하라이사이(煤拂祭)	히로히토천황의 전임자로서 1912~1926년에 재위했다.
	오전 11시	다이쇼천황 다마능 요배식	
12월 31일	오후 3시	오오하라에(大祓式)	
	오후 3시반	제야제	

〈표 2〉 야스쿠니신사의 주요 제례의식

식민지 국민까지 합사한 일본의 의도

야스쿠니신사의 중심부는 본전本殿이라고 불린다. 불교식으로 말하면 대
웅전이다. 이곳에는 제신들이 합사되어 있다. 합사合祀란 신사에 모셔지는
것을 가리킨다. 2004년 10월 17일 현재 야스쿠니신사에 합사된 제신은 246

만여 주版다.

야스쿠니신사에 제신으로 모셔지려면 사망 당시의 국적이 일본 국민이어야 한다. '일본 국민'에는 식민지 국민도 포함된다. 그래서 2001년 10월 현재 야스쿠니신사에는 조선인 2만 1181주와 대만인 2만 8863주가 합사되어 있다. 사망 당시 일본 국적을 갖고 있었다는 이유로 사후에 이 신사에 합사된 것이다. 2004년 10월 17일 현재의 야스쿠니신사 내규에 따르면 다음 요건을 추가적으로 구비해야 신사의 제신으로 모셔질 수 있다.

〈표 3〉 야스쿠니신사의 합사 조건

군인·군속의 경우	전쟁 또는 사변이 발생한 땅이나 전쟁이 끝난 땅에서 전쟁으로 사망하거나 전쟁 중 부상으로 사망하거나 전쟁으로 병에 걸려 사망한 자	1
	전쟁 또는 사변이 발생한 땅이나 전쟁이 끝난 땅에서 공무로 부상을 입거나 병에 걸려 내지로 귀환한 후 요양을 받다가 그 부상이나 병이 원인이 되어 사망한 자	2
	만주사변 이후로 내지에서 근무하다가 공무로 부상을 입거나 병에 걸린 것이 원인이 되어 사망한 자	3
	샌프란시스코강화조약 제11조 상의 재판·판결에 의해 사망한 자 등	4
	〈미귀환자에 관한 특별조치법〉에 의한 전시사망선고에 따라 공무 중의 부상이나 질병으로 사망했다고 간주된 자	5
준(準)군속 및 기타의 경우	군의 요청에 의해 전투에 참가했다가 전투에서 입은 부상 또는 질병 때문에 사망한 자	6
	특별미귀환자로 처리된 사망자(소련·사할린·만주·중국에 억류되었다가 사망한 자나 전시사망선고에 의해 사망한 것으로 간주된 자)	7
	국가총동원법에 따라 징용되거나 이에 협력했다가 사망한 자 (학도병·징용공·여자정신대원·보국대원이나 일본적십자사 구호간호부)	8
	선박운영회가 운영하는 선박의 승무원으로서 사망한 자	9
	국민의용대원으로서 직무 중에 사망한 자	10
	구(舊)방공법에 따른 방공활동에 종사하다가 사망한 경방단원(警防團員)	11
	교환선 침몰로 사망한 승무원(교환선이란 교전국 상호간에 재류민이나 포로들을 교환하기 위해 파견하는 선박)	12
	오키나와에서 소개활동(공습이나 화재에 대비해서 주민·시설물을 분산시키는 일 중 사망한 자(즉, 츠시마루호 사망자)	13
	외무성·관동국·조선총독부·대만총독부·사할린청 직원으로 사망한 자	14

표에 따르면 1차적으로는 군인·군속이 야스쿠니신사에 합사될 수 있지만 여자정신대원(8번) 같은 준군속이나 총독부 근무자(14번) 같은 공무원도 경우에 따라서는 합사될 수 있다. 기본적으로 전쟁 중에 사망해야 합사될 수 있지만 14번 경우처럼 전쟁과 무관하게 목숨을 잃은 경우에도 예외적으로 합사될 수 있다. 위 14가지 경우 표현상의 합사 조건은 제각각 다르지만 공통적인 조건은 하나다. '천황을 위해서 목숨을 잃었을 것'이 위의 모든 경우를 관통하는 공통적인 합사 조건이다.

합사 조건 중 가장 일반적인 것은 1번이나 2번처럼 일본제국주의의 전쟁에 참가했다가 사망한 자라고 할 수 있다. 이 외에도 4번과 8번이 관심을 끈다. 4번은 샌프란시스코강화조약 제11조의 재판·판결에 의해 사망한 자를 가리킨다. 강화조약 제11조의 재판·판결이란 것은 극동군사재판을 포함해서 일본의 전범을 대상으로 한 재판·판결을 가리킨다. 이런 재판에서 전범으로 선고받은 자들도 야스쿠니신사에 합사될 수 있도록 한 것이다. 8번은 일본군국주의를 위해 징용되거나 이에 협력했다가 사망한 자를 가리킨다. 일본 본토뿐만 아니라 식민지의 학도병·징용병·위안부로서 사망한 사람들도 야스쿠니신사에 합사될 수 있도록 만든 규정이다.

야스쿠니신사의 본질을 보다 더 명확히 이해하려면 각각의 제신들이 어떤 전쟁 혹은 어떤 사건에서 사망했는지 살펴볼 필요가 있다. 그래야만 야스쿠니신사가 어떤 류의 전쟁을 미화하고 있는지 파악할 수 있기 때문이다. 〈표4〉에서 그 점을 확인해 보자.

표를 보면 메이지유신 이후로 천황이 주도한 모든 전쟁의 전사자들이 야스쿠니신사에 합사되어 있음을 알 수 있다. 일본 국내를 무대로 벌어진 무진전쟁(1868~1869년)이나 서남전쟁(1877년) 같은 경우 천황파 혹은 정부군 전사자만 합사되었고, 해외에서 벌어진 전쟁이나 사건의 경우 원칙상 모든 전사

전쟁 명칭	연도	합사자 수	참고
무진전쟁 (보신전쟁)	1868~1869년	7751	무진전쟁은 메이지유신 후에 발발한 천황파와 반천황파(막부파)의 내전으로 천황파 전사자만 합사
대만침공	1874년	1130	
강화도사건	1875년	2	
서남전쟁 (세이난전쟁)	1877년	6971	서남전쟁은 사이코 다카모리가 일으킨 내전으로 정부군 전사자만 합사
임오군란	1882년	14	
갑신정변	1884년	6	
청일전쟁	1894~1895년	1만 3619	
의화단사건 (북청사변)	1900~1901년	1256	
러일전쟁	1904~1905년	8만 8429	
제1차 세계대전	1914~1918년	4850	
제남사건	1928년	185	중국 산동성 제남에서 국민당 군대와 일본군이 충돌한 사건
나카무라 대위 사건	1931년	19	만주에서 정탐활동을 벌이던 나카무라 대위 등이 중국 군벌에 붙잡혀 살해된 사건
만주사변	1931년	1만 7176	
1937년 전쟁 (중일전쟁·지나사변)	1937년	19만 1250	
태평양전쟁 (대동아전쟁)	1941~1945년	213만 3915	태평양전쟁 종결 후에 발생한 인도차이나전쟁 같은 아시아 독립전쟁 때 전사한 자도 포함
합계		246만 6573	

〈표 4〉 합사자가 발생한 전쟁·사건

자가 다 합사되었다. 1931년 나카무라 대위 사건의 경우처럼 해외에서 첩보
활동을 하다가 사망한 사람들도 합사되었다.

야스쿠니신사에 합사된 제신들은 기본적으로 천황에게 충성을 바치다가
목숨을 잃었다는 점이 공통적이지만 표를 통해서 우리는 그들에게 또 다른
공통점이 있음을 알 수 있다. 무진전쟁과 서남전쟁을 제외하면 제신들을 배
출한 전쟁들이 하나같이 일본의 대외침략과 관련되어 있다. 굵직한 전쟁만

추리면 청일전쟁·러일전쟁·만주사변·1937년전쟁·태평양전쟁에서 제신들이 대거 양산되었다. 전체 246만 6573주의 제신 중에서 86.5%에 해당하는 213만 3915주의 제신을 배출한 전쟁은 일본군국주의의 절정기에 벌어진 태평양전쟁이었다.

위와 같은 합사자 분포를 보면 야스쿠니신사가 본질적으로 일본제국주의 혹은 일본군국주의를 실현하다 희생된 자들을 추모하는 곳임을 알 수 있다. 동아시아 국가들이 야스쿠니신사의 존재와 일본 총리의 참배를 우려하는 이유 중의 하나가 바로 여기에 있다. 제국주의 혹은 군국주의 전쟁의 가담자들을 신으로 추앙하고 있다는 점 때문에 동아시아 국가들은 일본이 과거의 범죄를 진심으로 반성하고 있는지 의심하지 않을 수 없는 것이다.

야스쿠니신사가 일본군국주의(혹은 일본제국주의)와 관련되어 있다는 점은 위의 논의를 통해 명확히 드러났다. 그러면 야스쿠니신사는 어떻게 일본군국주의(혹은 일본제국주의)와 깊숙이 연관되었을까. 이를 살펴보기 위해 메이지 시대의 국가신도 문제와 야스쿠니신사를 함께 검토해 보기로 하자.

2. 야스쿠니신사와 일본군국주의

야스쿠니신사의 바탕이 되는 것은 신도神道다. 신도란 일본의 다신교적인 민속신앙으로 현세주의와 성선설에 기초하고 있고, 명확한 교리나 경전은 존재하지 않는 종교다. 신도에는 여러 가지 종류가 있다. 소속을 기준으로 할 때 신도는 크게 황실신도, 신사신도神社神道, 교파신도로 나눌 수 있다. 각각을 소개하면 아래와 같다.

첫째, 황실신도. 이것은 황거(황궁) 안의 궁중삼전宮中三殿을 중심으로 하는 천황가家의 신도를 말한다. 궁중삼전이란 현소賢所, 황령전皇靈殿, 신전을 말한다. 현소는 황실의 조상신皇祖神인 아마테라스오오미카미天照大御神[43]에게, 황령전은 역대 천황 및 황족에게, 신전은 천신과 지신에게 제사하는 곳이다.

둘째, 신사신도. 이것은 신사를 중심으로 한 신도를 말한다. 일반적인 신사는 신사신도를 가리킨다. 서구의 영향을 받아 종교의 자유를 헌법에 명기한 메이지정부는 '신사신도는 종교가 아니다'라는 논리를 근거로 신사신도를 국가에 예속시켰다. 제정일치를 추구한 메이지정부는 종교의 자유를 침해한다는 논란을 피하기 위해 신사신도를 종교의 영역에서 뺀 다음 국가적 통제를 가했다. 그래서 신사신도를 국가신도라고도 부른다. 신사신도는 근대 일본에서 천황을 중심으로 한 국민통합에서 결정적인 역할을 수행한 기구다.

셋째, 교파신도. 이것은 신사신도와 대립되는 개념으로 교단의 형태를 띤 신도신앙을 말한다. 제2차 대전 이전에 정부로부터 종교교단 공인을 받은 13개의 신도 교단에는 출운대사교出雲大社敎, 어악교御嶽敎, 흑주교黑住敎, 금광교金光敎, 실행교實行敎, 신습교神習敎, 신도수성파神道修成派, 신도대교神道大敎, 신리교神理敎, 부상교扶桑敎, 계교禊敎, 대성교大成敎, 천리교天理敎가 있다. 이중에서 한국인들에게 많이 알려진 금광교는 에도막부 말기인 1859년 곤코우 다이진金光大神이라는 인물에 의해 창시된 신도이고, 천리교는 에도막부 말기에 나카야마 미키에 의해 창시된 신도다. 교단 형태를 갖춘 신도 교단들은 1895년에 신도동지회라는 연합체를 결성했다. 이 연합체는 1899년에는 신도간화회神道懇話會로, 1912년에는 신도각교파연합회神道各敎派聯合會로 확대 개편되었으며, 1934년 현재의 교파신도연합회로 개칭되었다.

---

43 일본 건국신화에 등장하는 태양을 신격화한 신으로 일본 황실의 조상신으로 여겨지고 있다.

천황에 대한 충성을 촉구한 국가신도神道

그러면 신도에서는 무엇을 신앙의 대상으로 할까? 오늘날과 달리 고대에는 본래부터 신격神格을 갖고 있던 신들이 신앙의 대상이었다. 일본 건국신화에 나오는 이자나기노미코도伊邪那岐命, 이자나미노미코도伊邪那美命, 아마테라스 오오미카미 등이 그에 해당한다. 그런데 신도가 외래종교인 불교·유교·음양도와 결합하면서부터 신도에서는 신뿐만 아니라 인간도 신앙의 대상이 되기 시작했다. 인간을 신으로 추앙하는 신앙을 인신신앙人神信仰 이라 한다.

인신신앙은 몇 개의 하위 신앙으로 나뉜다. 어령신앙·조령신앙·영신신 앙·생신신앙 등이 그것이다. 어령신앙御靈信仰이란 원한을 품고 죽은 자들이 인간세계에 재앙을 일으키지 못하도록 하기 위해 그들을 신으로 모시면서 위로하는 신앙을 말한다. '영을 제어한다'는 의미의 어령이란 표현에서 이 신앙의 목적을 짐작할 수 있다. 조령신앙祖靈信仰이란 죽은 조상을 신으로 모시는 신 앙을 말한다. 영신신앙靈神信仰이란 도요토미 히데요시와 같은 탁월한 인물을 신으로 모시는 신앙을 말한다. 생신신앙生神信仰이란 살아 있는 인물을 신으로 모시는 신앙을 말한다. 가장 대표적인 예로는 1946년 1월 1일 소위 '천황의 인 간선언' 이전의 일본 천황이 현인신現人神으로 숭배된 사실을 들 수 있다.

신도 신앙을 정치적으로 가장 잘 활용한 것은 메이지정부였다. 근 7백년 만에 천황체제를 복원한 메이지유신 주도세력은 천황을 중심으로 제정일치 사회를 건설하고자 했다. 이런 발상에서 나온 것이 국가신도였다. 메이지 정 부가 국가신도 수립의 명분으로 삼은 것은 고대의 신기관神祇官 제도였다. 신 기관은 고대 율령제 하에서 제사를 담당하던 국가기관으로 형식상으로는 국 가의 최고 관직이었다. 기년제 등의 제례 때 신기관으로부터 폐물을 받는 신 사인 관폐사官幣社들은 신기관을 통해 국가의 통제를 받았다. 국가가 신기관 을 통해 신사를 관리하던 고대의 사례를 근거로 메이지정부는 국가신도 제도를 창안하여 신사를 관리하고자 했다.

메이지정부는 구체적으로 어떤 방법을 구사했을까? 1868년 신기관 제도를 부활시켜 제정일치를 이룩한 메이지정부는 그 해에 전국의 신사와 신관神官들을 신기관에 부속시켰다. 그런 연후 각 신사에 공금을 지원하는 방법으로 신사에 대한 통제력을 강화했다. 전국의 각 신사에서 소요되는 제사 비용은 중앙정부 혹은 지방정부에 의해 조달되었다. 신설되는 국가신도 소속의 신사에 대해서는 건축비용도 제공되었다. 이와 같이 조직적·재정적으로 정부에 의존했기 때문에 제국주의 시기 및 군국주의 시기의 일본 신사는 천황을 중심으로 국민의 정신적 통일을 이룩하는 데 앞장서게 되었다.

국가신도 체제 하에서 조직적·재정적으로 국가에 의존한 신사들 중 가장 대표적인 곳은 야스쿠니신사였다. 야스쿠니신사는 국가신도의 상징적 존재였다. 야스쿠니신사는 국가로부터 면세 혜택, 제사 비용, 연례 기부금을 받았을 뿐만 아니라 천황가의 하사금까지 받는 특별대우를 누렸다. 이렇게 국가신도의 구심점이 된 야스쿠니신사는 메이지유신 이래 천황을 위해 목숨을 바친 사람들만이 제신으로 합사될 수 있는 곳으로, 천황에 대한 충성이 얼마나 값진 것인가를 일본 국민들에게 각인시키는 데 기여했다. 일본정부는 야스쿠니신사의 제례의식을 통해 죽은 자들의 넋을 위로하는 한편, 산 자들에게는 죽은 자들의 길을 따르도록 강제할 수 있었다. 군국주의 전쟁 시절의 일본인들이 가미카제 특공대처럼 목숨을 아까워하지 않고 적진에 뛰어들 수 있었던 것은 야스쿠니신사로 대표되는 국가신도로부터 정신적 영향을 받았기 때문이다.

중앙에서 야스쿠니신사가 전사자들을 위로하는 역할을 한 것과 보조를 맞추어 지방에서는 각지의 초혼사들이 그런 역할을 수행했다. 현 단위에 설치된 초혼사들은 해당 현에서 태어난 전사자들의 넋을 위로했다. 초혼사란 명칭은 1939년에 호국신사로 바뀌었다. 지방의 호국신사들은 중앙의 야스쿠니신사와 함께 전사자들의 넋을 추모하고 순국의 가치를 드높임으로써 일본 국민들의 정신을 국가적 목표 하에 통일하는 데 기여했다.

중요한 것은 야스쿠니신사가 단지 정신적 통합의 기능만 수행한 것이 아니라는 점이다. 2007년에 일본에서 개봉되었다가 상영금지 파문을 일으킨 중국인 리잉 감독의 다큐멘터리 영화 〈야스쿠니〉에 출연한 실존 인물인 가리야 나오하루(당시 90세)에 따르면 야스쿠니신사는 호국영령을 위로하는 데 그친 게 아니라 '군수물자'를 제조하는 역할까지 맡았다. 군국주의시대에 야스쿠니신사 경내에서 야스쿠니도刀라는 검을 만들었다는 것이다. 가리야 나오하루에 따르면, 1945년까지 12년 동안 야스쿠니신사에서는 8100개의 야스쿠니도를 제작하여 전장에 나간 현역 장교들에게 배급했다고 한다. 그리고 이 검은 실전에서 사용되었다.

일본에서 가장 신성한 곳인 야스쿠니신사에서 직접 제작한 검을 일선 장교들에게 나누어준 것은 군인들의 희생정신을 부추기기 위한 것이었다. '야스쿠니도를 허리에 차고 싸우다가 설령 죽더라도 야스쿠니신사에 묻혀 영광스럽게 기억될 수 있다'는 기대감이 전장의 두려움을 없애주는 기능을 했던 것이다. 이런 점을 본다면 야스쿠니신사가 단순히 호국영령을 위로하는 곳이 아니라 일본군국주의를 총지휘한 곳임을 알 수 있다.

3. 야스쿠니신사와 팍스 아메리카나

전 세계를 전쟁의 광풍으로 몰아넣은 일본군국주의가 1945년에 패망함에 따라 일본군국주의의 엔진인 국가신도의 운명에 대해 전 세계의 관심이 쏠리지 않을 수 없었다. 이러한 관심을 반영하듯이 일본을 점령한 연합군은 국가신도에 대한 처리작업에 곧바로 착수했다. 국가신도 처리와 관련한 연합군최고사령부의 첫 작품은 1945년 12월 15일에 나왔다. 이른바 '신도지령'이다. 8월 15일 히로히토 천황이 라디오를 통해 항복선언을 발표하고 9월 2일 연합국과 일본이 미국 전함 미주리호에서 항복문서에 조인한 점을 고려할 때, 불과 3개월 만인 12월에 국가신도에 대한 연합국의 입장이 정리됐다는 것은 연합국이 국가신도를 얼마나 위험하게 여겼는가를 보여주는 것이다.

국가신도의 추락을 상징하는 '천황의 인간선언'

〈국가신도·신사신도에 대한 정부의 보증·지원·보전·감독 및 선전의 폐지에 관한 건〉이라는 정식 명칭을 가진 신도지령의 핵심 내용은 국가신도를 폐지하고 정교분리, 즉 제정분리를 시행하는 것이었다. 국가와 신도의 분리가 핵심사항이었던 것이다. 이는 일본군국주의가 신도를 통해 일본 국민들의 정신에 침투했다는 연합국의 시각이 반영된 것이라고 볼 수 있다.

신도지령의 규정에 따라 국가신도에 대한 공적인 재정지원, 신사 연구나 교육을 목적으로 하는 국공립학교의 존속, 국공립학교에서 신도 교육, 공인(예컨대 공무원 등) 자격으로 행하는 신사 참배, 국가신도 관련 서적 배포, 공문서에서 '대동아전쟁' 혹은 '팔굉일우' 용어 사용, 국공립학교에서 집단적인 신사참배, 신사 기부금 모집, 공공단체에서 신사참배, 충혼비나 충령탑 건립 등이 법적으로 금지되었다. 국가신도에 대한 사회적·재정적 지원이 완전히 차단된 것이다. 이들 금지사항 중에서 특히 눈여겨보아야 할 대목은 공인의 신사참배다. 신도지령에서는 총리 같은 공인들이 야스쿠니신사를 포함해서 신사에 참배할 수 없도록 했다. 총리의 참배라는 상징적 행위를 통해 일본정부가 국민들을 군국주의적으로 통합할 가능성을 차단하기 위한 조치였다.

신도지령이 발포된 지 보름 만인 1946년 1월 1일에는 보다 더 충격적인 사건이 터졌다. 인간이 아닌 신으로 군림하며 국가신도의 정점에 서 있었던 천황이 자기 자신도 인간에 불과하다고 선언한 것이다. 소위 '천황의 인간선언'이었다. 이것은 천황이 국민들에게 발포한 〈신일본 건설에 관한 조서〉에 포함된 내용의 일부였다. 천황이 인간선언을 했다고 해석되는 부분인 조서의 후반부를 소개하면 다음과 같다.

> 짐과 너희 국민 사이의 유대는 시종일관 상호 신뢰와 경애에 의거해서 맺어진 것이며, 단순히 신화나 전설에 의해 생긴 것이 아니다. 천황을 현인신으로 하고 또 일본 국민을 다른 민족보다 우월한 민족으로 하고 나아가 세계를 지배해야 할 운명을 갖고 있다고 하는 가공의 관념에 기초한 것이 아니다.

이에 따르면 천황과 국민의 관계는 '천황은 신이라는 가공의 관념'에 기초한 것이 아니라고 했다. 천황 자신이 신이 아님을 명확히 인정한 것은 아니지만 천황과 국민의 관계는 '상호 간'의 신뢰와 경애에 기초한 것이라는 표현을 통해 천황 역시 인간에 불과함을 간접적으로 인정한 것이다. 그래서 이것을 천황의 인간선언이라 부른다. 현인신現人神인 천황을 정점으로 한 국가신도의 입장에서는 천황의 인간선언으로 국가신도의 핵을 상실한 셈이 되었다.

국가신도에 대한 사회적·재정적 지원이 차단되고 국가신도의 정점인 '신'마저 인간으로 추락한 데 이어, 이번에는 국가신도에 종말을 고하는 또 다른 조치가 취해졌다. 천황이 인간으로 추락한 지 1개월 뒤인 1946년 2월, 국가신도를 법적으로 뒷받침하던 신사 관계 법령과 황실령皇室令이 모두 폐지되었다. 이로써 국가신도는 공식적으로 소멸했다.

국가신도의 해체 과정에서 야스쿠니신사 역시 추락의 길을 걷지 않을 수 없었다. 국가신도의 상징이었던 야스쿠니신사가 그것과 운명을 함께하는 것은 너무나도 당연한 일이었다. 1946년 2월 국가신도가 사라짐에 따라 야스쿠니신사는 일개 종교법인으로 격하되었다. 종래에 '종교가 아니다'라고 간주되던 야스쿠니신사는 이로써 형식상의 종교법인이 되었다. 이에 더해 야스쿠니신사는 미군정으로부터 여타 신사들에 비해 훨씬 더 많은 차별대우를 받았다. 1947년에 일반 신사들이 경내 부지의 소유권을 양도받았음에도 불구하고 야스쿠니신사와 호국신사들만큼은 그 조치에서 배제되었다. 미군정 초기에 야스쿠니신사가 처한 현실은 그러했다. 전후戰後의 야스쿠니신사는 그야말로 탄압의 대상이었다.

야스쿠니신사 부활시킨 샌프란시스코강화조약

일본의 패망 및 국가신도의 소멸과 함께 야스쿠니신사는 한없이 추락했다. 하지만 야스쿠니신사는 오래지 않아 다시 날아올랐다. 미국의 동아시아 전략이 변했기 때문이다. 중국을 전략적 파트너로 삼으려던 미국의 전략이 일본을 파트너로 삼는 쪽으로 수정됨에 따라 일본을 대하는 미국의 태도도 따뜻해졌다. 계속해서 일본을 패전국으로 대할 것 같으면 야스쿠니신사에 대해서도 변함없이 탄압 위주의 태도를 견지했겠지만 일본을 자국의 전진기지로 삼게 된 마당에 종전처럼 야스쿠니신사를 박대하기는 힘들었다. 미국은 일본인들이 야스쿠니신사를 부활시키는 장면을 묵인하고, 나아가 이를 조장하기까지 했다.

야스쿠니신사의 부활을 강력히 비판해야 할 한국·북한·중국이 모두 다 한국전쟁에 신경을 쏟던 때인 1951년 10월 18일, 야스쿠니신사는 전후 최초의 예대제例大祭를 거행했다. 예대제는 야스쿠니신사의 최대 의식이다. 9월 8일 샌프란시스코강화조약 및 미일안전보장조약의 체결로 일본이 미국의 동맹국으로 거듭난 직후의 일이었다. 패전 이후 국제적 분위기 때문에 열리지 않았던 야스쿠니신사의 최대 행사가 미국의 전략 변화 및 한국전쟁의 발발을 틈타 다시 열리게 된 것이다. 뒤이어 야스쿠니신사를 부활시키는 조치들이 연달아 취해졌다. 야스쿠니신사가 예전처럼 다시 경내 부지를 소유할 수 있게 되고, 국가공무원이 참배할 수 있는 길도 다시 열리게 되었다.

이런 가운데 야스쿠니신사의 부활을 가장 극적으로 상징하는 사건이 발생했다. 샌프란시스코강화조약이 공식 발효된 1952년 4월 이후의 일이었다. 일본군국주의의 구심점이었던 히로히토 천황 부부가 1952년 10월, 전후 최초로 야스쿠니신사를 친배親拜한 것이다. 국가신도의 해체와 천황의 인간선언으로 야스쿠니신사와의 연결이 이념적으로 차단됐던 천황은 이로써 다시 야스쿠니신사와 연결되었다.

여기서 '친배'란 표현에 의문을 가질 수도 있다. 참배가 아닌 친배를 사용한 이유는 무엇일까? 천황의 인간선언이 있고 난 후에도 일본 신도에서는 여전히 천황을 조상신인 아마테라스오오미카미와 일체화된 존재로 이해했다. 그래서 천황은 인간이 아니라 신이기 때문에 '천황이 신사를 참배한다'는 표현을 사용할 수 없다는 것이 신도의 사고방식이다. 참배는 인간이나 하는 것이라는 논리다. 그런 이유 때문에 천황의 경우 친배라는 별도의 표현이 사용되는 것이다.

천황의 야스쿠니신사 친배는 패망 이후 고개를 숙이고 있던 일본인들에게는 대단히 통쾌한 소식이었다. 패전 이후 금기의 영역이 된 야스쿠니신사가 다시 일본인들의 정신 속으로 '당당히' 돌아온 것이다. '일본유족후생연맹'이란 단체가 야스쿠니신사의 위령제 비용을 지원해달라고 국가에 당당히 요청한 데서 그런 분위기를 느낄 수 있다. 신도에 대한 국가적 지원 및 통제를 금지한 신도지령을 무색케 하는 요구였다. 그만큼 일본의 처지가 개선되었음을 의미하는 동시에 야스쿠니신사의 위상 역시 회복되었음을 의미하는 것이다.

제국주의 및 군국주의 시대의 일본을 대외팽창의 길로 추동하던 국가신도는 일본의 패망과 함께 소멸했지만 국가신도의 핵심인 야스쿠니신사는 위와 같이 미국의 동아시아 전략에 힘입어 예전의 위상을 회복했다. 이는 일본 군국주의가 쓰러지기는 했지만 완전히 죽지는 않았음을 의미한다. 이처럼 야스쿠니신사를 통해 국가신도의 흔적과 군국주의의 명맥이 이어질 수 있었다. 1945년 직후에 청산되었어야 할 야스쿠니신사가 그대로 존속하고 있을 뿐만 아니라 종전의 기능까지 여전히 수행하고 있기 때문에 과거 군국주의 일본으로부터 상처를 입은 동아시아인들로서는 야스쿠니신사에 대해 항상 불편한 시선을 보낼 수밖에 없다. 그래서 전후 60년이 훨씬 경과한 오늘날까지도 동아시아에서는 야스쿠니 문제를 둘러싼 대립이 항시 끊이지 않고 있다. 이어지는 항목에서 그 점을 좀 더 구체적으로 살펴보기로 하자.

4. 야스쿠니신사의 반역사성

전범 일본이 공식적으로 사면된 샌프란시스코강화조약 이후 야스쿠니신사가 어떤 모습을 띠었는지 살펴보면 야스쿠니 문제가 세계적 이슈가 될 수밖에 없는 이유를 이해할 수 있다. 야스쿠니신사측의 행위와 야스쿠니신사 참배객들의 행위를 통해 야스쿠니신사의 실태를 살펴보자.

먼저 야스쿠니신사측의 행위를 보자. 야스쿠니신사는 전사자들의 넋을 위로하는 표면적인 행위 이외에 일본군국주의와 관련된 일도 함께 벌이고 있다. 대표적인 사례 몇 가지만 언급하겠다.

첫째, 전범 합사. 1945년 이후 일본의 전쟁 책임자들은 A·B·C급 전범으로 분류되어 재판을 받았다. 그런데 야스쿠니신사는 전범재판에서 처벌을 받은 사람들에 대해서까지 제사를 지내고 있다. 1959년 4월·10월에 B·C급 전범 중 사망자 346주 및 479주를 안치하는 합사제슴祀祭가 치러진 데에 이어, 1978년 10월 17일에는 A급 전범 14주를 안치하는 합사제가 치러졌다. 특히 14인의 A급 전범에 대해 야스쿠니신사는 소화순난자昭和殉難者라는 칭호를 부여했다. 히로히토천황 시대의 연호인 소화 시기에 나라를 위해 스스로를 희생한 사람이라는 의미의 칭호였다. 히로히토천황과 더불어 전쟁의 최선봉에 섰던 사람들을 추앙하는 것은 죽은 자의 넋을 위로하는 차원에서 그치는 게 아니라 그들의 행위를 국가적으로 숭상하기 위한 것이라고 볼 수밖에 없다.

둘째, 위령제를 통한 침략전쟁의 미화. 종전 10주년 전날인 1955년 8월 14일 540인의 '패전 당시 자결자'에 대한 위령제를 거행한 야스쿠니신사는 5년 뒤인 1960년 8월 15일에는 '아시아·태평양전쟁 순국자 현창顯彰 위령제'를 지냈으며, 다시 25년 후인 1985년 9월에는 러일전쟁 80주년 위령 현창제를 거행했다. 침략전쟁에 참가한 전사자들의 넋을 위로하는 수준에서 그치는 게 아니라 그들의 정신과 행적을 적극 현창하고 나선 것이다. 이처럼 침략전쟁을 미화하는 일들이 야스쿠니신사에서 벌어지고 있다면, 전전戰前의 야스쿠니신사와 전후의 야스쿠니신사가 무엇이 다르겠는가?

셋째, 유수칸을 통한 침략전쟁의 미화. 유수칸은 야스쿠니신사 경내에 있는 시설로 1882년에 건립된 일본 최초·최고의 군사박물관이다. 만약 일본의 주장대로 야스쿠니신사가 단순히 전사자들의 넋을 위로하고 전쟁 방지를 염원하는 장소라면 이곳에는 전쟁의 참혹상을 알리는 물건들이 진열되어 있어야 한다. 그러나 실상은 정반대다. 유수칸에는 전쟁을 미화하는 유물들만 전시되어 있을 뿐이다. 유수칸에 전시된 유물들의 성격을 가장 상징적으로 보여주는 것으로서 '여자 정신대의 핏자국으로 얼룩진 일장기'를 들 수 있다. 이 유물은 여자 정신대원들이 비장한 마음으로 일본 천황에게 충성을 다했음을 보여주기 위해 전시된 것이다. 야스쿠니신사 홈페이지에 소개된 "영령들의 무훈과 유덕을 현창한다"는 유수칸의 존재의의만 보아도 유수칸이란 곳이 전쟁을 반성하기보다는 침략전쟁을 미화하는 곳임을 쉽게 알 수 있다.

침략전쟁 미화하는 군국주의의 집단적 광기

위와 같이 샌프란시스코강화조약 이래 전범들을 신으로 모시고 침략전쟁 위령제를 거행할 뿐만 아니라 유수칸을 통해 전사자들의 충성심을 찬양하는 것을 볼 때, 야스쿠니신사가 전전이나 전쟁 시기뿐만 아니라 전후에도 여전히 일본군국주의를 선동하는 역할을 하고 있음을 알 수 있다. 이런 곳이기 때문에 야스쿠니신사에 대한 주변국들의 의심이 쉽게 가셔질 수 없는 것이다.

이처럼 침략전쟁을 미화하는 데 그치지 않고, 나아가 전사자 및 유족의 존엄성과 자유의사마저 외면하고 있기 때문에 야스쿠니신사에 대한 국제사회의 불만은 한층 더 가중되지 않을 수 없다. 2001년 10월 현재 야스쿠니신사에는 도합 5만 주柱의 조선·대만 출신 제신들이 모셔져 있다. 이들 대부분은 자발적으로 일본 군대에 간 게 아니라 억지로 끌려가서 입대했다가 전쟁 중에 사망한 사람들이다. 그렇기 때문에 이들에게는 일본이란 나라가 원수 같을 수밖에 없다. 일본이란 나라에 원한을 품고 죽은 사람들을 '천황을 위해 목숨을 바친 사람들'이라며 야스쿠니신사에 모시는 것은 죽은 사람들의 존엄성을 짓밟는 것인 동시에 유족들의 감정까지 해치는 것이다.

그래서 한국·대만의 유족들은 야스쿠니신사에 항의를 제기하거나 혹은 일본 법원에 소송을 제기하는 방법으로 합사 취소를 요구했다. 야스쿠니신사의 제신 명단에서 자기 가족을 빼달라는 것이었다. 일본정부가 배상금을 지급하거나 사과도 하지 않는 상태에서 전사자의 희생을 찬미하는 것은 망자와 유족 모두에게 모욕을 주는 것이라는 게 유족들의 주장이다. 그러나 이에 대해 신사측은 1987년 4월 16일자 《아사히신문》에 실린 바와 같이, "전사한 시점에는 일본인이었으므로, 죽은 다음에도 일본인일 수밖에 없다"면서 "일본인으로서 전쟁에 참가해준 이상, 야스쿠니신사에 모시는 것은 당연한 일"이라는 답변으로 시종일관 합사 취소를 거부해 왔다. 이것은 야스쿠니신사측이 침략전쟁을 미화할 뿐만 아니라 전사자 및 유족의 존엄성과 감정마저 외면하고 있음을 보여주는 것이다.

다음으로 야스쿠니신사측의 행위에 이어 참배객들의 행위를 살펴보자. 일본의 주장대로 야스쿠니신사가 단순히 전사자들의 영령을 위로하고 전쟁의 참혹상에 대한 경각심을 심어주기 위한 곳이라면 야스쿠니신사를 참배하는 일반인들로부터 그런 분위기가 나타나야 한다. 그러나 실상은 전혀 그렇지 않다. 야스쿠니신사를 방문한 일본인들이 일반적으로 갖게 되는 정서는 '일본의 과거는 아무런 문제가 없다'는 것이다.

이는 다큐 영화 〈야스쿠니〉가 묘사한 야스쿠니신사의 종전 60주년(2005년) 기념식 풍경에서도 잘 나타난다. 퇴역 군인들이 일장기와 욱일승천기(과거 일본군의 군기이자 현재 일본자위대의 군기)를 들고 "천황 폐하 만세!"를 외치는 모습, 전범들을 두고 "역적 누명을 쓰신 분들"이라면서 애통해하는 모습, "영국은 해적질을 했는데도 아무 욕을 먹지 않고, 일본은 해적질 흉내를 냈을 뿐인데도 욕을 먹는 현실"을 개탄하며 주변국들을 비난하는 일반인들의 모습, "종군위안부라든가 남경대학살 같은 것들은 위조된 것"이라며 일본인들의 경각심을 촉구하는 우익단체 회원들의 모습, "잠자는 사자는 중국이 아니라 일본"이라며 강한 일본을 찬미하는 동시에 천황의 친배와 총리의 참배를 촉구하는 발언으로 참가자들로부터 뜨거운 박수갈채를 받는 이시하라 신타로 도쿄 도지사의 모습, 일본의 반성을 촉구하는 구호를 외치는 청년들에게 "중국으로 가라!"며 무차별적으로 폭행을 가하는 일본인들의 모습.

이와 같은 풍경들은 야스쿠니신사가 군국주의에 대한 일본인들의 향수를 자아내고 대외팽창을 미화하는 곳임을 반영한다. 야스쿠니신사를 방문하는 일본인들이 군국주의를 그리워하며 집단적 광기를 보이는 위와 같은 풍경들은 이 신사의 참된 기능이 무엇인지를 똑똑히 보여주고 있다.

나카소네 총리 8·15 공식참배에 드러난 일본의 목표

그런데 야스쿠니신사에서 벌어지는 일들 가운데 가장 위험한 것은 따로 있다. 일본 총리의 참배가 바로 그것이다. 일본이 패망한 뒤에도 일본 총리들은 계속해서 야스쿠니신사에 참배했다. 패전 직후의 첫 총리인 히가시쿠니 나루히코가 취임 다음 날인 1945년 8월 18일 야스쿠니신사에 참배한 이래 여러 명의 총리들이 신사를 참배했다. 나카소네 야스히로 총리가 종전 40주년인 1985년 8월 15일 야스쿠니신사를 참배하여 이 문제를 국제적 쟁점으로 부각시키기 전에도 총 16명의 전후戰後 일본 총리 중 12명이 재임 중 최소 1회 이상 이곳을 참배했다.

그런데도 유독 나카소네 총리의 참배가 가장 큰 문제가 된 것은 그것이 공식적인 총리 신분으로 행해진 참배인데다가 하필이면 8월 15일에 이루어진 참배였기 때문이다. 종전 60주년인 2005년 신사를 전격 참배한 고이즈미 준이치로 총리의 경우 자신의 참배가 사적인 참배임을 강조했다는 점에서 나카소네 총리의 경우와 달랐다. 나카소네 총리의 참배 이후 국제사회는 8·15 참배건 다른 날의 참배건 혹은 공식 참배건 비공식 참배건 간에 일본 총리의 야스쿠니신사 참배에 촉각을 곤두세우고 이에 대해 반대 입장을 표명하고 있다.

국제사회가 일본 총리의 야스쿠니신사 참배를 반대하는 것은 실질적인 일본의 통치자인 총리가 신사를 방문하여 A급 전범들을 추모하는 장면이 일본 국민들의 정서에 미칠 부정적 영향 때문이다. 1945년 이전의 경험을 놓고 볼 때, 이런 추모가 야스쿠니신사를 중심으로 대외팽창이라는 목표 하에 일본정부와 국민을 통합시키는 데 기여할 가능성이 높기 때문이다.

이와 같은 국제사회의 반대를 의식한 일본은 야스쿠니 문제에 대한 대안을 내놓았다. 가장 대표적인 대안은 A급 전범을 야스쿠니신사에서 분리해내자는 분사론分祀論과 야스쿠니신사 외에 별도의 국립위령시설을 건립하자는 안案 등이다. 하지만 이런 대안들의 기본 목적은 국제사회의 반발을 피하면서 총리가 전사자들을 추모할 수 있도록 하기 위한 것이다. 각각의 대안에 대해 보충 설명을 하면 아래와 같다.

분사론에 대해서는 2004년 2월 15일 아사히 TV에 출연한 나카소네 전 총리의 발언에서 나타나듯이 일본 고위층 내에서도 찬성론이 존재한다. 하지만 정작 야스쿠니신사 측에서 이에 대해 반대 입장을 분명히 하고 있다. 2004년 3월 3일 야스쿠니신사 사무소가 발표한 바에 따르면 신사측이 분사를 반대하는 이유는 2가지로 압축된다. 하나는 일본인들의 전통적인 신神 관념상 분사를 허용할 수 없다는 것이다. 야스쿠니신사에 합사된 제신들은 전체적으로 하나의 신격을 갖기 때문에 그 일부를 떼어내는 것은 관념상 허용될 수 없다는 것이다. 또 하나는 A·B·C급 전범들이 이미 오래 전에 사면을 받았다는 것이다. 1953년 5월 일본 중의원의 〈전쟁범죄에 의한 수형자 사면에 관한 결의안〉에서 모든 전범들에게 사면을 부여함에 따라 A급 전범들은 1956년에, B·C급 전범들은 1958년까지 모두 석방되었다. 그런 이유 때문에 일본에는 이미 전범이 존재하지 않는다는 것이다. 따라서 그들을 야스쿠니신사에 합사해 두는 것은 법적으로 아무런 문제가 되지 않는다는 게 야스쿠니신사의 입장이다.

국립위령시설 건립 방안은 공명당에서 제안한 것으로 미국의 알링턴 국립묘지와 같은 추모시설을 건립하여 종교와 관계없이 전사자들을 추모할 수 있도록 하자는 안이다. 도쿄에 소재한 지도리카후치 전몰자묘원도 전사자 추모

시설이기는 하지만 이곳은 무명 전사자들을 추모하는 곳이므로 별도의 추모 시설을 세워 전범 등을 안치하자는 것이다. 이에 대해 반대론자들은 "종교와 관계없는 추모시설이 있을 수 있느냐?"며 야스쿠니신사 자체가 이미 알링턴 국립묘지와 같은 곳이므로 별도의 시설을 만들 필요가 없다고 주장하고 있다.

야스쿠니신사에 합사된 A급 전범들이 향후 분사되든 아니면 별도의 추모 시설에 안치되든 일본 총리가 야스쿠니신사를 참배하는 것은 일본이 과거의 전쟁범죄를 제대로 반성하지 않고 있음을 반영하는 것이다. 그렇기에 그것은 동아시아 평화에 위협이 될 수밖에 없다. 과거에 군국주의를 앞세워 아시아를 전쟁의 도가니로 빠뜨린 전력이 있는 나라가 그때와 똑같은 방식으로 당시의 전쟁 책임자들과 군국주의를 찬미하고 있다면 이는 향후 일본이 기회만 있으면 얼마든지 군국주의로 회귀할 가능성이 있음을 보여주는 것이다.

포스트 미국 시대의 독자적 생존을 모색함과 동시에 차기 역내 패권에 도전하고 있는 일본으로서는 일본 사회를 통합할 수 있는 매개체인 야스쿠니신사를 쉽사리 포기하기 힘들 것이다. 일본이 그런 의도를 갖고 있다는 것을 잘 알기에 주변국들도 일본 총리의 야스쿠니신사 참배를 계속해서 반대하는 것이다. 주변국들의 비판을 좀 받는다고 하여 일본의 국익이 당장 크게 침해되는 것은 아니기 때문에 일본은 앞으로도 계속 치고 빠지는 방식으로 총리의 야스쿠니신사 참배 가능성을 남겨둘 것이다. 그래야만 자국민들에게 야스쿠니신사의 의미를 지속적으로 환기시킬 수 있기 때문이다. 미국은 일본 총리의 신사 참배를 묵인하는 한편, 이 문제가 지나치게 확대되어 예측불허의 사태가 발생하지 않도록 일정 정도는 일본의 행보를 제어할 것이다. 미국의 동아시아 패권이 존속하는 한 이러한 양상은 앞으로도 계속 유지될 것이다.

제10장

일본 역사교과서 문제

오늘날 일본은 역사문제를 두고 주변국들과 갈등을 빚고 있다. 그중에서 고대사의 경우에는 아직까지 역사분쟁 혹은 역사전쟁이라고 부를 만한 단계까지는 접어들지 않았다. 임나일본부의 실존 여부를 두고 한·일 간에 논쟁이 존재하는 것은 사실이지만 이를 두고 역사분쟁 혹은 역사전쟁이란 용어를 사용하기에는 미흡하다. 현재까지 일본과 주변국들의 역사분쟁은 근현대사 분야에 집중되어 있다. 메이지유신 이후 일본이 동아시아에서 벌인 침략행위의 성격과 그것의 처리를 둘러싸고 논쟁이 벌어지고 있다.

그런데 근현대사를 두고 일본과 주변국들 사이에 논쟁이 전개되는 것은 어찌 보면 아이러니한 일이다. 일본은 패전국이고 주변국들은 승전국이며, 일본은 하나이지만 주변국들은 여럿이다. 그런데도 주변국들은 일본을 상대로 한 논쟁을 아직까지 끝내지 못하고 있다. 일본이 더 당당해 보이기까지 한다. 일본이 주변국들의 반발에도 굴하지 않고 지속적으로 역사왜곡을 벌이는 의도는 무엇일까.

1. 일본의 역사교과서 왜곡과정

일본과 주변국들 사이에 역사분쟁이 생긴 것은 전후戰後에 일본이 역사인식을 바꾸지 않았기 때문이다. 일본이 패전에도 불구하고 전전戰前의 역사인식을 바꾸지 않는 것은 일본에서 정권이 바뀌지 않았기 때문이다. 패전에도 불구하고 정권이 바뀌지 않은 이유는 앞에서 이미 수차례 지적한 것처럼 미국이 동아시아 전략을 위해 패전국 일본을 살려주었기 때문이다. 그러므로 문제의 본질은 일본 역사교과서가 아니라 팍스 아메리카나에 있다고 보아야 한다.

바로 이 점에서 일본의 역사왜곡은 중국의 역사왜곡과 차별성을 갖는다. 중국의 경우 자국과 조금이라도 연관이 있는 지역에 대해 그 지역과 자국의 역사적 연계를 이론화하는 과정에서 역사왜곡을 낳고 있는 데 비해, 일본의 경우는 불과 몇 십 년 전에 자국이 벌인 반인류적 범죄행위를 미국의 비호 하에 은폐하거나 미화하는 과정에서 역사왜곡을 저지르고 있는 것이다. 한마디로 말해 중국의 역사왜곡은 팍스 아메리카나와 무관하지만, 일본의 역사왜곡은 그것과 긴밀한 관련을 갖고 있다.

그러면 일본의 역사교과서에서 근현대사를 어떻게 왜곡하고 있으며, 일본이 그러한 왜곡을 통해 얻고자 하는 바는 무엇일까. 일본의 역사교과서에서 군국주의적 대외침략, 남경대학살 자행, 731부대 만행 등이 미화되거나 은폐되고 있다는 점은 이미 잘 알려진 이야기다. 그렇다면 어떤 과정을 거쳐 패전국 일본은 지난날의 역사를 왜곡할 수 있었을까?

역사교과서 문제의 본질은 팍스 아메리카나

전전戰前부터 일본에서는 역사교육이 황국신민을 양성하기 위한 도구로 활용되었다. 초등학교에서 국어·지리·수신修身과 함께 국사가 국민과國民科에 포함된 사실이 이를 보여준다. 그런데 일본의 패망으로 그 같은 역사교육에 제동이 걸리지 않을 수 없게 되었다. 연합군최고사령부가 일본의 교육을 장악했기 때문이다. 이에 따라 1945년 9월 학기부터는 종래의 교과서 대신 이른바 '먹칠 교과서'가 수업교재로 사용되었다. 일본군국주의를 옹호하는 부분들이 먹칠로 삭제된 교과서라는 의미에서 그렇게 불렸다. 3개월 뒤인 1945년 12월 31일 연합군사령부는 수신·지리와 함께 국사교육을 중단시켰다. 새로운 지침을 세운 뒤 역사교육을 재개하기 위해서였다. 이에 따라 패전 이듬해인 1946년 9월 학기부터는 군국주의적 색채가 탈색된 새로운 역사교육이 시행되었다. 이처럼 패망 직후에는 연합군의 간섭으로 일본의 역사교과서에서 군국주의적 내용들이 지워졌다.

일본의 역사교과서에 대한 미국의 원칙적이고 단호한 태도는 오래가지 못했다. 중국대륙에서 국민당이 공산당을 꺾을 가능성이 없다고 판단한 미국이 일본을 전략적 파트너로 선택함에 따라 일본의 역사교육에도 과거 회귀의 바람이 솔솔 불었다. 이러한 분위기를 형성하는 데 미국이 결정적 기여를 했다는 점은 일본 교과서에 대한 미국의 태도변화에서 잘 나타난다. 1946년에 나온 미국의 제1차 교육사절단 보고서에는 일본에서의 민주주의 교육의 필요성이 강조됐지만, 1950년에 나온 제2차 보고서에는 반공교육 등의 필요성이 특히 강조되었다. 일본 교과서에서 무엇을 강조해야 하는가와 관련하여 미국의 인식이 바뀐 것이다. 1946년에는 군국주의를 경계했지만, 1950년에는 공산주의를 경계한 것이다.

이 같은 미국의 태도 변화와 샌프란시스코강화조약 및 미일안전보장조약 체결에 힘입어 1955년 출범한 자민당은 패전 직후의 교과서에 대한 비판운동을 전개했다. 이러한 분위기를 바탕으로 1956년 교과서검정심의회는 '고고학은 역사학이 아니므로 고고학보다는 고전을 바탕으로 일본사를 밝힐 것', '태평양전쟁과 관련하여서는 일본에게 불리한 부분을 기술하지 말고, 불리한 부분을 기술하더라도 로맨틱하게 처리할 것' 등의 기준을 마련했다.

그런데 이 시기에 동아시아 국가들은 일본의 역사왜곡을 비판할 겨를이 없었다. 1937년 전쟁과 제2차 대전에다가 한국전쟁마저 겹쳐 동아시아가 정치적으로 어수선했을 뿐만 아니라 경제적으로도 불안정했기 때문이다. 무엇보다도 한일관계·중일관계 등이 복원되지 않은지라 일본의 교과서 왜곡에 대해 외교적 항의를 제기할 수 있는 채널도 열려 있지 않았다. 이러한 요인은 초기에 일본의 역사왜곡이 심화되는 데 크게 기여했다.

미일안전보장조약이 개정되어 미일관계가 한층 공고해진 1960년에는 일본의 역사교과서 왜곡이 더 노골적이 되었다. 중앙교육심의회에서 '나라를 사랑하는 것과 천황을 경애하는 것은 동일하다'는 지침을 마련한 것이다. 이를 계기로 중학교 역사교과서에서 군국주의를 찬양하기 시작했을 뿐만 아니라 A급 전범인 도죠 히데키의 사진이 실리기도 했다. 이 과정에서 1963년에는 양심적인 역사교과서가 검정에서 탈락하는 사태가 벌어졌다. 유명한 이에나가 사부로(1913~2002년)의 소송이 시작된 것도 그때였다. 동경교육대학 교수였던 그는 자신이 저술한 《신일본사》가 1963년 검정에서 탈락한 데 반발하여 1997년까지 법정투쟁을 끈질기게 벌여 '일본의 양심'을 지켰다는 평가를 받았다.

제1차 탈냉전이 소강 국면에 접어들며 세계적으로 보수주의가 다시 강화된 1980년대에 들어서면서 이런 분위기를 활용하여 일본의 역사왜곡도 한층 더 대담해졌다. 1980년 10월 자민당은 교과서 소위원회를 설치하여 교과서에 대한 검정제도를 강화했다. '3·1운동은 폭동'이라는 기술이 나온 것도 바로 이때였다. 이때 처음으로 일본의 역사왜곡에 대한 주변국들의 반발이 터져 나오기 시작했다. 한·중 양국에서 이의가 제기되었다. 한국에서는 독립기념관 건립운동까지 추진되었다. 국제적 반발에 당황한 일본이 한 발 물러섰지만, 그렇다고 교과서 왜곡이 근본적으로 시정된 것은 아니었다.

1980년대 중반 이후 나타난 새로운 경향은 일본정부나 정당이 아닌 민간단체들이 교과서 왜곡에 적극 나선다는 점이다. 1986년에는 '일본을 지키는 국민회의'가 교과서 왜곡에 나섰고, 1996년에는 중학교 교과서 견본에 종군위안부가 언급된 것에 대해 보수세력이 이의를 제기했으며, 1997년에는 '새로운 역사교과서를 만드는 모임'이 소위 자학사관을 극복하기 위한 운동을 전개했다. '새로운 역사교과서를 만드는 모임'이 주도적으로 만든 《새로운 역사교과서》는 2000년의 문부성 검정에서 137군데나 수정하라는 지시를 받았지만 시중에서는 여전히 잘 판매되고 있다. 일본 우익의 주장이 사회적으로 널리 지지를 얻고 있음을 보여주는 대목이다.

2. 역사왜곡과 일본의 전략

국제사회로부터 파렴치하다는 비판을 받는데도 불구하고 일본이 과거의 행위를 은폐하거나 미화하는 역사교과서를 내놓는 데는 기본적으로 두 가지 전략이 담겨 있다.

첫째, 과거의 굴레로부터 벗어나기 위한 것이다. 전과 기록이 개인에게 걸림돌이 될 수밖에 없듯이 전범 기록 역시 국가에게 걸림돌이 될 수밖에 없다. 세계 정상급의 경제력과 군사력을 보유했음에도 불구하고 일본이 정치력에서만큼은 이류국가의 지위에서 벗어나지 못하는 것은 일본이 과거에 저지른 전쟁범죄 때문이다. 주변국들이 일본의 과거사 문제를 지속적으로 거론하는 것도 그렇게 함으로써 일본의 정치적 지위 상승을 견제할 수 있기 때문이다. 일본 역시 과거의 족쇄가 현재의 일본에게 걸림돌이 되고 있다는 점을 잘 알고 있다. 과거의 원죄로부터 벗어나 당당한 일본으로 거듭나려면 우선 자신들 스스로가 과거의 원죄로부터 해방될 필요가 있다는 게 일본인들의 생각이다. 일본이 교과서 왜곡에 나서는 이유 중의 하나가 바로 거기에 있다. 사회 집단의 공동인식을 형성하는 교과서에서 부정적인 기억을 삭제함으로써 자신들에게 가해지는 행동의 제약으로부터 스스로 탈피하려는 것이다.

둘째, 포스트 미국 시대에 대비하기 위한 것이다. 근대 이후의 일본은 기본적으로 서양과의 연대를 발판으로 성장해 왔다. 이 점은 지금도 마찬가지다. 그런데 일본인들은 동아시아에서 미국의 패권이 물러날 날이 그리 멀지 않음을 잘 알고 있다. 일본에서 아시아 회귀적인 분위기가 생긴 것도 바로 그 때문이다. 이는 미국이 떠난 이후 동아시아에서 독자적으로 살아갈 준비를 지금부터 해야 한다는 생각에서 비롯된 것이다. 포스트 미국 시대에 일본이 선택할 수 있는 길은 두 가지다. 하나는 동아시아와 협력하는 것이고, 또 하나는 동아시아와 대결하는 것이다. 아직은 미국의 패권이 존속하고 있기 때문에 장래에 일본이 어떤 카드를 취할지 현재로서는 정확히 예측할 수 없다. 확실한 것은 현재의 일본 보수세력이 후자를 선택했다는 점이다. 일본이 서양과 연대하기 이전에는 일본이 늘 고립되어 변방에 머물 수밖에 없었던 역사를 잘 알고 있는 보수세력은 포스트 미국 시대에는 동아시아 국제사회에서 고개를 숙이기보다는 당당하게 처신해야 한다고 생각하고 있다. 그들이 교과서 왜곡을 통해 군국주의를 미화하는 것은 장래에 일본국민들이 또 한 번 군국주의를 중심으로 단결할 수 있는 가능성을 열어두기 위한 것이다.

전범의 굴레로부터 벗어나는 한편 포스트 미국 시대에 대비하여 일본이 전개하는 역사왜곡은 동아시아에서 미국의 패권이 존재하는 한 현재의 상태에서 크게 벗어나지 않을 것이다. 미국은 한편으로는 일본을 지원하면서도 다른 한편으로는 일본이 과거의 굴레로부터 완전히 자유로워지는 것도 원치 않는다. 왜냐하면 그렇게 되면 미국이 일본을 통제할 수 있는 근거가 사라지기 때문이다. 미국은 일본의 약점을 이용해서 일본을 통제해 왔다. 그렇기 때문에 일본의 약점이 완전히 없어지는 것을 미국은 원하지 않는다. 그렇다고 해서 주변국들이 일본을 압박하고 그 결과로 일본의 역사교과서가 온통 범죄사실로 가득해지는 것도 원치 않는다. 그렇게 되면 그런 일본을 파트너로 삼고 있는 미국의 도덕성에 중대 의문이 제기될 것이기 때문이다. 그러므로 일본의 역사교과서에 일본의 과거 범죄가 약간 남아 있는 현재의 상태가 지속적으로 유지되는 것이 미국으로서는 최선의 상황이다. 아직까지는 미국이 일본에 가장 큰 영향을 미치고 있음을 고려할 때, 일본의 역사왜곡은 미국이 생각하는 최소한과 최대한의 범위 안에서 오락가락하며 유지될 것으로 보인다.

동아시아 패권 변동에 대비하는 우리의 자세

팍스 아메리카나가 서서히 종언을 고하고 있는 동아시아 패권의 변동기에 한국이 살아남으려면 무엇이 필요한가. 무엇보다도 동아시아를 깊이 이해하지 않으면 안 된다는 인식 하에 필자는 동아시아가 걸어온 길을 개관하고 동아시아가 처한 쟁점들을 정리해보았다. 이제 남은 과제는 '우리는 어떻게 대처해야 하는가?'라는 물음에 대답하는 것이다. 어떻게 대처해야 동아시아의 과도기 속에서 한민족의 이익을 최대한으로 극대화할 것인가?

태평양 양안을 골고루 배려하라

인간 · 물자 · 정보를 실어 나르는 세계 최대의 무역로가 초원길-비단길-바닷길로 바뀌면서 세계정치의 역학구도도 바뀌었다. 오늘날에는 16세기 이래의 바닷길 시대가 이어지고 있다. 20세기 이후로 나타난 변화가 있다면 물자는 바닷길을 통해 주로 이동하는 데 비해, 인간은 주로 하늘길을 통해, 정보는 주로 인터넷을 통해 이동한다는 점이다. 그럼에도 무역거래의 핵심인 물자가 여전히 바닷길을 통해 이동한다는 점에서 오늘날도 여전히 바닷길 시대라고 할 수 있다. 20세기 이후 나타난 또 하나의 중대 변화는 바닷길을 운영하는 축이 대서양에서 태평양으로 바뀌고 있다는 점이다. 기존의 바닷길 시대가 대서양 양안의 아메리카와 유럽에 의해 주도되었다면 앞으로의 바닷길 시대는 태평양 양안의 동아시아와 아메리카에 의해 주도될 가능성이 높다.

이와 관련하여 우리는 한국의 대외관계와 관련된 두 가지 시사점에 주목할 필요가 있다. 20세기 중반 이전의 바닷길 시대에는 중국이 고전을 면치 못했지만 앞으로의 바닷길 시대에는 중국이 더욱 더 급부상할 것이라는 점이다. 또 바닷길을 운영하는 축이 태평양으로 바뀌고 있다는 점이다. 이러한 점들은 향후 한국이 태평양 연안 양쪽 모두와의 관계에서 균형을 유지해야 함을 시사하는 것이다. 어느 한쪽에 너무 편중하지 않고, 태평양 양안을 골고루 안배하는 외교가 한국의 살 길이다. 세계 무역로의 변화에 부응하여 한국 외교도 끊임없이 새로운 균형을 향해 전진해야 할 것이다.

미국의 변절에 대비하라

동서고금을 막론하고 국제질서의 과도기 때 꼭 준수해야 할 것이 있다. 그것은 특정 국가에 전적으로 의지해서는 안 된다는 점이다. 현재 역내에서 패권을 행사하는 국가가 있더라도 그에 대한 의존도를 적정수준에서 유지해야 한다는 것이다. 이는 아무리 강력한 국가가 있더라도 그 나라를 지나치게 신뢰해서는 안 된다는 의미다.

노자 《도덕경》 제40장에는 "반反이라는 것은 도道의 동動"이라는 표현이 있다. 근원을 향해 끊임없이 되돌아가는 것이 도의 특성이라는 뜻이다. 이는 우주만물이 고정불변의 상태에 있지 않고, 항상 바뀌는 가변적 상태에 있음을 의미한다. 만물유전萬物流轉이라는 말이 이런 상태를 표현한다. 지금 이 순간에도 세상의 모든 것은 끊임없이 변하고 있다는 진리는 국제관계에도 그대로 통한다. 평상시에도 국제질서는 끊임없이 변하고 있다. 인류의 역사가 발전할 수 있었던 것도 이러한 이치 때문이다. 평상시에도 국제질서가 끊임없이 변하는데 과도기에는 얼마나 더 많이 변하겠는가. 언제 어디서 무엇이 어떻게 돌변할지 모르는 국제질서의 과도기 때에 특정 국가를 과도하게 신뢰한다면, 이는 대문 옆의 휴지통 밑에 열쇠를 보관해두면서 '휴지통 밑'을 과도하게 신뢰하는 것과 다를 바 없는 일이다.

국제질서의 과도기 때 동맹국에게 배신을 당한 나라가 한반도 서남쪽에 있지 않은가. 제1차 탈냉전 때의 대만이 바로 그러하다. 미국만 바라보던 대만은 제1차 탈냉전 때 미국에게 배신을 당했다. 미국은 중국과 수교를 맺으면서 대만을 버렸고, 일본 역시 중국과 수교를 맺으면서 그렇게 했다. 이는 향후 미국이 국익을 위해서라면 한국을 배신하고 북한과 손잡을 수도 있음을 예고하는 것이다. 압록강 이북의 중국을 견제해야 하는 미국의 입장에서는 임진강 이남의 한국보다는 압록강 이남의 북한이 보다 더 유용한 파트너가 될 수 있지 않을까.

미국이 북한과 손잡고 한국을 고립시킬 경우 한국의 운명이 어떻게 될지 상상해 보았는가? 미국의 봉쇄 때문에 수출입도 제대로 하지 못해 경제난을 겪고 있는 북한의 현재 상태가 한국의 내일이 될 수도 있지 않겠는가. 북한은 그나마 중국이 있기 때문에 미국의 봉쇄에도 불구하고 그럭저럭 버틸 수 있다. 하지만 한국이 그런 처지에 놓일 경우, 한국은 도대체 어디에서 중국만한 조력자를 구할 것인가? 북한이 미국과 손잡고 일본도 미국과 손잡은 상태에서 한국은 도대체 어디에서 활로를 모색할 것인가?

미국이 변절할 가능성에 대비하려면 우선 한국의 대미 의존도를 하향 조정하여 적정수준에 두지 않으면 안 된다. 필요하다면 러시아와도 더 가깝게 지내고 중국과도 더 가깝게 지내야 한다. 정치적으로뿐만 아니라 경제적·문화적으로도 그렇게 해야 한다.

사안별로 동맹국을 바꾸라

특정 강대국에 대한 의존도를 낮추고 등거리 외교를 추진하는 국가가 반드시 유의하지 않으면 안 될 것이 있다. 그것은 자기 행동의 원칙과 명분을 분명히 해야 한다는 점이다. 잘못하다가는 아무런 원칙도 기준도 없이 무조건 중립만 유지하는 국가라는 인상을 줄 수 있기 때문이다. 이런 경우 도리어 양쪽 모두로부터 따돌림을 당할 수 있다.

이런 위험을 피하면서 등거리 외교를 하는 방법은 사안별로 협력 파트너를 바꾸는 것이다. 각각의 쟁점마다 보편적 지지를 받는 쪽이 있다. 예컨대 일본 역사교과서 문제의 경우에는 일본을 비판하는 쪽이 보편적 지지를 받고 있다. 이런 경우 북한·중국과 같은 편에 서는 것이 한국 외교의 원칙과 명분을 분명히 세우는 방법이다. 반대로 중국이 중화패권주의에 흠뻑 젖어 이웃나라들의 입장을 무시하는 경우에는 일본 등과 외교적 연대를 할 필요가 있다. 이 책에서 다루지 않은 쟁점들, 예컨대 독도·조어도 등의 문제에서도 동맹국 혹은 지지의 대상을 개별적으로 선택할 필요가 있다.

이와 같은 맞춤형 외교를 통해 한국의 대외관계가 동아시아 평화와 번영의 추구라는 기조에서 벗어나지 않고 있음을 보여줄 필요가 있다. 이런 방법으로 한국 외교의 원칙과 명분을 분명히 한다면 등거리외교로 인한 국제사회의 눈총을 약화시킬 수 있다.

하나의 쟁점에만 매몰되지 말라

특정 쟁점을 다룰 때 주의하지 않으면 안 될 것이 있다. 그것은 하나의 쟁점을 다룰 때도 다각적·복합적 관점을 유지해야 한다는 것이다. 핵문제와 납치문제에서 가장 전형적으로 표출되는 바와 같이 동아시아의 쟁점들 간에는 긴밀한 상호 연관성이 존재한다. A라는 쟁점은 B라는 쟁점에 영향을 준다. A에만 집중할 경우 예기치 못한 변수 때문에 국익이 손상될 수도 있다. A가 발생하여 한국이 A에만 집중하고 있는 동안 A는 이미 B에 작용을 미치고 B가 다시 A에 반작용을 미치는 연쇄효과가 발생하게 된다. 그렇기 때문에 A를 다루는 동안에도 B의 반작용에 신경을 쓰지 않으면 안 된다.

예를 들어 북·미 간에 핵문제가 발생하면 이것이 북·일 간의 납치문제에 미칠 작용이나 납치문제가 핵문제에 미칠 반작용에 대해서도 면밀한 주의를 기울이지 않으면 안 된다. 이 점은 외교문제와 관련한 태스크포스팀을 구성할 때 주의하지 않으면 안 될 사항이다. 또 양안관계나 중국-티베트 관계에서 문제가 발생한 경우에도 그 사안이 한반도 문제에 어떤 영향을 줄 것인지 동시에 신경 쓰지 않으면 안 된다. 동아시아의 쟁점들이 이미 수천 년간의 역사적 맥락에서 생겼을 뿐만 아니라 동아시아 전체가 긴밀한 상호 관련성 속에서 작동하고 있기 때문에 하나의 쟁점을 통해 여타 쟁점 및 전체 구도를 동시에 파악하는 자세가 필요불가결하다.

남북관계에서 영향력 강화의 실마리를 찾아라

동아시아의 쟁점들은 상호 유기적으로 관련되어 있다. 그렇기 때문에 어느 한 쟁점에서 변화가 생기면 다른 쟁점에서도 연쇄 효과가 발생할 수밖에 없다. 이 점은 한국의 영향력 강화가 어디서부터 시작되어야 하는가를 시사한다. 동아시아에 존재하는 쟁점들 가운데 한국의 발언권이 가장 높은 분야는 남북관계다. 그러므로 한국이 동아시아 질서에 영향을 주고자 할 때 가장 손쉬운 방법은 남북관계에 변화를 주는 길이다. 마치 북한이 핵문제를 빌미로 동아시아 질서에 변화를 주듯이 한국도 남북관계를 통해서 그렇게 할 수 있다.

남북관계와 여타 쟁점 사이의 작용—반작용 관계를 사전에 계산한 상태에서 남북관계에 변화를 준다면 한국은 남북관계 하나만으로도 전체 동아시아에서의 영향력을 제고할 수 있다. 남북관계에서 발생한 결과는 경우에 따라 한미관계·한일관계·한중관계·한러관계의 역학구도를 바꾸는 요인으로도 작용하게 될 것이다.

지역통합, 일본의 과거청산이 전제조건

등거리외교를 통해 대미의존도를 줄이고 전체 쟁점을 유기적으로 활용하는 것 외에도 한국이 역점을 기울여야 할 과제는 지역통합 문제다. 블록화가 세계경제의 대세가 된 지 이미 오래다. 그런데도 동아시아에서는 초보적 수준의 통합논의조차 진행되지 않고 있다. 이런 상태가 계속될 경우 동아시아 전체가 손실을 볼 수밖에 없다. 그러므로 동아시아 국가들은 상호 간의 경쟁과 더불어 통합도 동시에 염두에 두지 않으면 안 된다.

그렇다고 무작정 통합만을 주장할 수는 없다. 다른 지역에서는 잘되는 일이 동아시아에서는 조금도 진척이 없다면 동아시아에 어떤 장애물이 존재하는지 따져보아야 한다. 그 장애물이란 다름 아닌 일본군국주의의 유산이다. 일본이 제대로 과거청산을 하지 않음으로 동아시아 국가들은 일본을 의심할 수밖에 없다. 이처럼 상호 간에 불신이 존재하는 상태에서 지역통합 작업이 이루어질 수는 없다. 일본이 좀 더 명확히 사과하고 피해를 배상하도록 국제적 압력을 가하는 일, 그것이 동아시아 통합의 출발점이다.

한국은 동아시아 통합의 조정자가 되라

동아시아 통합은 대륙세력과 해양세력의 통합이라는 역사적 의의를 가질 것이다. 그런데 동아시아 양대 세력이 통합될 경우 한국은 자칫 고유의 역할을 잃을 수도 있다. 대륙의 기득권을 장악한 중국, 해양의 기득권을 장악한 일본에 비해 한국의 장점은 상대적으로 작아 보인다.

이런 상태에서 한국이 '통합 동아시아'에서 지분을 늘리는 방법은 대륙세력과 해양세력의 중재자가 되는 것이다. 한반도는 지리적으로도 양대 세력의 중간에 있다. 한민족이야말로 통합 동아시아의 중재자 역할을 맡기에 가장 적절한 행위자라 할 수 있다.

한민족이 대륙세력으로 살았던 수천 년의 경험, 한민족 일부가 해양세력으로 살았던 수십 년의 경험을 발판으로 대륙세력과 해양세력의 중재자가 되는 데 필요한 정치철학을 도출해야 한다. 이를 발판으로 양대 세력 어느 쪽에도 과도하게 의존하지 않는 삶의 철학을 강화하면서 동아시아 통합작업에 나설 필요가 있다.

모든 준비는 안에서부터, 통일이 가장 급선무

모든 준비는 '나'에서부터 시작되어야 한다는 것은 두말할 나위 없이 당연한 진리다. '나'의 분열도 극복하지 못한 상태에서 동아시아 패권의 변동에 대응한다는 것은 어불성설이다. '나'를 바로세우지 못한 상태에서 '남'과의 관계를 바로세우는 것은 있을 수 없는 일이다. 그렇기 때문에 패권의 변동기,

동아시아의 과도기에 한국이 해야 할 최대 급선무는 신속히 통일을 성취하는 것이다. 시간이 좀 더 흘러 차기 국제질서가 도래하고 차기 패권국이 등장하면 한민족의 통일은 '차차기'에나 기대할 수 있는 꿈이 되고 만다. 차기 국제질서가 정착하여 동아시아 지형이 굳어지면 차차기 국제질서가 도래하기 전까지 통일은 또다시 요원한 꿈이 될 것이다.

이 책의 1부에서 동아시아 역사를 개관하면서 이전 국제질서에서는 이류국가였다가 차기 국제질서에서 패권국이 된 사례들을 소개한 적이 있다. 그들이 그렇게 할 수 있었던 것은 국제질서의 과도기 때 신속히 내부통일을 달성했기 때문이다. '나'의 문제를 해결한 것이 '남'과의 문제를 해결하는 원동력이 되었던 것이다. 마찬가지다. 패권의 기로에 선 동아시아에서 한국이 '남'과의 관계를 정립하고 한민족의 이익을 극대화하려면 지금 당장 '나'의 분열부터 극복하지 않으면 안 된다. 통일, 이것은 패권의 기로에 선 한반도가 동아시아에서 행복한 국가가 되기 위한 일차적 과제다.

부록

동아시아사 연표

* 이 표는 본문에 언급된 사건들의 연도를 정리한 것이다. 오른쪽의 부–장–절은 해당 사건이 언급된 본문의
위치를 가리킨다. 절은 1 · 2 · 3 등을 가리킨다.

연도		사 건	부	장	절
BC	3000경	동아시아 제1차 온난기 개시	1	1	–
	1000경	동아시아 제1차 한랭기 개시	1	1	–
	770경	동아시아 제2차 온난기 개시	1	1	–
	221	진시황제, 중국 통일	2	4	2
	206	진나라 멸망	2	4	2
	202	한나라 건국	1	2	1
		한고조 유방 즉위	1	2	1
	195	한고조 유방 사망	1	2	1
	141	한무제 즉위	1	2	1
	114	장건 사망	1	2	1
	108	고조선 멸망	1	2	1
	87	한무제 사망	1	2	1
	29	동아시아 제2차 한랭기 개시	1	2	1
AD	8	한나라 멸망	1	2	1
	25	후한 건국	1	2	1
	33	반초 출생	1	2	1
	102	반초 사망	1	2	1
	220	후한 멸망	1	2	1
	236	사마염 출생	1	2	1
	280	서진, 삼국통일	1	2	1
	290	사마염 사망	1	2	1
	291	8왕의 난 개시	1	2	1
	304	전조 건국	1	2	1
	306	8왕의 난 종결	1	2	1
	400	고구려 광개토태왕, 신라를 침공한 일본군을 격퇴	1	2	1
	413	고구려 장수태왕 즉위	1	2	1
	427	고구려, 평양천도	1	2	1
	436	북위, 북중국 통일	1	2	1
	491	고구려 장수태왕 사망	1	2	1
	589	수나라, 중국 통일	1	2	1

연도	사건	부	장	절
618	수나라 멸망	1	2	1
626	당태종 즉위	1	2	1
629	토번왕국 송첸캄포 즉위	2	7	1
645	당나라, 고구려 침공 실패	1	2	1
647	당나라, 고구려 침공 실패	1	2	1
649	당태종 사망			
	당고종 즉위	1	2	1
660	백제 멸망	1	2	1
	토번왕국 송첸캄포 사망	2	7	1
668	고구려 멸망	1	2	1
683	당고종 사망	1	2	1
698	발해 건국	1	2	1
755	당나라에서 안사의 난 개시	1	2	2
763	당나라에서 안사의 난 종결	1	2	2
842	토번왕국 멸망	2	7	1
900	한반도에서 후삼국 시대 개시	1	2	2
907	당나라 멸망	1	2	2
	5대10국 개시	1	2	2
926	발해 멸망	1	2	2
936	고려, 후삼국 통일	1	2	2
960	송나라(북송) 건국	1	2	2
979	5대10국 종결	1	2	2
993	요나라, 제1차 고려 침공 실패	1	2	2
1010	요나라, 제2차 고려 침공 실패	1	2	2
1018	요나라, 제3차 고려 침공 실패	1	2	2
1107	고려, 여진족 꺾고 동북 9성 축조	1	2	2
1108	고려, 여진족 완안부족연맹과의 전쟁에서 패배	1	2	2
1115	금나라 건국	1	2	2
1118	북송—금나라 동맹	1	2	2
1125	금나라, 북송 침공	1	2	2
1127	금나라, 북송 침공	1	2	2
	북송, 개봉에서 임안으로 천도 → 남송 개시	1	2	2
1185	일본 가마쿠라막부 시대 개시	2	8	2

연도	사건	부	장	절
1206	대몽골국 건국	2	7	1
1229	몽골 제2대 우구데이칸 즉위	2	7	1
1232	고려 무인정권, 몽골족의 침공에 대한 저항을 개시	1	2	2
1240	몽골, 티베트 침공	2	7	1
1241	몽골 우구데이칸 사망	2	7	1
1259	고려 원종 즉위	1	2	2
1260	고려—몽골 동맹	1	2	2
1279	남송 멸망	1	2	2
1333	일본 가마쿠라막부 시대 종결	2	8	2
1336	일본에서 남북조 분열 개시	1	2	2
1368	명나라 건국	1	2	2
	원나라(몽골), 북쪽으로 쫓겨 감	1	2	2
1392	일본에서 남북조 분열 종결	1	2	2
1455	조선 세조 즉위	1	3	1
1467경	일본에서 센고쿠시대 개시	1	3	1
1468	조선 세조 사망	1	3	1
1498	바스코 다 가마가 희망봉을 돌아 인도 항로 개척	1	3	1
1522	마젤란 탐험대, 태평양 횡단 성공	1	3	1
1573경	일본에서 센고쿠시대 종결	1	3	1
1579	러시아 코사크족 840여 명 동진 개시	1	3	3
1586	도요토미 히데요시, 서양 선교사에게 조선 · 명나라 침공계획 언급	2	8	2
1588	영국 해군, 스페인 무적함대 격파	1	3	1
1592	임진왜란 발발	1	3	—
1593	일본, 명나라에 '조선팔도 분할방안' 제시	1	3	1
1599	임진왜란 종전	1	3	—
1617	제5세 달라이라마 롭상 가쵸 출생	2	7	1
1624	정성공 출생	2	6	2
1638	러시아인들, 오호츠크해안 도달	1	3	3
1642	네덜란드인들의 대만 지배권 확립	2	6	2
1643	청나라 순치제 즉위	2	7	1
1644	청나라, 중원 장악	1	3	2
	명나라 멸망	1	3	2

연도	사건	부	장	절
1650	정성공, 중국 연해의 제해권 장악	2	6	2
1651	러시아인들, 하바로프스크 도달	1	3	3
1652	러시아인들, 바이칼호 점령	1	3	3
1654	조선–청나라, 공동으로 나선(러시아) 정벌	1	3	3
1658	조선–청나라, 공동으로 나선(러시아) 정벌	1	3	3
	정성공, 남경 침공 실패	2	6	2
1661	청나라, 천계령 단행	2	6	2
	청나라 순치제 사망	2	7	1
	청나라 강희제 즉위	2	6	2
1662	정성공, 대만 장악	2	6	2
	정성공 사망	2	6	2
1673	청나라에서 삼번의 난 개시	2	6	2
1681	청나라에서 삼번의 난 종결	2	6	2
1682	제5세 달라이라마 롭상 가쵸 사망	2	7	1
1683	청나라, 대만 점령	2	6	2
1689	청나라–러시아, 네르친스크조약 체결	1	3	3
1722	청나라 강희제 사망	2	6	2
1735	청나라 건륭제 즉위	1	3	3
1793	영국 사신 조지 매카트니, 건륭제 예방	1	3	3
1795	청나라 건륭제 양위	1	3	3
1804	프랑스 나폴레옹 1세 즉위	1	3	3
1815	프랑스 나폴레옹 1세, 워털루 전투에서 패배하고 영국에 항복	1	3	3
	비인회의	1	3	3
1823	이홍장 출생	1	3	3
1835	서태후 출생	1	3	3
	후쿠자와 유키치 출생	1	3	3
1840	제1차 아편전쟁 발발	1	3	2
		1	3	3
1842	제1차 아편전쟁 종전	1	3	3
1851	태평천국 건국	1	3	3
1856	제2차 아편전쟁 발발	1	3	3
1858	러시아–청나라, 아이훈조약 체결	1	3	3
	청나라, 영국·러시아·미국·프랑스와 천진조약 체결	1	3	3

연도	사건	부	장	절
1860	제2차 아편전쟁 종전	1	3	3
	러시아―청나라, 북경조약 체결	1	3	3
1864	태평천국 멸망	1	3	3
1866	제너럴셔먼호 사건	1	3	3
	프랑스, 조선 침공 실패(병인양요)	1	3	3
1868	일본, 메이지유신	1	3	3
		2	8	2
	일본, 신기관 제도 부활	2	9	2
	일본에서 무진전쟁 발발	2	9	1
1869	도쿄초혼사 설립	2	9	1
1871	미국, 조선 침공 실패(신미양요)	1	3	3
	대만에서 유구인 피살사건 발생	2	6	2
1873	일본, 유구인 피살사건과 관련하여 청나라에 배상 요구	2	6	2
1874	일본, 중국령 대만 침공	1	3	3
		2	7	2
		2	7	3
		2	9	1
1875	운양호사건	1	3	3
		2	7	2
		2	7	3
		2	9	1
1876	조선―일본, 강화도조약(조일수호조규) 체결	1	3	3
	제13세 달라이라마 톱텐 가쵸 출생	2	7	2
1877	일본에서 서남전쟁 발발	2	9	1
1878	티베트, 청나라의 간여를 배제하고 독자적으로 제12세 달라이라마의 전세영동 확인	2	7	2
		2	7	3
1879	일본, 오키나와 합병	1	3	3
		2	7	2
		2	7	3
	청나라, 조선에 대한 간섭정책 전개	1	3	3
	도쿄초혼사, 야스쿠니신사로 개칭	2	9	1
1882	청나라, 조선과 서양열강의 조약체결 알선 개시	1	3	3
	임오군란	1	3	3

연도	사건	부	장	절
	임오군란	2	9	1
	야스쿠니신사, 유수칸 박물관 건립	2	9	4
1884	청불전쟁 발발	2	6	2
	갑신정변 발생	2	9	1
1885	후쿠자와 유키치, 탈아론 제창	1	3	3
	영국, 미얀마 점령	1	3	3
	청불전쟁 종전 ➡ 프랑스, 베트남 점령	1	3	3
1888	영국, 티베트 야퉁 점령	2	7	2
1890	중영 티베트조약 체결	2	7	2
1893	중영 티베트부약 체결	2	7	2
1894	동학농민전쟁 발발	1	3	3
	갑오경장	1	3	3
	청일전쟁 발발	1	3	3
		2	8	1
		2	8	2
		2	9	1
1895	을미사변	1	3	3
	일본 신도동지회 결성	2	9	2
1896	아관파천	1	3	3
1897	고종, 대한제국 선포	1	3	3
	독일, 중국 교주만 점령	1	3	3
1898	러시아–일본, 로젠–니시 협정 체결	1	3	3
1900	중국 의화단운동 발생	2	7	2
		2	9	1
1901	이홍장 사망	1	3	3
	후쿠자와 유키치 사망	1	3	3
1903	영국, 티베트 라싸 점령	2	7	2
1902	제1차 영일동맹 체결	1	3	3
1904	러일전쟁 발발	1	3	3
		2	8	2
		2	9	1
	영국–티베트 라싸조약 체결	2	7	2
1905	일본–미국, 가쓰라–태프트 밀약 체결	1	3	3

연도	사 건	부	장	절
1905	러일전쟁 종전	1	3	3
		2	8	2
1906	중영 티베트조약 체결	2	7	2
1908	서태후 사망	1	3	3
1910	일본, 대한제국 강점	1	3	4
	청나라, 티베트 침공 → 제13세 달라이라마 망명	2	7	2
1911	신해혁명	2	7	2
1912	청나라 멸망	2	5	4
	중화민국 건국	2	6	2
	일본 신도각교파연합희 결성	2	9	2
1914	제1차 세계대전 발발	1	3	3
		2	9	1
	일본, 독일에 선전포고	1	3	3
1915	일본, 중국에 21개 요구조건 제시	1	3	3
1918	제1차 세계대전 종전	1	3	3
		2	9	1
1920	국제연맹 출범	1	3	3
1921	워싱턴 회의	1	3	3
1926	히로히토천황 즉위	1	3	4
1927	일본 군부, 정우회와 함께 정권 장악	1	3	3
		2	8	2
	다나카 상주문 제기	1	3	3
		2	8	2
	광주기의	1	3	4
1928	중국에서 제남사건 발생	2	9	1
1931	나카무라 대위 사건 발생	2	9	1
	만주사변 발발	1	3	3
		2	9	1
1932	만주국 건국	1	3	3
1933	일본, 국제연맹 탈퇴	1	3	3
	제13세 달라이라마 톱덴 가쵸 사망	2	7	2
1934	일본 교파신도연합회 결성	2	9	2
1935	14세 달라이라마 텐진 가쵸 출생	2	7	2

연도	사건	부	장	절
1937	일본 고노에 후미마로 내각 출범	2	8	3
	1937년 전쟁 발발	1	3	3
		2	9	1
		2	10	1
	일본 국민정신총동원중앙연맹 결성	2	8	3
	제2차 국공합작	1	3	4
	일본, 남경대학살 자행	2	8	4
1938	일본 〈물자동원계획〉 제정	2	8	3
	일본, 공정가격제 시행	2	8	3
	국민정신총동원조선연맹 결성	2	8	3
1939	미국, 일본에 미일통상항해조약 파기 통고	1	3	4
	일본 〈생산력확충계획〉 제정	2	8	3
	제2차 세계대전 발발	1	3	4
1940	미일통상항해조약 효력 상실	1	3	4
	일본, 배급제 · 공출제 실시	2	8	3
	일본 〈기본국책요강〉, 팔굉일우 사상 천명 →일본군국주의 논리 제기	2	8	1
	일본군, 북부 프랑스령 인도차이나 진주	1	3	4
	일본 대정익찬회 결성	2	8	3
	국민총력조선연맹 결성	2	8	3
1941	일본군, 남부 프랑스령 인도차이나 진주	1	3	4
	일본 고노에 후미마로 내각 해산	2	8	3
	일본 도조 히데키 내각 출범	1	3	4
	일본, 미국 진주만 기습 → 태평양전쟁	1	3	4
		2	9	1
1942	일본, 식량관리제 시행	2	8	3
1945	소련, 연합국에 가세	1	3	4
	미국, 오키나와 점령	1	3	4
	미국, 뉴멕시코주에서 세계 최초의 원자폭탄 실험	1	3	4
	미국, 일본에 원자폭탄 투하	1	3	4
	일본군국주의 패망	1	3	4
		2	8	
	제2차 세계대전 종전	2	9	3

연도	사건	부	장	절
1945	패전 직후의 첫 일본 총리인 히가시쿠니 나루히코가 야스쿠니신사 참배	2	9	4
	일본 학교에 '먹칠 교과서' 배포	2	10	1
	일본, 미국 전함 미주리호에서 연합국에 항복	2	9	3
	연합군최고사령부, 신도지령 제정	2	9	3
	연합군최고사령부, 일본 학교에서 국사교육 중단	2	10	1
1946	천황의 '인간선언'	2	9	2
		2	9	3
	일본에서 신사 관련 법령 폐지	2	9	3
	야스쿠니신사, 단위신사로 독립	2	9	1
	극동군사재판 개시	2	8	4
	제2차 국공내전 개시	2	1	1
	필리핀 독립	2	1	1
	일본에서 새로운 역사교육 시행.	2	10	1
	미국 제1차 교육사절단 보고서, 일본에서의 민주주의 교육 필요성 강조	2	10	1
	뉘른베르크 전범재판 개시	2	8	4
1947	대만에서 2·27 사건 발생	2	6	2
	대만, 계엄령 발포	2	6	2
	미군, 필리핀에 주둔	2	1	1
1948	미국 로이얄 성명	2	1	1
	극동군사재판 종결	2	8	4
	미국, 〈미국의 대일정책에 대한 권고〉라는 문서를 통해 일본을 패전국이 아닌 동맹국으로 격상	2	1	1
	소련군, 북한에서 철수	2	1	1
1949	뉘른베르크 전범재판 종결	2	8	4
	미군, 한국에서 군사고문단만 남기고 철수	1	3	4
	티베트에서 중국인들 추방	2	7	2
	소련, 원자폭탄 실험	2	1	1
	중화인민공화국 건국	2	1	1
		2	7	2
	중국, 〈라디오 북경〉 통해 티베트 해방의지 천명	2	7	2
	티베트 외교부, 마오쩌둥에게 협상 제의	2	7	2

연도	사건	부	장	절
1949	장제스 국민정부, 대만으로 옮김	2	1	1
		2	7	2
	미국, 〈아시아에 대한 미국의 입장〉이라는 정책문서를 통해 일본·오키나와·필리핀을 미국의 군사적 전초기지로 선포	2	1	1
		2	7	2
1950	애치슨 선언 발표	2	1	1
	한국전쟁 발발	2	2	1
		2	7	2
	미국, 한반도에 제1차 핵무기 투하계획	2	2	1
	미국, 〈대일강화 7원칙〉 작성	2	1	1
	미국 제2차 교육사절단 보고서, 일본에서의 반공교육의 필요성 강조	2	10	1
	미군, 인천상륙작전	2	2	1
	중국군, 티베트군을 무력화시킴	2	7	2
	티베트국회, 제14세 달라이라마 텐진 가쵸에게 국가수반의 전권 부여	2	7	2
	미군, 청천강 전투에서 북한군에 대패	2	2	1
	미국 트루먼 대통령, 북한에 대해 핵공격 경고	2	2	1
1951	유엔군 총사령관 맥아더 해임	2	2	1
	중국─티베트 협상	2	7	2
	〈중앙인민정부와 티베트 지방정부 사이의 티베트의 평화적 해방방안에 관한 협의〉 체결	2	7	2
	침략전쟁에 가담했던 일본군 장교들이 복귀할 수 있는 제도적 장치 마련	2	1	1
	중국군, 티베트 점령	2	7	2
		2	7	3
	샌프란시스코 강화조약 체결	2	1	1
		2	8	4
		2	9	3
	미일안전보장조약 체결	1	3	4
		2	9	3
	야스쿠니신사, 전후 최대의 추계례대제 거행	2	9	3
1952	유럽석탄철강공동체 등장	1	3	4
	샌프란시스코 강화조약 발효	2	9	3

연도	사 건	부	장	절
	히로히토천황, 전후 최초로 야스쿠니신사 방문	2	9	3
1952	미국, 수소폭탄 실험	1	3	4
	한일협상 개시	1	3	4
	미국 대통령당선자 아이젠하워, 북한에 대해 핵공격 경고	2	2	1
	미국, 오키나와에 핵무기 배치	2	2	1
1953	일본 중의원, 전범들에 대해 사면 조치	2	9	4
	한국전쟁 휴전	2	2	1
	소련, 수소폭탄 실험	1	3	4
	아시아 · 아프리카 회의(반둥회의)	1	3	4
1955	미국, 일본에 핵무기를 배치하겠다고 발표	1	3	4
	야스쿠니신사, 패전 당시 자결자를 위한 위령제 거행	2	9	4
	일본 자유민주당 출범	2	10	1
	북한 영변에 방사과학연구소 설립	2	2	1
1956	북일무역회 결성	2	3	1
	일본 A급 전범 석방 완료	2	9	4
	일본 교과서검정심의회, 과거회귀적인 교과서 기술원칙 마련	2	10	1
1957	중소인민혈의정 건립	1	3	4
	미국, 한국에 핵무기 배치	1	3	4
1958	일본 B · C급 전범 석방 완료	2	9	4
1959	티베트 무장봉기	2	7	2
	야스쿠니신사, 전범을 위한 합사제 거행	2	9	4
	미일안전보장조약이 미일상호협력안보조약으로 개정	1	3	4
	4 · 19 혁명	1	3	4
1960	야스쿠니신사, 아시아 · 태평양전쟁 순국자 현창 위령제 거행	2	9	4
	일본 중앙교육심의회, '나라를 사랑하는 것과 천황을 경애 하는 것은 동일하다'는 지침 마련	2	10	1
1961	일본, 북한과의 직접교역 승인	2	3	1
	5 · 16 쿠데타	1	3	4
1962	쿠바위기 발생	1	3	4
	북한, 일본 가루이자와 세계 스피드스케이팅선수권대회 참가	2	3	1
1963	이에나가 사부로의 〈신일본사〉, 교과서 검정 탈락	2	10	1
	중소이념분쟁 발생	1	3	4
1964	중조인민혈의정 건립	1	3	4

연도	사건	부	장	절
	중소이념분쟁 종결	1	3	4
	중국, 원자폭탄 실험	1	3	4
1965	한일협정(한일기본조약) 체결	1	3	4
1966	중국 문화대혁명 개시	2	5	4
1967	중국, 수소폭탄 실험	1	3	4
1968	푸에블로호 사건	2	2	2
1969	닉슨 독트린 발표	1	3	4
1971	나고야 세계탁구선수권대회	1	3	4
	미중 핑퐁외교 개시	1	3	4
	중국, 대만이 갖고 있던 중국 대표권과 안보리 상임이사국 지위 획득	2	6	3
1972	7 · 4 남북공동성명	1	3	4
	미일 오키나와반환협정 체결	1	3	4
	일본–대만, 국교 단절	1	3	4
	중일 국교정상화	1	3	4
1976	마오쩌둥 사망	2	5	4
1977	요코다 메구미 실종	2	3	1
1978	야스쿠니신사, A급 전범을 위한 합사제 거행	2	9	4
1979	미국–대만, 국교 단절	1	3	4
	미중 국교정상화	1	3	4
	중국, 대만에 대한 평화통일노선 천명	2	6	3
	12 · 12 쿠데타 발생	1	3	4
1980	광주민주화운동	1	3	4
	일본 자민당, 교과서 소위원회 설치하여 교과서 검정 강화	2	10	1
1981	로널드 레이건 미국 대통령 취임	1	3	4
1982	브레즈네프 소련공산당 서기장 사망	1	3	4
1983	평안북도 평산에 우라늄정련소 완공	2	2	1
	아리모토 게이코 실종	2	3	1
1984	안드로포프 소련공산당 서기장 사망	1	3	4
1985	체르넨코 소련공산당 서기장 사망	1	3	4
	고르바초프 소련공산당 서기장 취임	1	3	4
	대만 중화항공 소속 보잉 747 화물기, 중국으로 망명	2	6	3
	야스쿠니신사, 러일전쟁 80주년 위령 현창제 거행	2	9	4

연도	사 건	부	장	절
	나카소네 야스히로, 총리 자격으로 야스쿠니신사 참배	2	9	4
	북한, 핵무기 생산 개시	2	2	1
	북한, NPT 가입	2	2	2
1986	미국 · 프랑스 정찰위성, 영변 핵시설 포착	2	2	2
	중국 북경에 장학연구중심(티베트학 연구센터) 설립	2	5	1
	'일본을 지키는 국민회의' 교과서 왜곡	2	10	1
1987	대만, 계엄령 해제	2	6	2
	중국–대만, 소삼통 개시	2	6	3
1988	리덩후이 대만 총통 취임	2	6	3
	북한–미국, 북경에서 외교교섭	2	2	2
1989	히로히토천황 사망	1	3	4
	아버지 부시 미국 대통령 취임	2	2	2
	티베트 독립시위	2	7	2
	중국공산당 티베트지부 후진타오 서기, 티베트 독립시위 무력진압	2	7	3
	중국, 그레나다와 단교	2	6	2
	제14세 달라이라마, 노벨평화상 수상	2	7	2
	베를린장벽 붕괴	1	3	4
1990	한소수교	1	3	4
	독일 통일	1	3	4
1991	북일 수교교섭 개시	1	3	4
	북한, IAEA 보장조치협정에 가조인	2	2	2
	남북한, 유엔 동시가입	2	2	2
	미국, 한국에 배치한 전술핵무기의 철수 의사 표명	2	2	2
	남북기본합의서 체결	1	3	4
		2	2	2
	소련 붕괴	1	3	4
1992	미국, 팀스피리트 군사훈련 중지 발표	2	2	2
	북한, IAEA 보장조치협정 정식 조인	2	2	2
	IAEA, 북한에 대한 임시사찰 개시	2	2	2
	한중수교	1	3	4
		2	5	
	《폴리시 리뷰》 가을호, 중국위협론 제기	2	4	3

연도	사 건	부	장	절
	미국, 〈국가안보전략보고서〉 통해 '새로운 적'의 존재 공식화	1	3	4
	아버지 부시 미국 대통령 퇴임	2	2	2
	빌 클린턴 미국 대통령 취임	2	2	2
	IAEA, 북한에 특별사찰 요구	2	2	2
	북한, NPT 탈퇴→제1차 북미 핵위기	1	3	4
		2	2	2
1993	유엔, 안보리 결의 제825호 채택→북한에게 NPT 탈퇴의 재고를 촉구	2	2	2
	북한, 하와이 및 괌의 미군기지 앞에 ICBM 투하	2	2	2
	북미 고위급 회담 개시	2	2	2
	일본 자민당, 중의원선거 패배	1	3	4
	유럽연합 결성	1	3	4
1994	북미 제네바합의 체결	2	2	2
1995	미국, '불량국가' 개념 제기	1	3	4
1996	일본 보수세력, 중학교 교과서 견본에 종군위안부가 언급된 데 대해 이의 제기	2	10	1
	일본에서 '북한에 의한 납치피해자 가족연락회' 결성	2	3	1
1997	일본 '새로운 역사교과서를 만드는 모임', 자학사관 극복운동 전개	2	10	1
	〈세계은행보고서〉, 2020년에 중국이 세계 제2의 수출대국이 될 것이라고 예고	2	4	3
	중국 전인대, 서부대개발 사업 채택	2	4	3
	북일 수교교섭 재개	1	3	4
2000	리덩후이 대만 총통 퇴임	2	6	3
	천수이볜 대만 총통 취임	2	6	3
	6 · 15 남북공동선언	1	3	4
2001	아들 부시 미국 대통령 취임	2	2	3
	9 · 11 테러	2	2	3
	미국, 이라크 · 이란 · 북한을 '악의 축'으로 명명	1	3	4
2002	중국사회과학원 변강사지연구중심, 동북공정 사업 개시	2	5	2
	김정일-고이즈미 회담→북일평양선언	2	3	1
	제임스 켈리 미국 대통령특사, 북한 방문→제2차 북미 핵위기 발발	2	2	3

연도	사건	부	장	절
	북한, 일본에 납북 생존자 5명 송환	2	3	1
2003	북한 · 미국 · 중국 3자회담	2	2	3
	《중앙일보》, 중국의 동북공정 실태 보도	2	5	2
	6자회담 개시	2	2	3
2004	북한, 일본에 납북 생존자의 가족을 송환	2	3	1
	한중 양국 외무차관급, 역사문제를 정치쟁점화하지 않기로 합의	2	5	1
	북한, 일본에 요코다 메구미의 유골 송환	2	3	1
2005	북한, 핵보유 선언	2	2	3
	영국 과학잡지 《네이처》, 요코다 메구미의 유골에 대한 일본의 감정결과를 비판	2	3	1
	중국, 〈반국가분열법〉 제정	2	6	3
	일본 경시청, 요코다 메구미의 유골을 감정한 요시이 도미오 데이쿄대학 강사를 법의과장으로 특채	2	3	1
	중국에서 '신장 역사 및 현상 종합연구'(신장 프로젝트) 제1차 전문가회의	2	5	3
	사사에 겐이치로 6자회담 일본측 수석대표와 호소다 히로유키 내각관방장관, "6자회담에서 납치문제를 다루겠다"고 선언	2	3	2
	야스쿠니신사, 종전 60주년 기념식 거행	2	9	4
	6자회담 9 · 19 공동성명	2	2	3
	미국, 북한 계좌가 있는 마카오 방코델타아시아은행에 대해 제재조치	2	2	3
2006	일본, 아들 부시 미국 대통령과 요코다 사키에의 면담 성사	2	3	1
	일본, 요코다 메구미가 북한에서 한국인 납북자와 결혼했을 수 있다고 발표	2	3	1
	북한, 장거리미사일 발사 실험	2	2	3
	북한, 제1차 핵실험	2	2	3
2007	6자회담 2 · 13 합의	2	2	3
	베트남 하노이에서 '제1차 북일국교 정상화를 위한 실무협의' 개최	2	3	1
	북한 〈외무성 비망록〉, "납치문제는 이미 해결되었다"는 입장 표명	2	3	1
	일본 외무성 보도발표문, "납치문제는 아직 해결되지 않았다"는 입장 표명	2	3	1

연도	사건	부	장	절
	몽골 울란바토르에서 '제2차 북일국교 정상화를 위한 실무협의' 개최	2	3	1
	6자회담 10 · 3 합의	2	2	3
2008	티베트 독립시위	2	7	2
	천수이벤 대만 총통 퇴임	2	6	3
	마잉주 대만 총통 취임	2	6	3
	북경에서 북일 실무자협의 개최	2	3	1
	중국-대만, 대삼통 개시	2	6	3
	일본 홋카이도 도야코에서 G8 정상회담	2	3	1
	미국, 북한을 테러지원국에서 해제	2	2	3
2009	아들 부시 미국 대통령 퇴임	2	2	3
	버락 오바마 미국 대통령 취임	2	2	3
	일본, 대한항공 폭파범 김현희와 납북자 다구치 야에코의 가족이 부산에서 만나도록 주선	2	3	1
	북한, 6자회담 파탄 공식 선언	2	2	3
	북한, 제2차 핵실험	2	2	3
	일본 자민당, 중의원선거 참패	1	3	4
	중국에서 신장위구르사태 발생	2	4	3
	리스본조약 발효	1	3	4
2010	천안함 사건	프롤로그		
	G20 서울정상회의	1	3	4
	연평도 사건	프롤로그		
	한미 양국, 서해에서 연합훈련	2	4	3
	중국, 발해만에서 대규모 군사훈련	2	4	3
	빌 리처드슨 미국 뉴멕시코 주지사, 북한 방문	2	3	2
2011	마에하라 세이지 일본 외무장관, "납치문제를 포함한 북 · 일 간 현안을 무조건 논의할 용의가 있다"는 입장 천명	2	3	2

'길'의 역사로 본 동아시아 미래전략 보고서

동아시아 패권전쟁

2011년 3월 18일 초판 발행

지은이 | 김종성
펴낸곳 | 도서출판 자리
펴낸이 | 정병인
출판등록 | 2007년 7월 12일 제 2007-181 호
주 소 | 서울 마포구 서교동 395-99 301호
전 화 | 02-332-5767
팩 스 | 03030-345-5767
이메일 | book@gotomorrow.co.kr

ISBN 978-89-961706-6-2   03340

*이 도서의 국립중앙도서관 출판시도서목록(CIP)은 e-CIP홈페이지(http://www.nl.go.kr/ecip)와 국가자료
공동목록시스템(http://www.nl.go.kr/kolisnet)에서 이용하실 수 있습니다.(CIP제어번호: CIP2011001138)